Die Orchesterprobe

© 2025 Adrian W. Fröhlich
Verlag: BoD · Books on Demand GmbH,
In de Tarpen 42, 22848 Norderstedt, bod@bod.de
Druck: Libri Plureos GmbH, Friedensallee 273,
22763 Hamburg
ISBN: 978-3-8423-7126-2

Solcherlei Gespräche sind äußerst selten, und seltener noch, und vielleicht nie, werden sie verstanden.

Hoffentlich wird es nicht so schlimm, wie es schon ist.

Karl Valentin

Réveillon du Nouvel An 2024

Mon cher Nemo,

c'est la première loi de l'illumination: Si vous essayez d'attaquer un mal, il résistera à sa mise à nu par tous les moyens à sa disposition. Plus on creuse, plus on découvre ce qui est déjà enraciné. Si vous voulez enfin arracher la toile, vous serez attaqué par des centaines de milliers de parasites en colère, jusqu'à ce qu'il devienne clair: c'est eux ou c'est nous. Jusqu'à ce qu'il soit clair que c'est une question de vie ou de mort.

Les Danois disent, et c'est un peuple sage:

Det vigtigste er ikke hvad der er i gryderne, men hvem der sidder omkring bordet.

Le plus important n'est pas ce qu'il y a dans les pots, mais qui est assis à la table!

Pierre Aronnax[1]

---

[1] Die vier Debattanten des folgenden Dialogs verbergen sich hinter Charaktermasken aus Jules Vernes Meisterwerk *Zwanzigtausend Meilen unter den Meeren* (1869-70), ergänzt um den Autor und um Margaret

Erster Tag

Der Capitaine sprach als Erster. Worte aus Nietzsches *Zarathustra* las er uns vor[2]:

Ihr Prediger der Gleichheit, der Tyrannen-Wahnsinn der Ohnmacht schreit also aus euch nach «Gleichheit»: Eure heimlichsten Tyrannen-Gelüste vermummen sich also in Tugend-Worte!

Vergrämter Dünkel, verhaltener Neid, vielleicht eurer Väter Dünkel und Neid: Aus euch bricht's als Flamme heraus und Wahnsinn der Rache.

Was, wenn dieses Zitat bereits alles enthielte, was es über unsere Zeit zu sagen gibt? Weil darin erschöpfend bereits alles abgehandelt ist, und das ist es. Lohnte es sich noch zu debattieren? Vielleicht nicht, aber unterdrücken lässt sich die Debatte nicht. Wir führen sie ununterbrochen mit uns selbst in innerer Sprache. Geradeso gut könnten wir sie auch laut führen.

Es wird hart für den, der uns nicht in die Tiefe zu folgen versteht, dessen Schiffchen auf den Wogen schaukelt und im Sturm untergeht. Wir aber tauchen ab im Leibe von Nemos *Nautilus*, pfeilgleich in grässliche Tiefen, schießen vorüber an messerscharfen Klippen, große Untiere versperren uns die rasche Fahrt und greifen uns

---

[2] Nietzsche, F., Also sprach Zarathustra, Bd. 2, 1883. Von den Taranteln

nicht selten todeswütig an. Doch glücklich ist, wer drinnen sitzt und durch die Glasaugen die Tiefe betrachtet, erhellt vom elektrischen Strahl des Geistes! Um den Preis lebenslanger Gefangenschaft freilich und vollkommener Isolation. Wer hält es aus? Nicht wenige Menschen. Lasst uns für sie reden!

Das Zerlegen des Fisches geriet an diesem Abend zur Arbeit, auch wenn es doch eigentlich leicht ist. Doch musste es gewissenhaft und mit wenig Handbewegung erledigt werden, sonst wären wir uns dumm vorgekommen. Den Kellner, der uns bestens kannte, wollten wir nicht bemühen, und so hatten wir unsere Pein. Verstörend, zumal sich am Nebentisch ein jüngeres Paar befand, das die gleiche Aufgabe mit Bravour bewältigte.

Wir vermögen diesen verdammten Fisch heute partout nicht fachgerecht zu zerlegen, spottete Conseil, doch die Welt, die wollen wir mit Links erklären können!

Nicht schlecht gesagt, erwiderte ihm Aronnax. Ich denke, das «mit Links» wird uns heute und morgen noch beschäftigen, freilich anders verstanden. Das Erklären der Welt ist oft einfacher als das Zerlegen eines Fisches. Am Fisch gescheitert, unterbrach ihn Conseil, doch die ganze Welt gemeistert? Er blickte ihn spöttisch von der Seite an. Beide legten sie ihre Bestecke auf den Tisch, lehnten sich zurück und lächelten. Warum, mein lieber Conseil, soll es einfach sein, die Welt zu erklären? setzte ihm Aronnax zu. Die Antwort lautet: Weil sie immer nur genau das ist, was wir erklären!

Du bist sehr schlau, lächelte Conseil, der seinen ehemaligen Herrn und Meister längst duzte. Aronnax fuhr unbeirrt fort: Die Welt zu erklären ist erstaunlich einfach. Doch nicht einmal einen Stein können wir erklären!

Wie das? staunte Conseil, das verstehe ich nicht. Ich kann dir den Stein in die Hand geben, meinte Aronnax. Mit der Welt hingegen kann ich das nicht. Scheint zunächst ein Handicap zu sein. Meine Erklärung des Steins kannst du bestätigen oder widerlegen, beide können wir uns dabei auf das beziehen, was wir in der Hand halten. Das scheint einfach zu sein, ist aber kompliziert. Aber es geht, über sieben Umwege.

Die Welterklärung hingegen funktioniert anders. Über sie kann ich dir buchstäblich *n'importe quoi* erzählen. Du bist dagegen machtlos. Wo ist sie denn, die Welt? Falls du mir widersprichst, erwidere ich dir, dass dein Widerspruch am Objekt vorbeiziele, es verfehle. Du wirst das zwar bestreiten. Doch wo ist das Objekt, wo ist die Welt als ein Objekt? Gibt es da irgendwo die Welt, wie es hier in meiner Hand den Stein gibt? Dort draußen gibt es nur Dinge, die sind wie Steine. Doch es gibt keine Welt dort draußen.

Ich ahne, dass du mir gleich sagen wirst, lächelte Conseil: Noch viel einfacher sei es, Gott zu erklären!

In der Tat, bestätigte ihm der erfreut lächelnde Aronnax den vermeintlichen Vorwurf. Gott nämlich kann jeder ohne weitere Beihilfe erschöpfend erklären. Selbst, wenn er sagt, er könne ihn nicht erklären, weil Gott einfach alles sei, so ist das doch eine sehr einfache Sache im Vergleich zur Erklärung eines Kieselsteins, wozu es einer technischen Höchstzivilisation mit ausgereiften Naturwissenschaften bedarf. Darum ist Gott von alters her das bevorzugte Beschäftigungsobjekt der Beschränkten und der sich um sie kümmernden Großbetrüger der Menschheit, genannt «die Propheten» und ihre Nachäffer, die Pfaffen.

Am Anfang stand «der Prophet», so heißt es doch, er sah Gott mit eigenen Augen, hörte seine Stimme mit den eigenen Ohren, sprach mit eigener Stimme mit ihm, der ihn tatsächlich gehört habe. Doch das alles wissen wir nur aus dem Mund des «Propheten». Als Kritiker bist du von Anfang an erledigt, denn dir ist Gott nicht erschienen. So ehrlich bist du, es zuzugeben. Doch Gott ward Stein, und der Stein sprach, vernahm und hörte! Der «Prophet» benötigt für die Erklärung dieses Steins keine Wissenschaft, denn dieser Stein sprach selbst.

Was für eine Perfidie! An sich wäre das Reden von Gott einfach, denn er ist kein Stein, er ist wie die Welt, obwohl er auch Stein sein kann, wenn er will. Denn so definieren wir ihn, als der, der alles ist und nichts. Solange Gott im Sinne seiner Definition Gott ist, kann jeder über ihn reden, wie er will, niemand kann sagen, ob es zutrifft oder nicht. Doch wenn einer behauptet, er sei ihm erschienen, dann war ihm Gott so, wie ihm ein Stein in die Hand gegeben ist. Und nun müsste dieser eine, der mit ihm gesprochen hat, eigentlich eine wissenschaftlich überprüfbare Erklärung vorlegen, doch das umgeht er, indem er sagt, diese Untersuchung sei in Wirklichkeit ein Dialog zwischen dem Untersucher und einer Person, die erscheine, wenn man

16

seiner Gnade teilhaftig werde. So muss er uns nur vorlegen, was Gott zu ihm gesagt hat. Dadurch, dass er etwas gesagt hat, was aufgeschrieben wurde, ward Gott zur Schrift. Der Stein ist nun die Schrift, die Untersuchung betrifft die Schrift. Sie ist jetzt der Stein in meiner Hand.

Das war der früheste *linguistic turn* der Denkgeschichte, der erste Versuch, vom Objekt auf die Beziehung zwischen zwei Sprachebenen abzuheben. Genau das können wir mit allem anderen auch machen, selbst mit dem Stein in meiner Hand. Auch wenn du ihn in der Hand hältst, beziehst du dich nie auf ihn selbst. Das wäre naiv, denn du sprichst in Wahrheit in einer Sprache – der Metasprache - über eine Urverschriftlichung des Steins, eine Versprachlichung, über die Objektsprache oder ein «Protokoll». Der Stein löst sich auf in sein Protokoll und in das, was du über es sagst. Vermeintlich! Das meinen viele Philosophen und all die schlechten Schüler derselben, also beinahe alle, die überhaupt vom Problem wissen.

Dann sind wir aber doch alle solche «Propheten», erwiderte ihm Ned Land, das ist wirklich ein Dreh! Ja, wir halten den Stein in der Hand, so wie Moses mit Gott gesprochen hat, «live», sinnlich. Nur wir machen diese Erfahrung, keiner sonst. Somit ist alles «Protokoll» und gleichzeitig immer ein Reden «über» dieses. Ob ich den Stein, den ich in der Hand halte, auch «meine», wenn ich von ihm spreche, weiß außer mir keiner, so wie wir nicht wissen, ob Moses wirklich mit Gott gesprochen hat. Alles, was wir haben, ist ein Diskurs über das «Protokoll». Dieses ist im Fall eines Steins eine naturwissenschaftliche Beschreibung. Im Fall des Moses sind es zum Beispiel die «Zehn

Gebote». Diese Gebote «sind» Gott, so wie die naturwissenschaftliche Erklärung der Stein «ist» - und wie der Quantenphysiker, zumindest nach Bohr, die Selbstbetrachtung des Atoms *ist*.

Doch benötigt man, für all das immer noch die universelle Einklagbarkeit durch die Mitglieder des zuständigen Expertenkollektivs, das in unserem Fall die Menschheit als Gattung ist. Welches Kollektiv jeweils zuständig ist, erfordert wieder einen neuen solchen Konsens, und dieser erfordert erneut einen - *et in infinitum*.

Das erinnert mich an die Tarski-Wahrheit, meinte Nemo, die man als endgültige Widerlegung einer wie auch immer gearteten Übereinstimmung zwischen *intellectus et res* betrachtet, als jener Ausdruck von Wahrheit, den Aristoteles vorgeschlagen hat. Es scheint, als sei es damit überall mehr oder weniger das Gleiche.

Ned Land meinte, dass die Darlegung mit der Notwendigkeit universeller Einklagbarkeit als dem letztinstanzlich gültigen Urteil in Wahrheitsangelegenheiten zeige, dass man zwischen Objekt- und Metasprache immer noch der Verifikation bedürfe, dass die Übereinstimmung im Sinne Tarskis auch selbst noch jener universellen Einklagbarkeit unterworfen ist und nicht «an sich» besteht, wie das Tarski-Kalkül vermuten lassen könnte. Das heißt aber, dass Wahrheit *als Urteil* im Grunde nur Statistik ist, oder wie es Russell ausgedrückt hat, dass derjenige als verrückt gilt, der von der Mehrheit der Menschen als verrückt bezeichnet wird, eröffne man ihnen die «Fakten», lege ihnen das «Protokoll» über den Gegenstand vor.

Pfifferling! meinte Aronnax, es hängt damit zusammen, was Quine als *Holistik* bezeichnet hat. Die Unerforschlichkeit der Referenz, die nichts anderes ist, als die Unerforschlichkeit dessen, worauf sich das «Protokoll» bezieht, weil dieses gleichsam die Vorsprachlichkeit ist, die, sobald sie benannt wird, zum «Protokoll» wird und somit im Grunde gerade nicht korrekt oder inkorrekt bezeichnet worden, sondern lediglich «getauft» worden ist, auf einen willkürlichen Namen, wodurch wir erneut den Vektor auf und als das Bezeichnete verloren haben. Diese Unerforschlichkeit führt dazu, dass wir im Verfahren des Bezeichnens gefangen bleiben, bis wir hypothetisch sämtliche uns zur Verfügung stehenden Wörter, und damit alle anderen Referenzen, die ja alle auch unerforschlich sind, im Bezeichnungsverfahren eines einzigen Objekts *verbraucht* haben, was wir als Holismus verstehen können, dass also alles, was sich bezeichnen lässt mit allem anderen, was sich bezeichnen lässt, unauflöslich verknüpft ist, so dass wir eigentlich durch die Bezeichnung von x stets das Ganze meinen, wollen wir wirklich verstehen, was wir bezeichnet haben.

Du, lieber Aktuar, hast das im «Kaleidon» am Beginn der Siebzigerjahre beschrieben. Und es war Parmenides im Gewande des Heraklit, meinte ich zu ihm.

Bei all dem gelangen wir aber nie auf die Ebene des Bezeichneten als ein Objekt, sondern hängen uns in der Sprache auf. Was uns zur Philosophie von Derrida bringt, oder zu gewissen Vorsokratikern wie Kratylos, die in der Summe behauptet haben sollen, dass wir nichts zu erkennen vermöchten, und wenn doch, dass wir es nicht vermitteln könnten, und wenn doch, dass uns niemand verstehen werde, oder, noch radikaler, dass sich der Mensch überhaupt der Rede enthalten solle, weil sie fundamental leer sei. Das ist auf eine verwinkelte Art und Weise alles dasselbe.

Und daraus macht nun der Teufel sein Geschäft, ergänzte Ned.

Aronnax gab zu bedenken, das sei die Ansicht auch Hegels gewesen, wenn er es auch nicht so ausgedrückt habe. Dialektik meine, dass sich nichts *aus* einer Sache entwickle, sondern dass umgekehrt die Sache aus dem Ganzen, aus der Totalität hervorgehe, und zwar durch Negation, durch das Sich-selbst-Isolieren ihr gegenüber, durch das, was wir vorhin «Protokoll» genannt haben, wenn ich es richtig verstehe, das im Grunde ein Taufschein ist. Ich taufe dich auf den Namen A. Die Sache sei nicht primär, die Totalität sei es. Die Sache selbst beinhalte eine Entscheidung, gegeben in einem Bewusstsein-von-etwas. Das Ganze sei aber nicht die Totalität aller *Dinge*, aller möglichen *Objekte*, sondern umgekehrt der Urgrund des Bewusstseins und damit des Objekts.

Das hattest du, sagte Aronnax zu mir, in deinem «Kaleidon»-Dialog, als Jüngling, wie du sagtest, entwickelt, ohne zu wissen, dass das im Grunde die Dialektik Hegels ist, und die ist im Grunde jene des Parmenides, die wiederum jene des Heraklit ist, und so weiter. Du meintest damals nämlich, es sei eine andere Art des Seins-Kalküls des Parmenides, und das ist auch so, denn Parmenides, Hegel,

Quine, Tarski, alle tiefen Denker, so unterschiedlich ihre Lehren dem Unwissenden und dem Scholasten erscheinen mögen, beschreiben immer nur das Eine. Und dieses ist, wie Heraklit festhält, das Eine-in-sich-selbst-Unterschiedene, die Urform der dialektischen Totalität.

Aronnax sagte, nachdenklich geworden, das sei wohl so. Ned meinte, es gehe weiter, es sei im Grunde das, was die Quantenmechanik herausgefunden habe. Die Entscheidung, ob die Wellenfunktion kollabiere und sich die Teilchennatur zeige, hänge vom Beobachter ab, davon, ob dieser eine Messung mache. Auch das, so denken wir, sieht nur so aus, als sei es eine neue Erkenntnis. Es ist jedoch lediglich eine neue Erkenntnis in der wissenschaftlichen Naturbeschreibung der modernen Physik, eine neue Sicht auf das, was man Realität nennt. Philosophisch ist es nicht neu, es ist uralt. Es ist, was Parmenides und Heraklit formulierten, es sind *Speculativa* im Geist, doch ist das strukturell dasselbe, bezeichnet dasselbe Leere, tauft es auf den Namen.

Man könnte das auch für die Primordialität der Symmetrie halten, fuhr Aronnax fort, in eine unbestimmte Ferne blickend. Symmetrie ist das Grundmerkmal von allem, was wir entdecken, wenn wir nachforschen. Symmetrie meint die Unentschiedenheit der Sache selbst auf jeder Ebene der Betrachtung. Symmetrische Operationen sind invariante Operationen: vorher ist nachher. Das entspricht aber nicht unserer Erfahrung, denn diese kennt keine symmetrischen Verhältnisse. Sie kennt nur Dinge in Gestalt von «Protokollen», Diskretes, wo doch Kontinuität herrschen müsste.

Das heißt, irgendwie geht die Symmetrie zu Bruch, wie man sagt, im Takt der Momente, der Augenblicke. Jeder Augenblick ist ein Bruch der Symmetrie. Quantenmechanisch realisiert sich das durch die Beobachtung, wie in Schrödingers Katzengleichnis oder im Doppelspaltexperiment. Es braucht dazu den Beobachter, was nichts anderes meint, als dass das *Ding* Bewusstsein voraussetzt. Das sieht dann so aus, als würden wir lediglich «erkennen», was «da» ist, als sei Realität etwas, was uns, dem Bewusstsein, «voraus» eile und im Augenblick lediglich «eingeholt» würde. Doch ist das eine Täuschung. Damit ist es wie mit dem Bezeichnen, es hängt sich in einer Bewusstseinsewigkeit auf.

Quantenmechanik ist eine andere Form der Dialektik Hegels. Das entscheidende Problem ist, dass das Ganze, das in der Symmetrie verharrt, *um das Ding* entsteht, im «Augenblick» nämlich, wo die Symmetrie gebrochen wird.

Der Bruch enthält ein Urteil und ist nicht zufällig. Wäre er zufällig, würde sich keine interindividuelle Realität etablieren, mithin keine Realität. Das Urteil im Bruch der Symmetrie kommt aus dem Bewusstsein, als wisse dieses «etwas», was aber nicht der Fall sein kann. Diese Aporie nutzt Marx, allerdings ohne Bewusstsein. Wir werden sehen. Da ist nichts, was es wissen könnte, außer das, was es jetzt gerade entdeckt, und das ist der «Inhalt» des Augenblicks. Es nützt hier auch nicht, wie die heutigen Neurophilosophen glauben, auf ein Gehirn zu verweisen und auf «Gespeichertes», welches quasi die Entscheidung bahnen könnte. Denn all das wäre ein Psychologismus oder gar ein Biologismus an dafür zu grundsätzlicher Stelle.

Das hat seinerzeit Whitehead gesehen, darum war er gezwungen, seine anspruchsvolle «Prozessphilosophie» zu entwickeln, was er sonst nicht hätte tun müssen. Was ist es denn, was das Bewusstsein «weiß»? Das ist der Zentralpunkt all dieser Bemühungen, und er ist unbeantwortbar. Da ist nur die Taufe auf den Namen. Ich habe in meiner Androidentheorie, sagte ich, an dieser Stelle mysteriöserweise von der «Berührung mit dem Khalat» gesprochen. Das war ein Bild, nicht weniger und nicht mehr. Khalat, ein altindische Prunkmantel, bei dessen Berührung «etwas» entsteht.

Es ist auch hier so, dass sich die Frage nach dem Bewusstsein in sich selbst aufhängt und am Ende die Entscheidung - wenngleich nicht im Sinn der Kontingenz zufällig, so doch umgekehrt - sinnstiftend ist. Damit wäre die Realität also das «Sinnvolle, aus sich selbst Erschaffene, das Eine». Nichts ist «vorher», nichts «folgt nachher», alles «ist augenblicklich», bezieht sich nur auf sich selbst, so wie sich Wahrheit nur auf sich selbst beziehen kann, wenn man sie in Worte fassen will.

Ja, meinte Ned, ernst geworden. Das versteht niemand, und auch den Professor Aronnax verstehen wir inzwischen kaum noch. Du hast aber gewiss recht, in dieser Weise müssten wir sie fassen, die Sache, wenn wir könnten. Und so erweist sich das Reden über «Gott» als das Reden über die «Sache», als das Reden über «alles», und buchstäblich ist die Zahnbürste eins mit Gott und mir selbst, unauflöslich, aber in einer Abfolge von Worten, die wir wiederum nur als Ganzes, als «Augenblick» fassen, als «Eines». Gott können wir darum weder beweisen noch widerlegen oder gar überwinden, ebenso wenig ein beliebiges Ding auf unserem Weg.

Und so sind wir vom Stein zu Gott, von Gott zur Quantenmechanik, dann zum Augenblick und zum Einen gelangt, Ned, durch alle Philosophien hindurch den Pfad erblickend, der in sich selbst zurückführt. Und nun sage einer, die abendländische Philosophie sei *dualistisch* und jene der Asiaten *monistisch!* Nichts ist falscher als das. Es erscheint dem Unbedarften zwar so, wenn er noch nicht verstanden hat, was die großen Denker des angeblichen Dualismus gemeint haben, um auf jene Beschreibungen zu kommen, für die sie bekannt sind. Nimmt man diese Leute ernst, ist der Dualismus lediglich eine andere Form des Monismus - und umgekehrt. Was uns Richtung Zen oder Richtung Naturwissenschaft führt, ist die Folge des Symmetriebruchs. Er ist die Folge der Selbstentwicklung des Einen, des Einen-in-sich-selbst-Unterschiedenen, muss ich präzisieren.

An dieser Stelle schaltete sich Conseil ein, der inzwischen via sein Handy eine größere Finanztransaktion vorgenommen hatte, wie er uns berichtete. Die Summe sei obszön, aber das solle uns nicht beunruhigen, es seien Zahlen, Nullen und Einsen, in der Vorstellung und auf dem Display. Der Symmetriebruch sei erfolgt, die Zahl auf seinem Display habe sich verändert. Erfreulicherweise nach oben. Bravo! rief Margaret, endlich ein Realist unter euch zu spät gekommenen Vorsokratikern!

Nun, liebe Margaret, meinte Conseil maliziös, wir wollen dem nicht auf den Grund gehen, weil wir uns höchst wahrscheinlich in unserer Betrachtung aufhängen würden und dann am Ende wieder das Eine herauskommt. Den Vorsokratikern ist nicht zu entfliehen, jedenfalls nicht über Finanztransaktionen, lachte Conseil.

Nachdem er dies gesagt hatte, brachen wir in schallendes Gelächter aus, so dass uns die Gäste des Restaurants überrascht anstarrten. Oha, meinte ich, da wurde gerade wieder die Symmetrie gebrochen! Du hast es begriffen, meinte Aronnax. Doch die Leute wissen es nicht. Und lebt sie, die Schrödingerkatze? fragte Margaret. Nun, jedenfalls nicht in jedem dieser Menschen, schau sie dir an! In der Summe ist sie so tot wie lebendig, was wieder eine ganz neue Erkenntnis ist, dass Schrödinger vielleicht - bei aller Brillanz - gar nicht verstanden hat, was er mit seinem Katzenbeispiel in die Welt gesetzt hat. Denn immer, wenn die Katze lebt, stirbt sie und umgekehrt. Es bleibt sich notwendigerweise gleich, der Bruch ist keiner, die Symmetrie bleibt erhalten, obschon ganz offensichtlich gebrochen. Das nun auch noch zu begreifen, das ist die ultimative Herausforderung.

Darauf wollen wir verzichten, angesichts der Bedrohung durch den Kellner, der mit der Dessertkarte kommt, meinte Conseil und winkte ihn zu sich heran. Matthew, meinte er, was empfiehlst du uns? Du darfst die Symmetrie brechen! Der Kellner guckte verdutzt und wir brüllten vor Lachen. Nun, Matthew, so viel Spaß machen Philosophie und Physik in Wahrheit. Das sind keine drögen Wissenschaften. Es ist zum Totlachen. Ich weiß, das verstehst du nicht, denn du bist ein Sänger wie Orpheus.

Doch kehren wir zurück, zur Ur-Sache! Zurück zum Fisch. Haben wir ihn nun also zerlegt oder lediglich in eine Masse verwandelt, die sich häppchenweise verzehren lässt? Um den Fisch zerlegt zu haben, hätten wir ihn anatomisch genauestens kennen müssen. Um ihn in Häppchen zu zerstückeln, müssen wir dagegen nur wissen, was als ein Menschenmundhäppchen durchgeht. Mir scheint es offensichtlich, dass wir bestenfalls Letzteres getan haben. Die Welt jedoch, die erklären wir in jedem Moment im Handumdrehen! Einfach immer weiterschnippeln! Irgendwann beginnt die Sache zirkulär zu werden, dann sind wir mit ihr fertig. *Boom!*

Nun, fragte Conseil, haben wir also gar nicht den Fisch zerlegt, sondern die Welt erklärt, als wir ihn zu zerlegen vorgaben? Eine Welterklärung mit Messer und Gabel, keine Fischerklärung? Nun wird's schwierig. Lassen wir es auf sich beruhen. Du hast uns für ein anderes Gespräch zusammengerufen, wenn ich dich richtig verstanden habe.

Ja, erwiderte mir Aronnax, es geht mir eigentlich um etwas ganz anderes.

Ich hatte einst ein Gedicht über Europa geschrieben, gewissermaßen über seine Werte, und du, Conseil, kennst es. Ich lese es euch zuliebe vom Handy ab:

Als einst dir Teiche glänzten vor den Schlössern,
Als fern hinzog die Krähe durch dein Bauernland,
Als gepuderte Gesellschaften wanderten
An den Ufern des Sees, umstanden von Dienern,
Und als die Mondnächte und der Wind noch
Sie selbst waren und in den Kirchen noch
Sang das Volk, da lebte ich nicht.
Doch nie hat die Liebe einer Frau durchdrungen das
Herz
Eines Mannes wie meines die deine,
Wohlgeraubte des Zeus!

In deine Bilder bist längst du vergangen,
Entrissen der Fantasie und unfruchtbar geworden,
Doch schwanger, o Wunder, mit Fremdheit,
Europa!

Nur Menschen, Menschen bleiben,
Fleisch, Geschrei, Verlangen.

Du meintest aber doch gewiss nicht *diese* Werte? fragte ihn nun Conseil. Es sind romantische Werte. Hier geht es um Kultur, um den Stein in der Hand, um Sitten, Bräuche, Kostüme, Diners, um Liebesverhältnisse, Dinge, die ein riesiges Ganzes ergeben, an dem alle Menschen zwingend jeden Tag teilhaben. Du meinst aber wahrscheinlich jene Werte, die in den letzten zwei Zeilen angesprochen werden:

Nur Menschen, Menschen bleiben,
Fleisch, Geschrei, Verlangen.

Aronnax bestätigte das: «*Der Mensch*». Die sogenannten «westlichen Werte». Gott ward Mensch, und der Mensch stieg auf zum Gott. Und siehe, er war nackt, er war krank, war fremd, war böse, leer und doch voll mit Lastern. Er schrie und schrie und schrie: *Gebt mir, was mir gehört! Mir gehört alles! Ihr habt an mir gesündigt über die Jahrtausende, nun will ich dafür bezahlt werden! Von denen, die von mir abgefallen sind, die sich über mich erhoben haben, die sich von mir entfernt haben, um all das erschaffen zu können, was mir gehört! Nichts von all dem, was sie erschufen, gehört ihnen, es gehört alles mir, der ich nichts erschaffe. Ich bin der Mensch, bevor er schafft. Nun habt ihr mich in eurem Haus, ich fläze in euren Sesseln, liege mit euch im Bett, ich beliege euch, ich fresse euren Fraß. Nun kümmert euch um mich! Ich bin zu eurer einzigen Aufgabe geworden!*

Du erinnerst dich, ich schrieb:

Nur Menschen, Menschen bleiben,
Fleisch, Geschrei, Verlangen.

Ja, und damit beginnt es. Was wir hier tun, ist eine bürgerliche Betrachtung. Wir rollen es vom Bürgertum her auf, das Ding, und was daran der Fehler ist, marxistisch betrachtet, werden wir sehen, und was am Marxismus der Fehler auch.

Der Mahlstrom in den Knallköpfen beginnt sich an dieser Stelle zu drehen. Mittelerde, so glaubt man, sei der Kontinent des Menschen, des *Schlechthinigen*, eines Gottes namens *Mensch*. Er, in seiner Einzelgestalt, throne in Mittelerde hoch über den schleimigen Strömen des Faschismus, in dem die übrige Welt ununterbrochen versinke. Ja, es ist der Glaube an die amerikanische Freiheitsstatue als Götzin, der Glaube an die Armen und die Gebeutelten dieser Erde, um ihretwillen es uns hier gebe, sagt man, als das Therapiezentrum der Spezies *Homo sapiens sapiens*. Et in summa miseriae! Nichts von dem, wovon wir träumten, das uns ergriff, an dem wir arbeiteten, was wir erschufen, was wir veredelten, verfeinerten, die Welt zum Wunder machend, gilt jetzt noch. Es wurde aufgehoben.

Europa steht in der geöffneten Tür ihres Tempels, wie einst Phoibos Apollon in der geöffneten Tür seines delphischen stand, den Bogen in der Linken und eine Schale in der rechten Hand. Vor dieser Tür steht jetzt der Geschundene, der Geächtete, der Verbrecher, der Idiot, die Hure, das Opfer von allem und jedem. Da steht Jesus Christus, im Fleisch eines beliebigen Bittstellers und Schutzsuchers, im Fleisch gar seines Erzfeindes. Nur in dieser ikonischen Gegenüberstellung habe etwas einen Wert, und aller Wert drehe sich heute um *diesen* Wert. Der Rest vom Kuchen käme später. Das heißt, er kommt nie, denn der Platz in dieser Tür ist nie verwaist, auf ihm, auf der Schwelle, im Torbogen steht immer «der Mensch». Da ist immer einer, der wartet.

Conseil gibt dem Kellner ein Zeichen. Noch eine Flasche, ruft er ihm entgegen, als er sich nähert. Mein Freund hier schwelgt vom «Menschen», einem Gott, der wie der Erzverbrecher aussieht, und er, mein Freund, ist Apollon in der Tempeltür, der diesen Menschen empfängt, in seinem Geist, in seinem Tempel hoch oben zu Delphi, unter der Schulter des Parnass, in der Gaststube auf der Hinteregg im oberen Emmental. Das verstehst du nicht, Matthew? Gib dir keine Mühe, wir alle verstehen es nicht, es ist ein göttliches Geschehen! Sieh ihn an, unseren Apollon! Ist er nicht großartig? Das ist er in der Tat, doch er weiß es nicht. Sieh seine Visage, wie dümmlich er dreinschaut, dabei ist er doch der Ferntreffer, der Gott der Kunst, der Gott des Todes, der Gott des Lichts, der Gott der Wahrheit! So, und nun bring uns den Wein, Matthew!

Ach, wie haben wir gelacht!

Matthew lachte mit, als habe er verstanden und geht nach der Flasche. Die Hinteregg! ruft Aronnax, wie kommst du jetzt auf die Hinteregg? Du hast recht, mein Lieber, dort saßen wir, in besseren Tagen, als wir jung waren und frisch.

Ja, meinte Conseil, dort in der Tür, standen einst die Schönheit, die Wahrheit, die Musik, die Melodie, die Logik, standen Honos et Virtus, standen Kunst und Architektur, stand der Tanz, stand der Gesang, stand die Kultur. Dort stand einst Europa sich selbst gegenüber, sich selbst empfangend, sich selbst kurierend, sich selbst helfend.

Doch das ist vorbei. Genauer: Es wurde verboten. Keiner kennt das Datum. Per göttlichem Ratschluss, im Tempel des Zeitgeists, eines minderen Dämons, ausgesprochen, ein Fluch über die Fluren und die Seelen und die Herzen, die noch romantisch fühlen. Schluss!

In jener Tür steht nun einzig «der Mensch», und vielleicht ein Frettchen, das ihm um die ungewaschenen Zehen spielt. Jetzt erst werden wir ganz zu Christen, außerhalb unserer Kirchen, die geschändet werden, hier und dort, immer häufiger, und immerdar stehen wir nun einem Christus, einem Gekreuzigten, einem Gesalbten, einem Auferstandenen gegenüber, der – horribile dictu - aussieht wie das Böse in Person. Christus empfangend, Christus werdend, so erfüllen wir den Auftrag, den letzten aller solchen.

Wir schließen die Kirchen und machen Europa zur Kirche. Wir fackeln die Kirchen ab, verjagen die Pfaffen und brennen als Kirchen und rasen als Pfaffen! Alle Türen stehen offen, die der Länder, die der Häuser, die der Herzen, die des Geistes, die des Körpers, auf dass hindurch- und hineingehe all das, was wir *nicht* sind, wovon wir uns *abgetrennt* hatten, bereits vor Jahrtausenden, irgendwann in der späten Steinzeit.

Demokratie, Freiheit, Rechtssicherheit, Rechtsstaatlichkeit, Menschenrechtlichkeit, Völkerrechtlichkeit, Meinungsfreiheit, Internationalismus, zählte Nemo die heiligen Monstranzen auf, die wir vor uns hertragen. Weniger gern herumgetragen werden die freie Marktwirtschaft, die direkte Demokratie, das Leistungsprinzip, Nation und Patriotismus, obschon unter ihren Bannern der größte allgemeine Wohlstand in der Geschichte für die erwirtschaftet worden ist, die solchen Götzen huldigen.

Jetzt ist all das «umstritten», kontaminiert, stinkt. Das Gift, der Schleim ist der des Faschismus, der uns umschwappt. Er hat etwas gar zu Taktiles, etwas viel zu Olfaktorisches, etwas körperlich höchst Unangenehmes an sich. Es riecht in seiner Umgebung förmlich nach Satan und jener Sünde unter all den anderen Sünden, die als einzige nicht mehr geht. Nase weg! Lautet die Botschaft an die Naiven in ihrer Selbstgerechtigkeit, meinte Nemo, der es zynisch meinte.

Unter Demokratie wurde bis gestern noch verstanden die strikte, die ausgereifte, Montesquieusche Gewaltentrennung im Staat, die Verfassungsstaatlichkeit, wurde Rechtsgleichheit, wurde der Bürger als der Souverän begriffen. Heute sieht die Sache anders aus. Man hat unter dem Mantel jener Titel eine Änderung ihrer Semantik vorgenommen.

Allgemein wurde der Zweck der Regeln verschoben. Früher sicherte der Staat dem freien Bürger zu, dass er ihn nie beherrschen werde, dass er, der Bürger, souverän bleibe, frei wie der Vogel im Himmelsraum. Heute sichert der Staat sich gegen diesen Vogel ab, weil er sichergehen will, ihm und seinen Flausen niemals zum Opfer fallen zu können. Denn nicht mehr der Staat rechtfertigt sich beim Vogel, dessen Raum er leider beanspruchen müsse, sondern der Vogel hat sich beim Staat zu entschuldigen, frei herumfliegen zu wollen, wie Gott ihn erschuf.

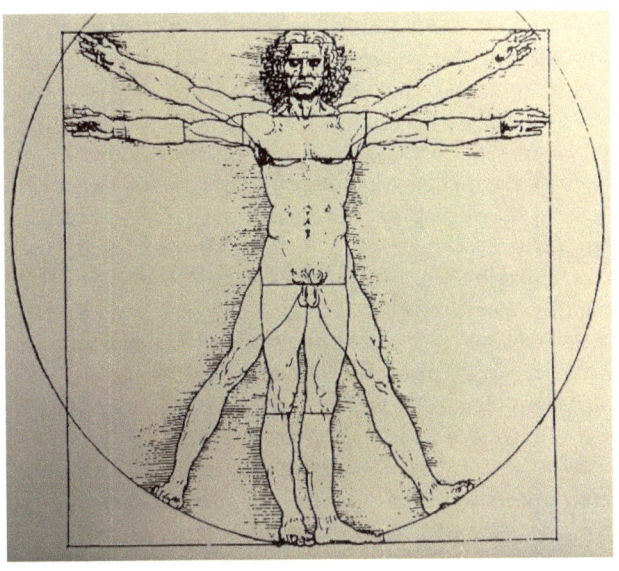

Der Mensch als die vermeintlich gelingende Quadratur des Kreises. Zeichnung von Leonardo da Vinci

Der Mensch als der Bezugspunkt seiner selbst, mustergültig nachvollzogen im aufgeklärten Menschenrecht. Der Mensch ist nicht bedroht und in Frage gestellt durch Aliens oder Dämonen, sondern durch sich selbst. Er muss vor sich selbst geschützt werden. Eine unerfüllbare Aufgabe. Und eine Aufgabe, die durch Übertreibung in ihr Gegenteil ausschlägt, wie der Wokismus – die Sammelbewegung aller neomarxistisch-kritischen Teilideologien unserer Epoche – beweist. Wenn der Mensch anfängt, sich selbst zu übertreiben, macht er sich zu Gott, übertrifft er sich selbst. Der Mensch als derjenige, der stets grösser sein will, als er ist. Doch einlösen kann er diesen metaphysischen Anspruch nicht, indem er ihn physikalisch werden lässt. Was passiert, wenn man Gott auf die Erde holt und sagt: Ich selbst bin Gott, zeigt sich als die Bankrotterklärung der Vernunft und die Totalmissachtung der Wirklichkeit, damit auch als die größte aller Ungerechtigkeiten, die im Mantel des Rechts daherkommen. Der Mensch ist nicht grösser, er ist genau umgekehrt: kleiner.

Was heißt das? Wieso kommt man auf die Idee, dass ein Bürger die Demokratie abschaffen könnte? Welcher Bürger? Gaius Julius? Es existiert eine unglaubliche Angst, zwar nicht der Gaius, aber doch der Adolf könne zurückkehren. Der hatte bekanntlich die Demokratie dazu benutzt, um sie abzuschaffen und durch sich selbst zu ersetzen. War der Adolf der letzte aller freifliegenden Vögel, wie Gott sie erschaffen hatte? Droht ein Comeback? Wieso denn? Es läuft ja wie geschmiert! Noch nie in der Geschichte verlief eine politisch-ökonomisch-kulturelle Entwicklung derart triumphal wie seit dem Ende des europäischen Tyrannen, genannt Adolf. Wer zum Kuckuck sollte sich denn den zurückwünschen?

Aronnax unterbrach an dieser Stelle Conseil, der all das nicht ohne Hinterlist gesagt hatte. Bester! Gefährlich nahe fliegst du an die lodernde Sonne heran und bedenkst doch des Ikarus' Schicksal nicht! Deine Flügel sind mit Bienenwachs befestigt. Komm herunter zu Vater Dädalus! Doch halten wir einen Moment inne und betrachten wir diesen schrecklichen Teufelsvogel, den du angesprochen hast, Conseil!

Ich selbst, Professor Aronnax, habe viele Jahre lang darüber nachgedacht, was diese fliegende Echse eigentlich gewesen ist, abgesehen vom Verbrecher. Es gibt da keine Eindeutigkeit, auch wenn sie uns anschreit. Dieser Flugsaurier war weder progressiv noch konservativ, weder sozialistisch noch marktwirtschaftlich-bürgerlich. Seine Ausrichtung galt einem zeitlosen-überzeitlichen Spartanismus. In diesen war das Kollektivistische ebenso eingebettet wie das Erzkonservative, das Urarchaische wie das

Technologisch-Modernistische. Er ist wie des Malers voll-gekleckste Palette angesichts des Bildes, das entsteht in reiner Ordentlichkeit.

Psychologisch blieb er - und nur als psychologisches Phä-nomen lässt er sich meines Erachtens verstehen - der Sechzehnjährige als Beschützer der Mutter, die ihm ir-gendwann auf dem Heldenbild zu ganz Deutschland ge-rann. Doch das lebte er aus als der gehasste, als der eis-kalte, der fantasierte und fanatisierte Vater, den er nun zwang, ganz anders als im Leben, sich nicht gegen, son-dern für die Mutter einzusetzen, als könne die Hölle für den Himmel einstehen. Der Flugsaurier blieb, der er in Linz gewesen war, doch gleichzeitig wurde er zum eige-nen Vater, der ihn täglich geschlagen hatte, eine Ver-wandlung, die sich ereignete, als er durch den Krieg er-fahren musste, dass er sich selbst nur in dieser verhass-ten Gestalt aus den Schützengräben retten konnte und damit vom Tod, dass die verinnerlichte Mutter, deren Leib immer grösser wurde, am Ende ganze Europa bede-ckend, nur durch das Opfer seiner Unschuld geschützt wird und sonst durch nichts. So ersetzte von da an das Verbrechen die verlorene Macht der Unschuld, und er sühnte das, indem er sich in den Vater stürzte als ins ge-öffnete Maul des innerlich brennenden Molochs.

Erst, wenn man die prägende Rolle seiner Eltern und die enorm wichtige der vier Jahre an der Westfront versteht, lässt sich dieser Unmensch irgendwie fassen, erklärte Aronnax. Sicher aber niemals als Sozialisten oder als ei-nen Konservativen. Wenn ich es mir überlege, war er gar kein Faschist mussolinischer Art. Unser aller Scheusal kann nur psychologisch eingeordnet werden, und da zeigt er sich, meine ich, ohne selbst ein Psychologe zu sein, als die Verkörperung des spätdeutschen Ödipaldramas am Ausgang der Belle Époque, die wir so lieben, vielleicht, weil wir sie so gar nicht kennen. Dieses Freudsche Drama hat er bis zu seinem Tod mit der allergrößten Selbstverachtung und bewusst im größtmöglichen Rahmen vor aller Augen, aber noch mehr vor seinen eigenen abgewickelt. Doch Verstand hatte er keinen, er begriff nichts davon. Kein moderner Sophokles hätte dieses vormoderne Drama beschreiben können, nur die Geschichte konnte es.

Margaret unterbrach den Professor, der immer suggestiver wurde. Sie meinte, der Faschismus sei immer eine Gefahr, in jeder Gesellschaft, denn es gebe immer auf diese Weise Benachteiligte und es mangle ihnen stets am Verstand, das Ding zu begreifen.

Aber ist denn jeder Benachteiligte notwendig auch ein Faschist? fragte Conseil, skeptisch, wie es seine Art ist. Die Benachteiligung allein kann kein hinreichender Grund für den Faschismus sein. Der Grund liegt woanders und ist schwerwiegender, denke ich. Es hat nämlich ein heimlicher Ausschluss stattgefunden. Der Staat, der sich vom Faschismus bedroht sieht, wird von Menschen geleitet, die im Ganzen einer Projektion erlegen sind, ohne es zu merken. Also wären auch sie ohne Verstand, sagte Nemo, der mit ernster Miene zugehört hatte. Gewiss, der Unverstand ist ja die größte macht auf Erden, meinte Conseil. Diese nämliche Projektion besagt nun, der Faschismus könnte nicht nur zur Gefahr *werden*, er *sei* die Gefahr, er *sei* bereits da, wir müssten uns gegen ihn verteidigen, er stünde vor uns, leibhaftig, wir müssten die Zugbrücke hochziehen, wir müssten den durch lange Jahrzehnte des Nichtgebrauchs ausgetrockneten Wassergraben schleunigst fluten, wir sollten umgehend unsere inzwischen eingemotteten Geschütze flott machen und in Stellung bringen auf den Schanzen, damit die alte Burg nicht überrannt werde. Denn dort stehe er, in Rüstung und in geordneten Reihen, der Faschismus und verteilt, nach seinen Gesten zu folgern, bereits unser Hab und Gut. Er sei Fakt.

Aronnax schloss sich an: Die Herrschenden erfahren, freilich in Fernspiegelung, in sich selbst, dass sie etwas getan haben, was diesen Erzfeind auf den Plan rufen musste, wenn es ihn denn gibt. Und darum werfen sie ihn auf die Wiese vor der Burg wie einen riesengroßen Prospekt, damit sie hernach entschuldigt sind, Maßnahmen zu ergreifen gegen das, was sie aber im Grunde selbst getan haben, denn sie haben ihre Macht missbraucht und den Staat an sich gerissen, woraus sich erst jener tiefenpsychologische Reflex entwickeln konnte, dafür einen Feind zu bestrafen, als wäre dieser von sich aus und zuerst erschienen und hätten sie lediglich auf ihn reagiert.

Wenn sie nun überall Faschisten vor ihrer Burg sehen, bestätigt das ihre Empfindung, dass Gewalt im Spiel ist, doch dass es die ihre ist, empfinden sie nicht, das wäre ihnen unerträglich. Es widerspricht allem, was sie glauben, was sie glauben, was sind. Sie verdrängen diese ihre eigene Gewalt, indem sie deren Gewalt nach außen hin projizieren und sich durch sie angegriffen fühlen, was ganz den Tatsachen entspricht, greift ihre eigene Gewalt sie doch zuallererst selbst an, jene Menschen, die sie glauben zu sein.

Ned meinte, ob es denn jetzt nicht genau so sei, da laufe eine angriffige Opposition herum und rufe ihnen zu: *Ihr habt die Burg, die allen gehört, für euch gekapert! Lasst ab davon und kommt heraus, gebt zu, dass ihr zu weit gegangen seid, dann wollen wir Frieden haben!* Diese Opposition hat natürlich sehen können und auch müssen, was vor sich gegangen ist, *weil* es vor sich gegangen ist, und *weil* das *undemokratisch* war, was man beobachten konnte, gehörte man nicht dazu. Die Burg gehört in der Tat allen, daran ist kein Zweifel in einer Demokratie.

Wir sind immer noch in einer arg bürgerlichen Betrachtung gefangen, meinte Aronnax, und es wurde dabei unversehens psychologisch. Doch das verbindet die Betrachtung auch mit dem Neomarxismus. Es ist im Grunde Herrschaftskritik. Die Herrschenden exportieren den Repressionsakt, der sie zu Herrschenden macht und unterstellen ihn der Opposition, die den Braten roch, als jenes Künftige, das Fürchterliche, die Machtergreifung, das Tyrannische. Doch haben diese längst stattgefunden im eigenen Tun und Denken der Herrschenden, was sie, genau wie jener Erzschuft, dessen Rückkehr sie befürchten, nicht bemerkt haben, eben weil es ihnen an Verstand mangelt, solches zu erfassen. Auf diesem Auge ist Herrschaft blind. Was sie selbst getan hat, erkennt sie an der Behauptung der Opposition. Selbstbezüglich und selbstvernarrt, wie sie es als Herrschaft ist, schreit sie auf und ruft Majestätsbeleidigung! Wie bitte, entrüstet sich die

Herrschaft, von der Opposition entdeckt in ihrem Tun, wir sollen etwas *gekapert* haben? Im Gegenteil, wir müssen uns gegen euch Faschisten verteidigen, denn ihr seid es, die im Begriff steht, den Staat zu ergreifen! Erst jetzt, wo ihr uns daran erinnert, ihr Verfluchten, kapern wir ihn, in der Tat, damit er nicht in eure Hände falle! Jetzt erst sei er unser ganz und gar, damit er nicht euer wird. Die Begründung des Ersten Weltkriegs und jetzt erneut des Ukrainekriegs.

Ist das nicht raffiniert? Es läuft bewusstlos ab. Jede Bewusstmachung würde unvermittelt zur narzisstischen Kränkung, und diese führte in die Kampfparanoia. Daran sehen wir zwei Dinge, verdeutlichte Aronnax, der in Fahrt geraten war: Es wäre *erstens* die Aufgabe der Vierten Gewalt im Staate und nicht die der politischen Opposition, solcherart Herrschaftskritik zu üben, wie wir sie hier leisten und sie gegen die Herrschenden immer wieder ankurbeln. Das aber unterbleibt. Warum, das werden wir sehen, hoffe ich. Und *zweitens* macht es überdeutlich, wieso heute das politisch rechte und das linke Denken unmittelbar übereinstimmen, wenn man es nur zulässt. Beide Seiten kommen zur gleichen Schlussfolgerung, wenn sie es sich eingestehen. Blicken wir nach Deutschland oder nach unserem Frankreich, dort bekämpfen sich die beiden Lager heute nur noch zum Schein, da sie im Grunde übereinstimmen, was sie aber, ohne in Gewissensnot zu gelangen, sich nicht zugeben möchten.

Es hat sich etwas verschoben, unterbrach ihn an dieser Stelle Nemo. Nur eines ist mir sicher, der Faschismus, der die Burg der Demokratie von außen bedrohe, ist Fake.

Denn wäre er real, sähe die Sache ja ganz, ganz anders aus! Keine der genannten Zwickmühlen würde existieren. Die Oppositionellen in dem, was Sie erzählt haben, sind keine tatsächlichen Faschisten, die mit dem Programm des realen Faschismus antreten, wie man es historisch ja nun doch hinreichend kennt. Niemand will einen Führerstaat, ein Führerprinzip zurückbringen, will einen expliziten, mörderischen Rassenhass zur Staatsräson erheben. Einzig die Clowns jener Reichsbürgerei lassen davon etwas anklingen, darum sind sie für die typisch deutsche Symbolpolitik so wichtig, obschon sie lächerliche Außenseiter sind und auf alle Zeiten bleiben werden.

Ich verstehe, sagte Conseil entschlossen. Die Herrschenden haben den Staat gekapert. Doch wie und womit denn? Anscheinend wissen sie es nicht. Sie verdrängen es?

So ist es, lächelte Aronnax, an dieser Stelle kommt die Analyse, die man machen muss, punktgenau zur Landung. Hier hockt der Teufel in seinen sprichwörtlichen Details. Über diese tödlichen Untiefen schwadert der Bourgeois wie das Entenküken hinweg, das den unter ihm lauernden Raubfisch nicht ahnt. Wäre es anders, würde unser Küken panisch und der Fisch schlüge zu. Worin besteht nun jene Kaperung? Anders gefragt: Wie kann man einen ganzen Staat mit allem, was ihn ausmacht, kapern? Gestattet mir an dieser Stelle, eine kleine Geschichte aus meiner Jugend. Man kapert den Staat, indem man ihn in eine, erlaubt mir dieses Wort, «Durchgreiferei» gegen den eigenen, den angepassten Bürger umwandelt. Man schlägt diesen nun quasi dem Staate zu, behandelt ihn als dessen neuen, vergrößerten Körper, der für ihn erfährt und fühlt und denkt und ihm alles zuträgt, was er wissen will, weil er es wissen muss. Ihr werdet mir zustimmen, dass jedes Gehirn wollen muss, was sich im Leibe zuträgt, weil es sonst verloren ist. Also genau so wird nun der gekaperte Staat, nämlich zum Leibe der Regierung. Ich vermeide bewusst das Wort Diktatur, weil es zu schwach ist. Ich erinnere mich, und das ist nun meine kleine Erinnerung an die Jugendzeit, an die griechischen Obristen, welche ausgangs der Sechzigerjahre die Demokratie kaperten und in eine Militärdiktatur umwandelten. Ich war damals öfters als Tramper, als Hippie sozusagen, *on the road* in Griechenland. Nie war dieses Land sicherer und ruhiger als damals! Ich konnte mein Gepäck auf Athens Hauptplatz über Nacht stehen lassen. Am Morgen stand es noch da und war unangetastet. Nach der Wiedereinführung der Demokratie wäre es innerhalb von zehn Minuten weg gewesen, wäre ich so dumm gewesen, es wie vordem nachts gelegentlich herumstehen zu lassen, wenn ich meine Touren durch die Tavernen machte. In jener Diktatur der Obristen hatten die Leute unglaubliche Angst, ins Visier der Polizei zu geraten, sprachen aber nicht darüber, lieber würden sie sich die Zunge abgebissen haben. Man sprach nicht über Politik, offiziell waren alle Bürger glücklich und zufrieden, als würden sie im Paradies leben. Das Griechenland der Obristen war das «beste Griechenland, das es je gab», könnte man sagen, wollte man eine Floskel aus unserer Zeit paraphrasieren. Nun war das damals eine Diktatur klassischen Zuschnitts, und solche gibt es im Westen schon lange keine mehr. Diese Form der Staatskaperung ist zu primitiv. Damals gab es sie in Griechenland, in Spanien, in Portugal, ansatzweise in Argentinien, in Chile. Und es gab die kommunistischen Diktaturen, doch waren das andere Narrative, doch lief es für das Volk aufs selbe hinaus. Die «Durchgreiferei», die wir heute erleben, sieht nun natürlich ganz anders aus, ist raffinierter, ich nenne sie gelegentlich in Anlehnung an ihren illiberalen Kern eine *soft dictatorship*. Niemand verwandelt heute, ist er oder sie noch bei Trost, einen demokratischen Staat in eine Militärdiktatur. Eine solche würde nur noch notwendig sein, würde jemand usurpierte Macht behalten wollen allein mit der Macht der Waffen. Heute aber herrscht man über das Hilfsmittel eines *Kanons*, einer *Agenda*. Doch was ist das, eine Agenda, oder, welchen Begriff ich bevorzuge, ein *Kanon*?

Meinst du eine Agenda, wie sie Gerhard Schröder in Deutschland seinerzeit zur Grundlage seiner Politik gemacht hatte, fragte Margaret interessiert.

Nein, schnitt ihr Aronnax das Wort ab, vielleicht etwas zu schroff. Diese war Politik. Ich meine die weitaus unspektakulärere Agenda, die eine Verwaltung, eine Administration pflegt, die den Kern der «Durchsetzerei» ausmacht. Verwaltungen und Administrationen machen keine Politik, sie setzen sie um, indem sie deren Themen und Zielsetzungen «auf ihre Agenda setzen». Sie übertragen sie in einen Plan, einen Masterplan, einen Workflow, in Prozesse, sie führen damit aus, was «angesagt» ist. Was aber ist «angesagt»? Aronnax holte nun aus: Gesellschaftliche Veränderungen sind «angesagt», ökonomische Veränderungen, kulturelle Veränderungen, demographische Veränderungen. Veränderungen allgemein. Hinter diesen

Veränderungen stehen Auffassungsweisen, Theorien, Philosophien, Ethiken, die nicht primär politisch, sondern gesamtgesellschaftlich, ideologisch, moralisch sind. Wenn Professor Schwab mit seinem Davoser Forum über das spricht, «was getan werden muss», meint er *solche* Veränderungen. Er richtet sich nicht an Sozialdemokraten, an Liberale, an Konservative, er richtet sich an alle Führungskräfte. Über der Politik steht eine *Führungsrealität*, die sich gesellschaftlich, ökonomisch, moralisch und politisch legitimiert und äußert. Politik ist vor diesem Hintergrund nur eine von zahlreichen Möglichkeiten, darüber zu verhandeln, was sei, und nicht einmal die wichtigste.

Es gibt also durch alle Staaten hindurch eine recht einheitliche Agenda, die das «Angesagte» enthält und auf einen sprachlichen Ausdruck bringt. Sie nenne ich den *Kanon*. Er wird von Think Tanks, NGO, Universitäten, Foren, Clubs, Logen, Stiftungen und von herausragenden Fachleuten hervorgebracht und gepflegt, und von Anfang an globalisiert gedacht. Er sei der Kanon der *Zeit*, so lautet der innere Anspruch. Ihm gegenüber schrumpft Politik zur bloßen «Durchsetzerei» zusammen, hier haben wir das Wort wieder. Es sind kanonische Betrachtungen dessen, was «den Menschen» betrifft, wie er heute lebt, womit er heute konfrontiert sei, wohin er treibe. Diesem «Angesagten» sind die Verlagsmedien verpflichtet, die inzwischen nur noch wenigen Multimilliardären gehören, die sich einmischen, sehr diskret zwar, aber unmissverständlich dem eigenen Personal gegenüber, und nur das zählt für sie, nicht Volk und Völker. Jene Personalbestände publizieren über und durch den Kanon, verankern ihn im Bewusstsein des Konsumenten, was mit der Zeit jede politische Parteilichkeit aufhebt. Parteien sind in der Tat nur noch Karnevalsgesellschaften, alle demselben Kanon verpflichtet und darum ohne echte Opposition. Der Vergleich hinkt zwar, aber daraus ergibt sich eine neue Art der konstitutionellen Monarchie, wie ich meine.

In der Welt der «Agendapolitik» ist der Kanon gewissermaßen die Verfassung aller Staaten zusammmen. In diesen Staaten ist der Souverän nicht mehr der einzelne Bürger, der Citoyen, «der Mensch» ist es, und in der echten konstitutionellen Monarchie ist dies der Monarch, füge ich der Vollständigkeit halber an. Der Citoyen darf zwar noch wählen und sich wählen lassen, er darf in die Regierung aufsteigen, das bleibt sich gleich, denn das ist keine Gefahr, zu lang und zu versuchungsreich ist der Pfad, den er gehen muss, will er Macht erlangen, um ihn nicht rechtzeitig zu korrumpieren, damit er am Ende, wenn er oben anlangt, gekauft ist wie jede und jeder, der dort bereits seiner harren und ihm zutrinken. Der Citoyen ist noch an die jeweilige Staatsverfassung gebunden, wie eh und je, aber souverän im aufgeklärt-politischen Sinn ist er nicht mehr als Citoyen, wie ehemals, sondern als «Mensch», was nicht das Gleiche ist. Er steckt in einer globalisierten, einer transnationalen Kostümierung, die seine nationale überlagert und ihr vorangeht. Darum gilt zwar die nationale Verfassung noch immer uneingeschränkt, aber es gilt in erster Linie die Leitlinie des Kanons. Kommt es zum Konflikt zwischen diesen «Setzungen», soll der Kanon den Vorrang genießen. Also, noch einmal: Als Citoyen sind wir noch Bürger eines Staatswesens, als Menschen sind wir Bürger des durch den Kanon verfassten Reiches, dem die Staaten unterworfen sind, und eben das ist es, was man dem Bürger nie sagt, darin manifestiert sich jene Kaperung, die, will jemand sie monieren, nach außen projiziert wird auf die «Faschisten», denen vorgeworfen wird, sie erst vorzuhaben, zum Schaden aller, in erster Linie zum Schaden der Herrschaft des Kanons und damit des «Menschen».

Ich weise darauf hin, dass das der Wiedereinführung einer Reichsstrukturebene entspricht, unterbrach ihn Nemo, der schweigend zugehört hatte, bisweilen lächelnd, weil das Gehörte ihm behagen musste. Es ist die stille Wiedereinführung der imperialen Schicht über der Demokratie. Der einzelne Staat ist wieder, obwohl formal noch weitgehend souverän, die Provinz eines Reichs, dessen Verfassung der Kanon ist, deren Organe die eben genannten, global agierenden Körperschaften und Kongregationen sind. Es ist ein halbwegs metaphysisches Reich wie das mittelalterliche «römische» Kaiserreich der Deutschen und ein halbwegs physisches, wie das der UNO, der EU, der G7, und wie die Reichabteilungen heute alle heißen.

Das sind Reichstrukturebenen, welche die Souveränität des Einzelstaats zwischen sich zerrieben haben, meinte Nemo, ohne dass wir uns dessen bewusst geworden sind, wenigstens nicht die Masse von uns.

Werfen nicht eben diese Bewusstlosen dem russischen Herrscher Putin seit einiger Zeit vor, unterbrach ihn Aronnax, er segle einen «imperialistischen» Kurs gegen die Herrschaft des Kanons und wolle ein Reich, das alte

russische, um nicht zu sagen, das sowjetische, wiederher-
stellen? Er habe am 24. Februar 2022 aus heiterem, impe-
rialistischem Himmel die Ukraine überfallen, wie seinerzeit Hitler Polen, um mit der eurasiatischen Reconquista
zu beginnen. Sind wir hier nicht bei der Psychologie der
Verdrängung zurück, die typisch bürgerlich ist? Wir verdrängen jedes Gran Bewusstsein ins eigene Reichshafte
und in die inneren Widersprüche der Doppelstruktur der
heutigen, der «kanonischen» Demokratie, weil das zu
schmerzhaft wäre. Wir werfen all das auf den Gegner, der
sich durch seine politischen und militärischen Akte anbie-
tet, ihn dafür zu missbrauchen, damit wir uns nicht im eigenen Spiegel betrachten müssen und dort das Antlitz
des Teufels sehen.

Was wir also jetzt zu merken anfangen, fasste Conseil zusammen, ist das Wesen der *soft dicatorship*, dass nämlich
der demokratische Einzelstaat längst eine «Agenda» auf-
gezwungen erhalten hat, die jenseits aller politischen
Parteiungen verbindlich ist, ohne dass ein Citoyen darüber diskutiert oder die Masse der Citoyens darüber abgestimmt hätte. Dieser Kanon kommt «von oben», respektive von außerhalb der Maschinerie der Demokratie,
die man zu kennen meint. Die Demokratie ist somit nicht
mehr quasi «leer» wie einst, reinste Form, und müsste
vermittels der politischen Auseinandersetzungen über
die Variabilität der Aktualität erst noch «gefüllt» werden.
Sie hat jetzt bereits einen Inhalt, der nicht mehr zur Debatte steht, er ist *unterstellt*. Mit anderen Worten: Unser
Frankreich, Deutschland, ja selbst die USA sind Provinzen,
mehr nicht, nicht mehr.

Das hat man dem Citoyen bis heute aber nicht eröffnet, warf Ned dazwischen. Man hat mit uns nie darüber diskutiert und musste darum keine abweichenden Ansichten zulassen, es gab gar keine Auseinandersetzung.

Das sieht nun aus wie ein Konsens, wie ein demokratisches Politikergebnis, brachte es Aronnax auf den Punkt. In Wahrheit ist es der Tatbeweis des Reichs, das uns alle zu Provinzen gemacht hat. Mit Demokratie und Konsens hat es nicht das Geringste zu tun. In der Schweiz, zum Beispiel, ist der Kanton seit Gründung des Bundesstaats in dieser Lage, er ist eine Provinz des Bundes und hat dessen Kanon diskussionslos zu übernehmen, er ist nicht mehr frei, ist nicht mehr «leer», er unterliegt der *soft dictatorship* des Bundesstaats Schweiz. Der Schweizer Kantonsbürger hat jedoch gedankenlos längst die Rolle des Schweizers übergestreift wie eine Kostümierung und meint, damit leben zu können. Er merkt nicht, dass er nunmehr seit fast zweihundert Jahren unterworfen ist und ebenso lange schon wiederaufersteht als Schweizer, etwas, was er so nie sein wollte, als man es noch hätte debattieren können. Eidgenosse ja, das heißt, als eigener Souverän, aber nicht Schweizer. Als solcher ist er ein subtil Unterworfener. Ein zuhanden seiner Befreiung als Schweizer Unterworfener. Für ihn ist das heute ganz normal, er empfindet das Joch nicht mehr, das er trägt. Doch jetzt soll er bald ein weiteres, viel schwereres Joch auf seine Schultern laden. Und wieder soll er es nicht bemerken, er soll erneut «auferstehen» als ein Bürger der nächsthöheren Ebene, der des «Menschen».

Wenn heute in Deutschland, in Frankreich, Italien, in den Niederlanden, in Schweden und so weiter Oppositionsparteien auftreten und teilweise an der Macht beteiligt sind, größtenteils jedoch radikal aus der Burg ausgeschlossen werden, dann ist das Ausdruck des Erwachens des Citoyens, der anfängt zu begreifen, dass der Staat, in dem er doch der alleinige Souverän ist gemäß der Verfassung, inzwischen einem Kanon zu folgen hat, der diese Souveränität beschneidet, so dass es ihm vorkommt, dieser Staat sei gekapert worden, die Eliten hätten ihn usurpiert und würden Politik «gegen das Volk» machen. Und indem sie nun als Oppositionsparteien aufstehen wider die unerklärt-erklärte Herrschaft des Kanons, den man ihnen als die allergrößte Selbstverständlichkeit verkaufen will, gegen die nur ausgemachte Narren opponieren, gelten sie diesen Eliten als Neofaschisten, welche die Demokratie stürzen wollen.

Das ist eine heillose Verwirrung des Gedankens, eine unerhörte Zumutung, bleibt aber in den Eliten unerkannt und im neuen Leibe der Herrschaft, den gekauften Seelen, ist das die reine Horribilität. In Wahrheit lehnt diese Opposition den Gedanken der Primordialität des Kanons in der Demokratie ab, nicht die Demokratie, die sie verteidigt und nicht die Verfassung, wie man ihr unterstellt. Weil aber alles inzwischen untrennbar miteinander verquickt ist, kann und will die herrschende Schicht nicht erkennen, dass die Opposition nicht gegen Verfassung und Demokratie gerichtet ist, sondern gegen sie selbst als einer «Durchsetzerei» des kanonischen Willens der Reichsstrukturen, in denen die lokale Demokratie aufgegangen ist, ohne dass der Citoyen dem bewusst zugestimmt hätte, außer denen vielleicht, die damit profitierend befasst sind. Außer den Klienten dieses neuen Systems und den Herrschenden hat niemand einem solchen Konstrukt explizit zugestimmt, und insofern war seine Errichtung undemokratisch.

Hier haben wir nun den eigentlichen Konflikt. Die realen Kaperer bezichtigen die Demokraten alter Schule selbst des Kapergeschäfts. Dieses sei darauf aus, die realen Kaperer zu entmachten und das Ganze wäre somit tatsächlich ein Staatsstreich. Der ganzen Verwirrung verwirrter Schluss.

Ich fasse zusammen, meinte Ned Land sarkastisch. Du sagst, die Staaten seien im Grunde längst alle nach Schweizerart kantonalisiert.

Nicht ganz und gar, korrigierte ihn Aronnax.

Doch sind sie es nicht, fuhr Land fort, indem sie Mitglied der EU oder der UNO sind, sondern viel grundlegender, ideologischer, philosophischer, metaphysischer. Sie sind alle längst Provinzen in der transnationalen, ja nordhemisphärischen, konstitutionellen Monarchie des «Menschen», deren Verfassung der Kanon ist, mit allem Drum & Dran, deren staatsrechtliche Organäquivalente Foren, Stiftungen, NGO, Netzwerke, Clubs sind, an denen wiederum die Elite teilnimmt oder teilnehmen muss. Nichts davon ist *demo*kratisch, es ist vielmehr *humano*kratisch legitimiert, wenn ich mich so ausdrücken darf. Und all das bleibe im Fluss, unabgeschlossen, unterwegs. Was den Weg vorzeichnet, ist der Kanon, in den hinein sich kristallisiert, was künftig Sache werden will. Und du sagst, Professor, wenn eine innerstaatliche Opposition diese trans- oder metastaatlichen Verhältnisse nicht haben will, wolle sie gewissermaßen jene Demokratie außer Kraft setzen, die über ihre Kantonalisierung mit einem konstitutionell-monarchistischen Inhalt nachgerüstet worden sei durch die zwar demokratisch gewählte Elite, die sich zum Teil oder insgesamt, wir wissen es nicht, in jenen Körperschaften bewegt, welche den Kanon entwickeln. Durch einen Sieg dieser Opposition würde also jene *soft dicatorship* gestürzt, was der Errichtung einer Diktatur gleichkäme, in welcher «der Mensch» keine souveräne Rolle mehr spielt, wohl aber der gute alte Citoyen. Diese Diktatur wäre gewissermaßen «menschenfeindlich» bis «menschenverachtend», und, weil innerstaatlich-national, so ist sie auch nationalistisch, mithin ethnizistisch, was sie in die Nähe des beschworenen Faschismus rückt. Damit wäre die Rückkehr zu den Verhältnissen vor dem Kanon nun aber doch eine faschistische Reaktion und damit verfassungsfeindlich, weil die Verfassung explizit Ideologien wie den Faschismus ausschließt.

Sehr schön hast du das erfasst, lieber Ned, rief Aronnax erfreut. Hier spielt man erneut mit der Semantikverschiebung. Denn ausgeschlossen ist in der Verfassung ja nur der alte, der echte Faschismus der Führerstaatlichkeit, der die Demokratie in erster Linie formal abschafft und einen «Führerstaat» errichtet. Der neue Faschismus will genau das aber nicht. Er ist vielmehr ein *soft fascism*, um bei der Terminologie der *soft dictatorship* zu bleiben, die wir verwenden. Die Verwirrung ist total, aus dem einen

Grund, weil man eine Verschiebung der Semantik betreibt. Wer die alte, die Montesquieusche Demokratie erhalten möchte, ist jetzt plötzlich ein *soft fascist*, weil er die Ebene des «Menschen» zugunsten des Citoyens verwirft, und wer die neue, die kanonische Demokratie der Weltkantonalisierung will, ist dagegen ein *soft dictator,* dieser jedoch sei der wahre Demokrat unserer Zeit, der «Mensch».

Die aktuelle Demokratie wird, konstatierte Nemo, als ein Gefäß verstanden, das auf der Grundlage altdemokratischer Strukturen Minderheiten eine Plattform bietet, ideologisch begründete Projekte in reale Politik zu konvertieren, gegen die zu opponieren als undemokratisch gilt und darum verfassungsrechtlich und gesetzlich gefährlich sei?

Gewiss, meinte dazu der Professor. Mehrheit wird nun ganz neu definiert als die mehrheitsbildende Koalition aus solchen Minderheiten. Man hat ja inzwischen herausgefunden, dass die Mehrheitsbildung dadurch einfacher und auf unbestimmte Zeit durchsetzbarer wird, je wasserdichter eine echte, eine antikanonische Opposition aus der politischen Debatte ausgesperrt wird, so dass das demokratisch zu berücksichtigende Volk gleichsam auf die «Einverleibten» zusammenschrumpft, die als Citoyens unterworfen sind, um als «Menschen» frei zu sein.

Das muss ich unterbrechen, meinte Conseil, das dünkt mich ungeheuerlich, nämlich deshalb, weil es eine Art von stiller ethnischer Säuberung darzustellen scheint. Irre ich mich?

Im Grunde nicht, Conseil, bestätigte Aronnax den geäußerten Verdacht. Mehrheit heißt dann, dass keine mehr möglich ist durch Koalition *mit* der Opposition, nur noch durch Koalition *gegen* die Opposition. Zwar ist eine solche Mehrheit immer noch eine in Bezug auf die Bevölkerungszahl eines Landes, muss also im Minimum 50% derselben auf sich vereinigen, was, streicht man die Opposition gänzlich, dazu führt, dass es praktisch kaum noch Koalitionen geben kann, die etwas anderes als Minderheitenpolitik ein und derselben Ausrichtung betreiben können, nämlich der kanonischen. Dadurch entsteht eine Art Einheitsparteienstaat gegen die exkommunizierte Opposition. Ein Staat im Staat mit einem Volk im Volk. Also wieder das, was man auf die Opposition als deren Programm projiziert, aber längst selbst praktiziert, ohne es zu bemerken. Dieses Vorgehen vereinigt die Vorteile der Demokratie mit denen der Diktatur und führt in die Dystopie, wie wir sie von Orwell, Huxley und anderen kennen. Formell ist und bleibt alles demokratisch legitimiert, intentional aber ist das Resultat eine Diktatur gegen die Opposition und damit gegen den offenen Diskurs und ergebnisoffenes Ausmarchen. Diese postmoderne Form der Exkommunikation bedarf einer sakrosankten Begründung, um als demokratisch zu gelten. Man hat sie in Form des Faschismusarguments zur Hand. Und ja, es ist so, dass dies eine stille ethnische Säuberung mitumfasst, den Ausschluss all derer, die sich zur Opposition zählen, und das sind ja meistens die, welche den harten Kern der alten Demokratie des Nationalstaats ausgemacht haben, insofern ist es eine zumindest semiethnische Untergruppe der historischen Herkunftsbevölkerung. Der

ganze Vorgang hat also auch etwas von einer Selbstent-
leibung oder besser, einer Häutung, aus der die alte
Schlange verjüngt hervorgehen will.

Womit wir wieder beim Teufel sind! seufzte Ned.

Deine Analyse, sagte nun Nemo, ist auch aus dem folgenden Grund bedeutungsvoll, Aronnax, betrachtet man
nämlich die Weimarer Republik und den Aufstieg der Hit-
lerfaschisten gegen den damaligen *de facto* Einheitsparteienstaat des nachrevolutionären Deutschlands. Letzte-
rer versuchte mit allen Mittel die Demokratisierung im
ähnlichen, einem kanonischen Sinne wie heute wieder zu
betreiben, damals durch die Maßnahmen Severings, ein
Vorhaben, das den Bestrebungen der deutschen Regie-
rungskoalitionen unter Merkel und der Ampel recht gut
vergleichbar ist.

Das mag sein, erwiderte ihm Aronnax, doch kenne ich
jene Epoche nicht ausreichend. Wenn es so wäre, hätten
wir tatsächlich ein Problem. Denn die Opposition, die
man mittels sogenannter *Brandmauern* aus dem Diskurs
und von der Herrschaft ausschließt, ist zwar keineswegs
faschistisch im alten, historischen Sinn der Hitlerei, sie
stellt sich selbst klar dagegen, aber sie ist doch eben faschistisch in diesem neuen Sinn, der über den «Menschen» als neuem Souverän läuft und den primären Ausschluss dieses «Menschen» aus dem Staat zugunsten seiner Citoyens betreibt und sich damit in die Geruchszone
des Ethnizismus und des Nationalismus begibt. Denn jener «Mensch», der in der offenen Tempeltüre steht, wie
wir ein schönes Bild aus der hellenischen Vorzeit für uns

fruchtbar gemacht haben, der programmatisch dort auftaucht im Angesicht Apollons, der ihn erwartet mit Bogen
und Schale, um ihn zu nähren, sei es als der Tod, sei es als
das Leben, dieser «Mensch» ist am entschiedensten verkörpert im Fremden, im Nackten, im Geschundenen, Ver-
stoßenen, im Flüchtling, der «leer» an der Grenze zur
sprichwörtlichen Fülle auftaucht und sich nun geltend
macht. Dieser «Mensch» ist, wie ich erläutert habe, der
neue Monarch, der jenseits der Politik steht. Jede Politik
benötigt sein Plazet, weil er der eigentliche Reichssouve-
rän ist. Also steht an der Grenze der alte Souverän, der
Citoyen, dem neuen Souverän, dem «Menschen» gegenüber, als wie Polyneikes und sein Bruder Eteokles im
Kampf um Leben und Tod vor Theben. Will eine Opposition dieses Verhältnis stürzen und zurückkehren zur alten
Ordnung, in der es nur Citoyens gibt und Grenzen von deren jeweiligem Souveränitätsbereich, stellt sie den Citoyen über den «Menschen» und verkörpert zudem auch
noch den Kapitalismus, welcher den Besitzer der Produktionsmittel über den Proletarier stellt, er verkörpert auch
den Ethnizismus, indem er «die länger schon hier Leben-
den» über die *homines novi* stellt. Wer dies will, wäre somit gegen die Ordnung der Götter. Er unterbricht den
Kampf vor Thebens Tor. Eine solche Opposition ist somit
eine wahre Medusa gegen Hoffnung und Aufbruch, gegen Liebe und gegen Wahrheit, die alle frei sind und keine
Staaten und keine Nationen kennen. Es ist also doch nicht
so einfach, wie diese Oppositionellen immer glauben,
und es ist nicht ganz falsch, was die Herrschenden behaupten. Auch ist hinreichend verständlich, wieso die
Vierte Gewalt ihre ihr zugedachte Aufgabe im modernen

Staat nicht mehr erfüllen will und zur Hofberichterstatterin der Herrschenden wird. Das alles erscheint kohärent, ergibt Sinn. Und vor allem ist es keine Verschwörung. Die Politik des Kanons ist das Gegenteil einer solchen, selbst wenn in jenen Körperschaften und Netzwerken Drahtzieher am Werk sind, wie George Soros, Larry Fink, Professor Schwab und viele andere. Die Politik des Kanons ist der Inbegriff eines offenen Diskurses, es liegt alles frei zugänglich zutage. Nur ist es nicht ergebnisoffen! Es ist und bleibt eine *soft dictatorship*.

Nun, meine Conseil, Larry Fink hat gerade jetzt eine Kehrtwende gemacht Er rückt ab von der Mär, dass schrumpfende Bevölkerungen einen tieferen Lebensstandard haben werden als wachsende. Es sei eher umgekehrt. Er bezog seine Aussage auch auf die Ausländerfeindlichkeit, die er nun, kaum hat Trump die zweite Präsidentschaft gewonnen, eher als eine Bedingung für mehr Lebensqualität ausgibt. Länder mit einer Pro-Ausländer-Politik werden viele Probleme mit ihren neuen Menschen aus der Dritten Welt haben, was den Lebensstandard senken werde. Das sind neue Töne. BlackRock hat jetzt auch die Green-Deal-Ideologie aufgegeben, was ein weiteres Indiz dafür ist, dass der Wind gedreht hat.

Der von mir geschätzte Publizist und Wirtschaftsberater Oliver Gorus postete am 20.01.2025:

Die heutige Amtseinführung von Donald Trump ist eine Zäsur: Die Postmoderne ist zu Ende.

Trumps zweites Kabinett manifestiert einen neuen großen Trend in der westlichen Welt, den die deutschen Politiker und Parteien bis jetzt komplett verpennen:

- Radikale Deregulierung und Entbürokratisierung der Märkte, Entfesselung der Innovationskraft und des Wachstums der privatwirtschaftlichen Unternehmen.

- Radikale Senkung bzw. Abschaffung von Steuern und Abgaben.

- Radikale Reduzierung der Staatsausgaben.

- Durchsetzung der Meinungsäußerungsfreiheit, Abschaffung von staatlicher Zensur.

- Beendigung von Wokismus, Genderismus und Trans-Ideologie. Rückkehr zur Gleichheit aller Bürger vor dem Gesetz.

- Selbstverantwortung statt Umverteilung. Reduktion der staatlichen Wohlfahrt auf unverschuldet in Not geratene Bürger des eigenen Landes.

- Beendigung der Klima-Ideologie, Entmachtung der Energiewende-Profiteure, Beendigung der CO_2-Bepreisung und Rückkehr zu niedrigen Energiepreisen.

- Unterbindung der illegalen Einwanderung durch Anwendung von Recht und Gesetz auch an den Staatsgrenzen und durch Eliminierung von Pull-Faktoren, Rückkehr zu qualifizierter und kontrollierter Einwanderung.

- Schwächung und Reform globalistischer, multilateraler, undemokratischer und korrupter Institutionen wie EU oder UNO, Stärkung der Souveränität der Nationalstaaten und der Bedeutung direkter, interessegeleiteter Abkommen und Verträge zwischen Nationalstaaten.

Das wirtschaftlich schwache Europa wird diesem Trend konzeptionell und kulturell nichts entgegenzusetzen haben, weil der wirtschaftliche Erfolg der Staaten, die auf die erneuerte westliche Agenda setzen, jeden überrollen wird, der nicht mitmacht.

Auch Deutschland wird aufspringen – sehr spät, aber dann sehr gründlich.

Interessant nun, wer jetzt alles zum Opportunisten wird. Offenbar sogar Fink, der jedes Jahr die Welt mit seinem Hirtenbrief darüber belehrt, was Sache ist und was nicht. Wie konnte es aber, in der Summe, soweit kommen? Frage nun endlich ich, der ich bis anhin geschwiegen hatte.

Diese Frage ist berechtigt, meinten Conseil und Aronnax gleichzeitig. Ich kann dir darauf nur meine eigene Antwort geben, fuhr Aronnax fort, während Conseil sich zurückhielt. Nach dem Zweiten Weltkrieg war klar, dass man nie wieder so etwas erleben wollte, nicht nur den Krieg selbst nicht, sondern keine Ideologie, die einen bestimmten Menschen über alle anderen Menschen erhebt und anfängt, die als «minderwertig» erachteten Exemplare auszurotten. Man wollte keinen *spezifischen* Menschen mehr anerkennen, nur noch «den Menschen». Auf diesen zugeschnitten waren von alters her, seit der späten Aufklärung und den Revolutionen in Amerika und Frankreich auch die «Menschenrechte», auf die man verstärkt zurückgriff und die man zum höchsten Rechtskorpus erhob, allen anderen überstellt. In den Menschenrechten wird genau die Situation vorweggenommen, die wir gemeint haben, als wir die Begegnung des Menschen mit Apollon in der Tür des delphischen Tempels zur Erklärung heranzogen. Dieses Bild ist mächtig. Im Menschenrecht ist die Souveränität des Citoyens einer Nation bereits zertrümmert, ist überwunden, was man aber darin nirgends liest. Es ist analytisch. Nun stellt sich heraus, dass auch die Demokratie als die Staatsform des oder der Demos, der Polisbürgerschaft, überwunden ist durch jene der Humanitas, dass die Demokratie durch die Humanokratie überwunden wird. Das heißt aber doch, dass die Grenzen zwischen den Staaten nichtig sind und damit sind nichtig auch alle Völker!

Man muss es aussprechen. Indem man nach dem Krieg eine Politik der Menschenrechtlichkeit zur Pflicht gemacht hat, steuerte man auf die jetzige Situation zu, die aber erst so richtig möglich wurde nach dem Sturz des letzten Feindes, dank dessen es den Kalten Krieg gab. Dieser letzte Feind kollabierte und gab auf. Bedeutungsvollerweise, wie ich denke, verkörpert in Herrn Gorbatschow, einem Idealisten eben jener Menschlichkeit, um die es seit 1945 geht. Seit dem Ende des Kalten Kriegs ist nun die Politik des «Menschen» weltumspannend erstmals möglich geworden und damit die «Offene Gesellschaft», allerdings nicht jene von Karl Popper beschriebene, sondern die des George Soros.

Nemo unterbrach nun den Professor: Das erscheint mir zwar richtig, mein Lieber, aber just in dieser Zeit nach dem Kalten Krieg kam der Neomarxismus wieder auf, wir werden darauf zurückkommen müssen. Auch er ein alter Feind.

Und ein alter Freund! meinte Aronnax lächelnd.

Seine Kraft wird unterschätzt im Bürgertum, sie ist in der Tat die eigentlich entscheidende für all das, was wir heute erleben, meinte nun ich mich anschließen zu dürfen.

Dem stimme ich zu, erwiderte der Professor.

Ned Land fand, dass sich durch das, was wir diskutiert haben, die Bedeutung vieler Begriffe verschoben habe, wie bereits festgestellt worden sei. Jener freie Bürger von früher, seine freie Rede und sein Status als oberstes Rechtsgut im Staat wurden aus diesem Grund unter der Hand zum Dauerverdachtsfall. Die Freiheit, die im demokratischen Staat einst gemeint war, spielt sich nun faktisch außerhalb von ihm ab und muss vom Staat begrenzt und strukturiert werden, um ihn nicht in seinem Souveränitätsanspruch zu gefährden.

Hätte der jetzige Staat keine inhaltliche Agenda, wäre das alles gegenstandslos. Kein Bürger würde die Demokratie als Form des Staates gefährden wollen, deren einziger Zweck ist, sie zu erhalten und zu verteidigen. Doch jetzt ist es anders, jetzt hat der Staat neben dem Wohl des eigenen Bürgers noch eine andere Direktive, verfolgt er doch eine Politik, die dem alten Staatszweck entgegensteht, so dass es jetzt Bürger geben kann, die vom Staat nicht mehr in ihrer Souveränität vollumfänglich geschützt werden, sondern angefeindet oder umgekehrt bevorzugt werden. Es zieht ein neuer Feudalismus auf, wie mir scheint, freilich erst zaghaft und am Horizont, doch ist eine solche Kraft, die am Ende Erblichkeit der Privilegien bedeutet, kaum aufzuhalten, auf jeden Fall nicht angesichts der Unbewusstheit des Gesamtvorgangs, den wir besprochen haben.

Der Staat hat also gewissermaßen selbst Humus angesetzt, konstatierte Conseil.

Er hat angefangen, präzisierte Aronnax, seinen vormalig einzigen Humus, seinen Bürger, auszusortieren nach neuen Kriterien der Tragbarkeit. Es ist, medizinisch formuliert, damit ein gesellschaftspolitischer *Autoimmunprozess* gegen den Bürger in Gang gekommen. Das war möglich, weil der Staat von einer bestimmten, partikulären Meinung gekapert worden ist, die ihm in Form des Kanons vorliegt und vorgeschrieben ist. Nun gilt die Geltendmachung der Demokratie nicht mehr als demokratisch im alten Sinn, weder seitens des Staates noch seitens des Bürgers. Nun fließt kanonische Semantik mit ein. Der Staat will nun verhindern, dass er vom freien Bürger gekapert wird, und der Bürger will die bereits erfolgte Kaperung des Staates durch den Kanon rückgängig machen. Beides ist gleichermaßen verfassungswidrig. Der freie Bürger erscheint als Demokratiefeind, die Demokratie als die Diktatur einer Interessengruppe, deren Existenz jedoch allgemein als Verschwörungstheorie des Gegners abgetan wird. An diesem Punkt stehen wir heute.

Das ist der Zustand eines politischen Gesamtsystems vor dem Bürgerkrieg, resümierte Conseil, nicht ohne Resignation. Das Rom zwischen Sulla und den Iden des März befand sich in einer letztlich vergleichbaren Lage. Alle sprachen damals von der Republik, dass man sie schützen müsse gegen die Hochmütigen, die nach der Alleinherrschaft strebten. Doch strebte keiner danach, wohl nicht einmal Catilina, all die vermeintlichen Systembrecher wollten die Republik aus den Fängen ihrer kryptischen Kaperer und Besitzer erlösen, den Kapitalisten, den Aussaugern des Staates und der Provinzen, beide waren deckungsgleich mit einer unheiligen Allianz zwischen einem Großteil des senatorischen Adels und dem Ritterstand, sowie einigen wenigen, ausgesuchten Vorzeigeplebejern.

Das mag sein, unterbrach ihn Nemo, das verstehe ich auch. Doch das ist längst vergangen. Daraus lässt sich für uns wenig erkennen.

Margaret empfand, sie müsse einen Einschub wagen, um den Gesichtskreis zu erweitern. Wir im Westen, begann sie, sehen überall das Tyrannenmotiv am Werk und den Tyrannenmord als die Notwendigkeit, die Installation der Demokratie, wo alle anderen Weltbevölkerungen etwas anderes sehen, wie ich meine. Sie sehen nämlich in unserem Tyrannen den «starken Mann», sie sehen seine Günstlings- und Klientelpolitik, sie sehen die anderen «starken Männer» im Lande als ebenso berechtigte Mitgestalter und somit sehen sie eine Wiederherstellung der gerechten Herrschaft, wo wir nur Tyrannis sehen. Die beiden Sichten sagen uns nicht das Gleiche. Solange der Westen die *Großmacht* besitzt und seine Version mit dem intellektuellen Erklärungsgebäude der von ihm geführten Eigenzivilisation alles in der Welt bestimmen kann, unterziehen sich in den anderen Weltgegenden jene «starken

Männer» dieser Führerschaft und reden pflichtschuldig ebenfalls vom Tyrannensturz und von der Demokratie, doch meinen tun sie, was sie wirklich glauben, die Wiederherstellung der Gerechtigkeit im Zusammenspiel der starken Männer und ihrer Klientel. Bei den sogenannten Befreiungskämpfen findet Letzteres statt, vom Westen jedoch immer als Ersteres gelesen. So kommt es meines Erachtens zustande, dass der Westen jedes Mal glaubt, es werde ein Tyrann beseitigt und nun ziehe die Demokratie ein, wo es seit den Tagen der Steinzeit noch nie eine gegeben hat. Der Westen verhilft mit seinen Aktionen nicht der Demokratie zum Durchbruch, sondern immer nur der Wiederherstellung des Gleichgewichts der Despoten in den Ländern, die schon immer so funktioniert haben, aber er bewirkt mit seiner Einmischung, dass jedes Mal zusätzliche Millionen Menschen sterben und fliehen, als nötig wären, was das Problem immer mehr in den Westen hineinträgt. Denn auch im Westen stimmt das Narrativ vom Tyrannen und der Demokratie nicht, wie ich meine. Denn hier gibt es den überaus despotischen Anspruch der Klientel von Marx und Engels, zwei «starken Männern» der Vergangenheit, der sich gegen den nicht minder despotischen Anspruch von Adam Smith und Co. erhebt. Im Spiel sind weitere solche Klientelwirtschaften «starker Männer», wie jener, die hinter dem Finanzsystem stehen. Auch im Westen, der sich demokratisch glaubt, tobt ein Kampf wie in Arabien und in Afrika, nur auf intellektuellerem Niveau. Doch ist es ein Kampf zwischen Clans. Die *Erzählung vom Tyrannen und vom Volk* ist in Wahrheit eine Chiffre aus der Antike der

Poleis, aus der einzigen Zeit, wo es tatsächlich zwei Demokratien gegeben hatte, die lokal und gleichsam intrinsisch entstanden waren. Diese Erzählung entstand neu in Florenz, den Niederlanden, in England und während der Aufklärung. Ab Mitte des Neunzehnten Jahrhunderts begann mit dem Marxismus der Rückfall in die Spät- und in die Nachantike, in den außereuropäischen Alltag politischer und ideologischer Ausmarchungen, seinerzeit ins frühe Christentum, welches die Antike radikal beseitigt hat, was bis heute unterschlagen wird. Die Christen waren Bestien wie alle Bestien. Einen Unterschied zum jetzigen Weltanspruch des Islams sehe ich nicht. So, wie heute der Islam auftritt, so trat damals das Christentum auf. Mit verheerendem Ergebnis. Es cancelte 99% der heidnischen Wissenschaft und 100% seiner Bau- und Siedlungszivilisation und seines Brauchtums. Zur Erholung brauchte es gut und gerne tausend Jahre, ehe man wieder anfing, selbst zu denken.

Was der Westen heute macht, fuhr Margaret fort, der wir interessiert zuhörten, ist im Grunde lächerlich. Es ist infantil, jedoch, weil voller Macht und Waffen, desgleichen diabolisch! Er frönt einem Narrativ aus einer Zeit, die er selbst nicht mehr versteht, setzt aber jene Politik bei sich und überall sonst um, die er, wenn er sie anderswo antrifft, nicht versteht und nicht wahrhaben will, aus Selbstverliebtheit in das nachgerade kindische Narrativ vom Tyrannen und vom Volk. Der Westen selbst handelt wie eine Bande von Warlords, von Clanführern und Klientelregenten, in Ausmarchung eines gerechten Ausgleichs zwischen den «starken Männern» seiner eigenen Kultur. Wo

er jedoch hinkommt, bekämpft er genau solche Strukturen, nur weil sie ihm nicht geläufig sind. Und so geht in
heilloser Verdrehung, Verstrickung und Verleihung das
schmutzige Spiel weiter, sterben Millionen und flieht am
Ende eine halbe Milliarde in den Westen, der kraft seiner
Unbewusstheit und der Virtuosität seiner Verdrängung
zur Mutter aller Teufelei geworden ist.

Wie interessant! rief Nemo, du hast meine volle Sympa-
thie, Margaret, du sprichst mir aus dem Herzen! Unsere
Welt wird von Clans beherrscht, die manchmal sogar wie
eine Rasse auftreten. Da ist der Marx-Clan, dort der Clan
der Marktwirtschaftler. In Deutschland haben wir bereits
das neue Narrativ von der gerechten Herrschaft der Despotie der herrschenden Erzählung, wie einst in der groß-
bürgerlichen Familie, wo man das Narrativ hatte, dass die
herrschende Erzählung der Mutter und jene des Vaters,
die sich komplementär zueinander verhalten mussten,
die Despotie in der Familie rechtfertige, und dass alle
Kräfte daraus ausgeschlossen waren, die Demokratie
meinen. Heute haben wir diese neue großbürgerliche
Despotie eines matripatronalen Opinionismus im Westen,
wenn ihr mir dieses Wortungetüm gestattet, neben
Deutschland in England und in Nordamerika. Es zeigt sich,
dass der matripatronale Opinionismus keine bloße These
ist, sondern ein Organismus. Er reagiert äußerst sensibel
auf das herrschende Narrativ. So lädt man, simultan zum
Narrativ, das man umsetzt, die Leute ins System ein, die
das Narrativ verkörpern, Araber und Afrikaner. Einmal
drinnen, werden sie zwar das Narrativ, das sie antreffen,
mit der Zeit zum Erliegen bringen, aber nicht, weil sie
etwa ein anderes bevorzugen würden, sondern weil es

das Narrativ nicht mehr braucht, wenn sie selbst endlich das Sagen haben. Sie sind dessen Verleiblichung.

Die Hamas, der IS, Al-Kaida, das sind jene Selbstorganisationsformen, die der Clanstruktur der Herkunftszonen entsprechen. Eine Clanstruktur mit zugleich despotischen und gnadenbasierten Denksystemen. So und nicht anders organisiert sich das Wesen der Kultur, während es sich zugleich zu uns in den radikalsten Widerspruch setzt, was diesen Strukturen Schubkraft verleiht. Die Clans stellen eine Art Ersatzrassen dar, woraus sie ihre organische Kraft ziehen. Folgt man hingegen unserer Lesart, so seien das Menschenrecht und die Vorstellung, alles Üble gehe auf Machthaber zurück, das Richtige, und darunter befinde sich das Volk, wie bei uns von alters her, und wolle Demokratie, so haben wir hier also einen Widerspruch. Das ist zwar korrekt und geht konform mit der Aufklärung, aber dann sollte man es besser so sagen: *Hic imperium, ibi barbaricum!* Doch tun wir das bewusst nicht. Wir stellen uns gegen die Selbstorganisation und die Aktualisierung der Barbaren und lehnen damit ihr Wesen ab, ihr Denksystem. Die Entwertung, die wir dabei vornehmen, ist selbst menschenrechtswidrig, widerspricht der Essenz der Aufklärung. Das merken wir aber nicht, wir operieren mit unserem eigenen Widerspruch und möchten alle darauf verpflichten, ihn zu übersehen. Darum gibt es dort draußen keinen Frieden, der akzeptiert werden könnte, und hier gibt es oppositionelle Wahrheitsfindung als Ausdruck des Widerstands. Wir gleiten ab ins vor aufgeklärte Zeitalter wegen des inneren Widerspruchs der Aufklärung selbst, ein System zu bieten, welches letztlich den Einzelnen schützt, alles andere jedoch zerstäubt und dem Verfall übergibt. Damals, in der Aufklärung des Achtzehnten Jahrhunderts, war das noch kein Problem. Heute ist es das Hauptproblem. Bei uns führt man nun diesen Widerspruch auf den Faschismus zurück, in Umkehrung der Kausalität, im Barbaricum hingegen auf Tyrannen, Autokraten, Terroristen und mittelalterliche Fanatiker. Das ist nicht ganz dasselbe. Selbig ist lediglich, dass beides für das Wesen einer Metaindividualität der Kultur plädiert, die im heutigen Menschenrechtsstaat keine Heimat mehr haben kann, weil wir zu Fundamentalisten geworden sind und alles so behandeln, als wäre es eine mathematische Gleichung.

Nun schaltete sich Conseil ein mit einer doch recht merkwürdigen Bemerkung. Wir sind alle Narzisstinnen und Narzissten, Freunde! Wir lügen nicht, wir haben lediglich eine spiegelverkehrte Wahrnehmung. Wenn wir jemanden attackieren, empfinden wir uns als attackiert und behaupten, wir würden darauf reagieren. Die häufigste Störung bei heutigen Menschen liegt im Betriebssystem ihres Bewusstseins. Wir erkennen den Defekt nicht und können nur durch einen Vergleich mit einem Referenzkollektiv überführt werden. Den lassen wir aber nicht zu, weil wir ihn als die Mutter aller Drangsalierung empfinden. So gleicht das narzisstische Bewusstsein dem des freien Geists aufs Haar, empfindet aber das Gegenteil, weil im Betriebssystem die Kausalität verkehrtherum arbeitet. Um das zu veranschaulichen, stelle man sich vor, man laufe in eine Wand und empfinde es als Angriff der Wand aus heiterem Himmel. Genau so funktionieren wir heute alle. Wir bevorzugen stets Ideologien, die diese Art der Schuldumkehr im Argument haben, wie den Marxismus, allgemeiner, wie die Dialektik. Es erfordert einiges, das einzusehen, man muss diese Verfahren genau kennen, erkenntniskritisch, wofür es viel braucht. Darum ist der politische Kampf gegen solche Muster und ihre idealtypischen Verfechter sinnlos, wenn er auf Gewalt verzichtet. Es tut mir leid, das sagen zu müssen. Er wird immer verloren. Gewalt ist ein Muss, sonst siegt stets das defekte Betriebssystem. Denn es allein verzichtet niemals auf Gewalt, es ist Gewalt in Aktion.

Wenn wir schon kühne Thesen aufstellen, meinte Aronnax, dann ist hier eine weitere solche. Die Moderne und ihre epigonalen Folgeepochen sind, so möchte ich mich ausdrücken, der Generalkrieg zwischen zwei Arten von Lebewesen, der Zankapfel ist das *Offensichtliche*. Die eine Art bestimmte die abendländische Geschichte, die andere hält diese für geröstete Erdnüsschen. Die Moderne ist nach der Zeit des klassischen Athens das zweite sophistische Weltzeitalter. In ihr geht es fundamental darum, dass alles, was die eine Art an geistigen Entitäten voraussetzt in einen Gestank verwandelt, oder durch ideologisches Konfetti ersetzt wird, hinter denen die Hand eines Vertreters der anderen Art steht, die sie in die Luft wirft. Es ist die Epoche tiefgreifend unfruchtbarer Pseudodebatten, deren Ziel unbewusst bleibt, das *Offensichtliche*, die gelebte Ordnung, ganz und gar zu zerstören und als jene bloß partikuläre der einen der zwei Arten zu entwerten. Genau wie das moderne Mietshaus das Offensichtliche unterläuft, nämlich zeigen zu müssen, dass es ein Kunstreich der Fantasie ist, ein *Schloss*, so zerstört der moderne Geist jeden Geist als das Kunstreich der Gedanken, das er ist und ersetzt ihn durch, ja, einen Furz.

Hinter dieser Auseinandersetzung steht der im Faschismus explizit gewordene Rassismus, dass die eine Hälfte der Bevölkerung die andere loswerden will, weil sie deren Art der *Offensichtlichkeit* nicht mehr erträgt. In der Moderne ist endlich jene Art zum Kampf angetreten, die es müde geworden ist, Aufbau, Herstellung, Leistung und Vollendung betreiben zu müssen und dadurch dennoch nicht bei der anderen Art zu reüssieren vermag. Sie will jetzt ihren radikalen Dispens und fordert die Umkehrung von allem, was irgendwie *fest* aussieht.

Die Moderne ist das Sehnsuchtsreich der Herostraten, der Lasterhaften und Bequemen, der Narzissten und der Pornografen, ist der schiere Aufstand der Innereien. Wir wollen an die frische Luft! rufen die Gedärme und öffnen die Bauchdecke von innen. Das ist die kürzeste Formel, eine vernichtende Formel gewiss. Und gleichzeitig verkriecht sich der Geist in die Wissenschaft, um bisher unerhörte Möglichkeiten bereitzustellen, das ganze Universum für jeden Schweinehirten einsehbar aufzudröseln, für alles, was jemals auf Erden zu bequem oder zu unbegabt war, was dasselbe ist und es zu nichts gebracht hat. Diese unheiligste aller Allianzen nennt man die Moderne oder den *Fortschritt der Menschheit.*

Lieber Professor, du sprichst nun mir aus der Seele. Wir gehen immer davon aus, dass die allgemeine Wohlfahrt die Menschen entwickle, verbessere und verfeinere. Das ist aber nicht der Fall, ganz und gar nicht. Ich rede jetzt nicht von den mörderischen Regimes der Neuzeit, ich rede vom Normalgebrauch all der Maschine gewordenen Genialität eines geschätzten Promilles der Menschheit.

Was tun die Menschen damit? Schau sie dir an! Schau dir ihre Filme und ihre Videos an! Verfolge ihren Alltag, besuche sie in ihren seelenlosen, geistlosen Wohnungen! Was haben sie aus dem Smartphone und aus der Filmkamera gemacht, und was machen sie jetzt aus der KI? Was machen sie aus der Befreiung aus dem Zwang von Sitte und Moral?

Du wirst sie eigentlich immer fressend, saufend, verladen, kopulierend oder faulenzend antreffen, auf einem Riesenberg von purem Material residierend, darunter hunderten von Maschinen und Werkzeugen. Selbst den geringsten von ihnen. Doch begreifen tun sie nichts davon. Sie machen das Gleiche wie vor 100'000 Jahren. Sie befriedigen ihre Lüste und ihre volatilen Bedürfnisse, nur verwenden sie dazu heute Werkzeuge, die keinem von ihnen einfallen konnten. Und sie haben sie, schaut man genau hin, jenen unter Wert entwendet, die zu ihrer Entwicklung beigetragen haben. Diese Armen sind noch genauso verrufen wie vor der Eiszeit und meistens gilt unter ihnen der, welcher am meisten Material angehäuft hat, als der Erste unter ihnen. Hinaufentwicklung? Gewiss, aber nur jenes 1 Promilles der Erschaffer. In jedem Krieg werden diese missbraucht, ermordet und ihre Frauen werden verteilt. Heute nicht anders als vor Jahrzehntausenden. Weniger Krieg? Definitiv das Gegenteil! Mehr Bildung? Lediglich instrumentell, aber nicht grundlegend, denn das fänden sie auf den Tod langweilig und, sie sagen es sogar laut, das braucht niemand.

Mit anderen Worten ist die sogenannte Allgemeine Wohlfahrt der teuerste Betrug der Evolutionsgeschichte. Nicht die Erfindungen des Menschen sind das Problem, ihre Verwendung und das Verzwecken durch die Nichterfinder sind es! Alles basiert auf Raub und Missbrauch, um sich nur ja nicht wirklich selbst verfeinern zu müssen. Wie komme ich an all das heran und bleibe doch der alte Affe? Das ist die einzige Frage, die sich der Mensch stellt, wenn er kein Erfinder ist.

Es tut mir leid, aber nun muss auch ich bekennen, dass man mir aus dem Herzen gesprochen hat. Ich will noch ein weiteres Brikett ins Feuer legen. Wenn ihr noch mögt, so hört zu, sagte ich zu ihnen.

Bitte, lächelte Nemo. Aronnax, Conseil und Margaret sahen mich erwartungsvoll an.

Ich begann also wie folgt: Die Welt Gottes und des Teufels ist dieselbe Welt, beide kommen auf dieselbe Rechnung. Den Unterschied macht allein das Ich. In der Welt des Teufels wird das *Gute* nur zugelassen, um blamiert zu werden und um ewig zu streben, aber nie anzukommen. In Gottes Welt wird das *Böse* bloß zugelassen, um blamiert zu werden und um ewig zu zerstören, ohne je anzukommen. Das sieht aus wie Gleichberechtigung. Doch in der Welt des Ich steht fest, dass Gott zuerst war und als Zweiter erst der Teufel kam, weil andernfalls das Gute nicht das Gute und das Böse nicht das Böse wären. Wir müssten sonst den Teufel zum Schöpfer ausrufen und Gott zum Zerstörer, was nirgendwo hinführte.

Wenn aber Gott vor dem Teufel kam, setzte ich an, dann will er das Paradies, in dem er den Menschen in Naivität sich selbst überlässt. Der Teufel aber will, dass wir stets das Gute wollen, aber immer nur das Böse kriegen. Wir sollen anderen helfen und ewig daran scheitern, draußen in der Welt, dafür belohne uns Gott im Moment der Güte, und der zerrinnt uns zwischen den Fingern. Gott aber möchte, dass wir zurückkehren ins Paradies, dass wir in der Welt auf immer gut und naiv sind, das Böse lediglich im Moment erfahrend, der zerrinnt, wie eben gesagt. Er will, dass wir das Böse, wo wir es antreffen, auslöschen. Denn in seiner Welt gab es dieses nicht, es ereignete sich gegen ihn. Wollte er es erschaffen haben, wäre er ja selbst der Teufel. Doch erschuf das Böse sich selbst, und so war Gott wahrhaft der Allschöpfer, der auch eine Schöpfung schuf, die meint, ihn übertreffen zu können, ja übertroffen zu haben, im Teufel.

Der Teufel ist keine Versuchung im Auftrage Gottes, stellte ich klar und blickte in erwartungsvolle Augenpaare, er kann daher kein Teil des Heilsplans sein, und es ist falsch, an Bösen Gutes zu tun. An Guten ist Gutes, an Bösen ist Böses zu tun, so herum stimmt es. Das Böse ist seiner Natur nach immer Störung, Zerstörung, Auflösung der Ordnungen. Böses den Bösen zu tun, meint, sie zu stören, zu zerstören und ihre Ordnungen aufzulösen. Ohne in der Gnade zu stehen, denn eine solche kommt uns als ein eigenes Instrument nicht zu. Gott selbst hat es gegenüber dem Bösen nicht in Anschlag gebracht. Wenn wir also wissen, was gut ist, was naiv ist, was ohne das Böse sich selbst ist, dann heißt gut sein auch die Auslöschung all dessen, was dem nicht genügt, und ist nicht Wohltätigkeit und nicht Begnadigung! Ja, der Gute muss böse sein können, aber nur gegen das Böse, gegen das Gute ist er der, der es gedeihen lässt. So hebt sich auf, was andernfalls nicht bezwungen wird.

Ich stellte nun die entscheidende Frage: Doch wie unterscheidet der Einzelne diese Welten? Steht er nicht ständig jemandem gegenüber, der es damit umgekehrt hält? Ja, in der Tat, und darin zeigt sich die Spiegelnatur von Gott und dem Teufel. Der Unterschied liegt darin, wen man als zuerst dagewesen anerkennt, den *Einheger* oder den *Auflöser*. Wer stets davon ausgeht, dass etwas aufzulösen ist, der geht davon aus, dass sein Herr der Teufel zu sein habe, der andere aber vom Gegenteil. Doch ist auch nicht derjenige von beiden der Bessere, der davon ausgeht, Gott sei sein Herr und alles, was zu tun sei, sei ein Einhegen! Derjenige ist der Bessere, der das Zweite tut, aber nur, um naiv darin zu leben, nicht um des Einhegens willen, denn dann setzte er sich selbst als Gott.

Das letztlich Gute ist nun aber das Naive, sagte ich mit Überzeugung, welches weder das Gute noch das Böse tut, sondern nichts davon weiß. So war es im Paradies. Doch jetzt müssen wir das Gute den Guten tun und das Böse den Bösen, um ein neues Paradies zu erschaffen, worin man weder gut noch böse sein kann, sondern naiv. Wir tun nur auf diese Weise das, was in jener Welt getan werden muss, die Gott zuerst und den Teufel als das

Zweite setzt. Während in unserer heutigen Welt die Verhältnisse umgekehrt sind, nicht wahr? Hier sollen wir den Bösen gegenüber gut sein, um selbst gut zu sein, und den Guten gegenüber aber nur allzu oft böse, um sie für ihren Hochmut, die Guten zu sein, zu bestrafen, und am geringsten sollen wir die Naiven achten, die weder wissen, was gut noch was böse ist. eine solche Welt setzt zuerst den Teufel und Gott als den Zweiten und ist daher von Grund auf böse.

Das Gutmenschenzeitalter, das Zeitalter der Auflösung von Völkern, Kulturen, Familien, von Begriff und Sprache ist jenes, das den Teufel vor den Spiegel und Gott in ihn versetzt. Es wird darum, schaut man genau hin, stets von Lasterhaften und ihrer Lasterhaftigkeit beherrscht, die sich unablässig verkleidet. Das Abreißen der Verkleidungen ist darum erste Aufgabe des Guten gegenüber dem Bösen, das sich wehrt, es werde Opfer von Verschwörungstheorien, und das den Gegenangriff fährt mit dem Argument, dass, wären diese Menschen gut, sie Gutes tun würden, gerade den Bösen, und weil sie es nicht tun, seien sie das wahre Böse. Dafür ist in der Nazikeule das passende Generalargument geschaffen worden. Alles immer spiegelverkehrt.

Damit haben Sie den Vogel abgeschossen, meinte Nemo, der mich plötzlich siezte. Das ist meine Philosophie. Ich hätte sie nicht besser in Worte fassen können als Sie. Und aus dem Grund habe ich seinerzeit die *Nautilus* gebaut, um wegzutauchen und die Welt des Teufels hinter mir zu lassen.

1864 glaube ich, unterbrach ich ihn, siebzig Jahre vor der Nazizeit. Eine beachtliche Leistung, denn für gewöhnlich meint man, jede Absetzbewegung der Geschichte gehe notwendig auf die Hitlerei zurück. Doch war diese eben auch nur eine Folge, wie wir gesehen haben, wenngleich eine fürchterliche der generellen Verwirrung im Geist, die selbst viel älter ist.

Wieder ergriff ich das Wort. Geschätzter Kapitän, das alles bringt mich nun zur Frage, was denn die Hitlerei ausgemacht hat, im Gegensatz zu den heutigen Oppositionellen, die man Faschisten nennt. Gibt es da einen Unterschied bereits im Vorfeld der eigentlichen Schreckensherrschaft, also in den Auseinandersetzungen der späten Zwanzigerjahre und den frühen Dreißigern? Ich denke, den gibt es, und es ist ausgerechnet ein taktischer, der am besten anzeigt, wie verschieden die beiden Oppositionen in Wahrheit sind.

Das erste taktische Prinzip der Originalfaschisten lautete damals: Gib deinen Feinden taktisch recht! Widersprich ihnen nicht, wenn es zu ganz wichtigen Punkten kommt, sondern mache öffentlich sehr klar, wie recht sie haben, allein, und das ist die entscheidende Wendung, tun sie nichts Vernünftiges damit, sondern machen alles nur noch schlimmer. Es sind Stümper. Wer mit ihnen übereinstimmt, der mache es mit uns, und nicht mit ihnen! Diese Regel wurde umso konsequenter angewandt, je unverständlicher zunächst die beschworene Übereinstimmung wirkte.

Die zweite Regel betrifft die Umsetzung. Den Feinden wird in Bezug auf die von ihnen ergriffenen Maßnahmen recht gegeben, wo sie *international* etwas richtig machen, dort stimmen wir überein, sind Brüder, nicht jedoch, wenn sie *innenpolitisch* etwas anpacken. Außenpolitisch sind wir Verbündete, innenpolitisch Feinde.

Die dritte Regel betrifft die Sache. Sie ist stets und ausschließlich das «Eigene». Mit für alle, auch für den Feind, spürbarer Kälte und Konsequenz wird nur das Eigene vertreten und aggressiv vorangebracht, niemals etwas anderes. Was nicht Eigenes betrifft, das ist uninteressant. Es gebe also für den Wähler keine parteipolitische Alternative in Sachen des Eigenen. Das Eigene ist das, weshalb es den Faschismus gibt, es ist seine *Raison d'être*. Das Fremde ist fremd und hat hier nichts zu suchen, dort, wo es herkommt, jedoch alles. Wir fördern das Fremde dort, wo es herkommt, und darin sind wir ebenso bedingungslos, wie wir hier lediglich Eigenes fördern und uns alles Fremde verbieten.

Mit diesen drei Regeln erreichte man, dass Politik zu einem Spiel wurde, in dem man nur gewinnen konnte, wenn man seine Sache gnadenlos betrieb. Es herrschte immer Ernstfall. Man erhob folglich allein die Gnadenlosen unter den Feinden zu gleichwertigen Mitspielern und schloss einen unsichtbaren Pakt des Inhalts: Wir sind die Spieler, alle anderen haben draußen zu bleiben! Man schließt während des Spiels über gleiche außenpolitische Positionen flüchtige Pakte und kontrolliert einander damit. Man setzt sich durch, weil man der konsequenteste

Vertreter des Eigenen ist, der genaueste und umfassendste. Man setzt sich durch, weil man im Inland etwas verteidigt, was den Segen der großen Vergangenheit hat, was *Erbschaft* - individuell, familiär, kollektiv und national - bedeutet.

Da offenbar das Eigene in Gefahr ist, sonst macht diese Politik keinen Sinn, muss man auf einem ganz besonderen Feind bestehen, der von allen der konsequenteste ist. Er trachte überall nach dem Ende des Eigenen, nicht nur hier, sondern weltweit. Er agiere ähnlich wie wir, die wir danach trachten, überall den Sieg des Eigenen zu betreiben. Vor diesem Hintergrund sind die feindlichen Parteien im Inland auch Verräter an ihrem Eigenen. Darum sind sie die Handlanger wider besseres Wissen jenes einzigen ebenbürtigen Feindes. Darum sind all die Politiker der gegnerischen Parteien im Inland nicht integer genug, nicht einmal gegenüber ihren eigenen Programmen und Anhängern. So die Logik der Originalfaschisten.

Was heutige demokratische Parteien falsch machen, wäre nach dieser Logik, dass sie einander taktisch nicht recht geben, dass sie darum grundsätzlich ihre Hauptwaffe, ihre Stichwaffe, immer schon aus der Hand gegeben haben. Sie wollen gar nichts zum Guten wenden, sie spielen nicht wirklich gegeneinander, verschmähen jedes Eskalationspotenzial. Sie grenzen aber die Parteien aus, die explizit für das Eigene eintreten, die also im Inland den größten Stich hätten. So viel haben sie gelernt. Das ganze Politspiel bleibt im Unernsten stecken. Darum koalieren diese Parteien auch ständig miteinander, weil sie eigentlich gar nicht wissen, was sie wollen, was sie eskalieren könnten, außer dass sie um jeden Preis an der Macht bleiben wollen. Das allein ist ihnen gewiss, aber auch schon genug, und erreichen sie dieses Ziel, hören sie im Grunde auf, Politik zu machen und werden zu «Durchsetzern» des zeitgeistigen Kanonischen, des Transnationalen, wie wir gesehen haben.

So fangen wir an zu verstehen, woran die Weimarer Republik im Gegensatz zur Bundesrepublik gescheitert ist. Es lag am Personal, an dessen Qualität, die damals ebenso minderwertig gewesen sein muss wie heute nach Jahren des Friedens und Überflusses wieder. Während in der BRD nach dem Krieg erstklassige Leute längere Zeit das Bild Deutschland geprägt hatten. Das war eine historische Singularität. Deutschland ist heute wieder zurück auf seinem wahren Niveau. Der Exploit von 1945-1989 muss als nur darum möglich gewesen taxiert werden, weil zuvor das wahre deutsche Niveau zum Höllensturz des Hitlerismus geführt hatte, und weil der Schock noch eine Zeit lang nachwirkte. Die dadurch vom Schicksal gewährte Frist ist nun aber vorbei und Deutschland ist personell wieder bei den Leuten, wie man zu sagen pflegt. Es zeigt sich nun, dass es in keiner Weise besser funktioniert als die es umgebenden Staaten. Das wird heute auch für die Wirtschaft gelten. Der langsame Abstieg in die Mittelmäßigkeit erweist sich als Wertberichtigung in die richtige Richtung. Vielleicht sollte sich Europa wieder stärker an Frankreich und am Vereinigten Königreich ausrichten, wie das bis 1918 über ein Jahrhundert lang der Fall gewesen war! Und an Russland! Vielleicht sehen wir alle den Vorgang falsch, sind wir durch den Großerfolg der BRD bis zur Wende geblendet und verwöhnt. Und jetzt käme also das wahre Niveau in Deutschland wieder zum Tragen, wie zwischen Bismarcks Rücktritt und 1933. Womöglich sollten wir umdenken und Deutschland gar abschreiben? Wenden wir uns interessanteren Völkern zu, den Russen, den Chinesen, den Vietnamesen, den Japanern!

Dem stimme ich bei, meinte Nemo erfreut. Ich möchte die Liste der interessanten Völker noch um die Inder und um die Perser ergänzen, wenn Sie erlauben.

Es gebe ja Leute, die glauben, es gebe immer noch nationale Politik und demokratische Auseinandersetzungen in lokaler Politik. Doch davon habe ich mich verabschiedet, meinte Conseil, nachdem sich eine kleine Pause ergeben hatte. Ich bin heute selbst Mitglied der globalen Elite und weiß, was läuft. Es ist eher so: Wo es tatsächlich noch nationale Politik gibt, dort braucht man nicht hinzusehen, denn diese Politik ist irrelevant. In den Staaten, die wichtig sind, gibt es keine nationale Politik mehr. Zu keiner wichtigen Frage. Die Linken haben das begriffen. Für sie war Politik schon immer etwas, was nicht unmittelbar mit der Realität zu tun hat, anders als für den Kleinbürger. Sie war immer ein Gebiet der Intellektualität. So glauben viele Linke heute noch, man sei dann ein Politiker, wenn man von Jugend an politisiere und möglichst nicht allzu nachhaltig in der realen Wirtschaft gearbeitet habe, weil das die Ideologie verderbe. Reales Knowhow verhindere, dass man die Wirtschaft zielstrebig melken könne, sei man erst einmal am Zug. Man habe dann Rücksichten zu nehmen, vielleicht habe man sogar ein bourgeoises Gewissen entwickelt, sei also gekauft worden.

Linke und grüne Politik sind essenziell auf Ideologie gestellt, die sich von der Realität klar absetzt, was die letztliche Begründung auch ihrer Agenda ist. Zwar glaubt man, dass linke Politik besonders realistisch sei, weil Linke immer vom Arbeiter, vom Proletarier, vom Diskriminierten reden, doch dabei übersieht man, dass die Linke stets ideologische Begriffe im Munde führt und keine Realbegriffe. Proletarier kann man nur im Rahmen des marxistischen Großen und Ganzen sein. Ein kapitalistischer Proletarier ist ein Unding. Arbeiter sind stets Proletarier, oder sie gelten als vom Bürgertum gekaufte Lumpenbourgeois. Diskriminiert ist jeder, der nicht an der Macht beteiligt ist. Die Macht selbst sei eine Funktion des Kapitals.

Was bei der kanonischen Politik hinzukommt, ist nun aber die Verrechtlichung über das Menschenrecht und des darauf aufgebauten Rechtsstaats. Alles wird zum Rechtsfall, das aber sei Ausdruck des Rechtsstaats. Das ist Unsinn. Es gab auch im Nationalsozialismus und im Sowjetkommunismus Millionen von Rechtsfällen, ohne dass dieser Umstand Ausdruck von Rechtsstaatlichkeit gewesen wäre. Verrechtlichung allein bedeutet nichts, ist vielmehr viel öfter eine zweckdienliche Nebelgranate. Gleich wie mit dem Rechtsfall verhält es sich mit der Preisverleihung. Man denkt, wer den Friedenspreis bekomme, der habe ihn auch verdient. Vielmehr ist ein Preis heute Ausdruck davon, dass jemand dem Kanon nützlich gewesen ist und den Bedeutungen der in ihm verwendeten Begrifflichkeit Vorschub geleistet hat. So kann jetzt jemand den Friedensnobelpreis erhalten, der Kriege angezettelt hat. Es müssen bloß die «richtigen», die kanonischen gewesen sein. Man muss schauen, was in der Agenda *Frieden* heute bedeutet. Man sieht das jetzt an der Nomenklatur des Ukrainekriegs. Dieser Krieg sei ein Krieg für den Frieden, heißt es.

So trifft man in Zeiten des Kanons in der ganzen Welt auf dasselbe Phänomen: Rote, Grüne und Woke ruinieren die Volkswirtschaften mit Hilfe des Klimanarrativs und eines Labyrinths an Diskriminierungen und an Befreiungen daraus und erklären die Völker integral zu Nazis. Am hemmungslosesten in Deutschland, wen wundert's. Doch nun findet dasselbe auch bei den Briten und immer lauter in den United States statt. Bald wird das neumanichäische Schema überall gelten: *Hier die Woken, die Guten – dort die Nazis, die Teufel!* Angewandt heute gegenüber Russland. Man sieht es kommen gegenüber China. Es ist mit Händen zu greifen.

Ich fragte mich dreißig Jahre lang, wie man es drehen könnte, erst die Völker der nichtdeutschen und dann der außereuropäischen Welt in Abhängigkeit vom Holocaustgedenken zu bringen, Völker, die im Kolonialismus noch außerhalb der abendländischen Geschichte gelebt haben. Ich rechnete mit vielem, aber nicht damit, dass es genügte, überall den Kanon zu etablieren und jeden Widerstand dagegen zum Nazismus zu erklären. Heute ist man folglich entweder Nazianhänger, oder man willigt in eine Art kulturelle Autoimmunität ein, die als Gottes neuer Ratschluss gilt, als Wunderwaffe, um Nation, Herkunft und Eigenkultur argumentativ ganz und gar loszuwerden und alle Menschen in ein Korsett zu zwängen, in die sexuelle Wahlheimat im eigenen Körper.

Und das, beeile ich mich zu sagen, zum Wohl einer Kaste von unendlich Reichen und deren Areopag und gleichzeitig des untersten und des gemeinsten Kerls auf Erden. Wir befinden uns auf dem Weg. Er ist gepflastert mit Verbrechen, mit Bilderstürmerei, mit Wortverdreherei, mit der Begnadigung derer, die im Reinen sind mit dem Kanon und mit der Exkommunikation und geistigen Einkerkerung aller, die es wagen, sich der neuen Realität einer autoimmunen Selbstsabotage entgegenzustellen. Ich muss es gerade so formulieren: *Die Autoimmunität ist der neue Allzweckschlüssel für jedes Problem. Werde immun gegen dich selbst, und all deine Probleme mit jeder möglichen Zumutung durch Dritte sind Geschichte.*

Aronnax nickte. Du hast recht, man kommt mit allem klar, was man einordnen müsste und womit man kämpfen sollte, wenn du dir selbst dein wahrer Feind geworden bist. Wenn du dich selbst auflöst, kann dir jede andere Auflösung egal sein. Du hast recht, das ist das kanonische Rezept neuer Formen der Weltherrschaft, und es *braucht* ganz neue Formen, soll sich die Geschichte nicht wiederholen!

Dazu müssen wir uns also selbst auflösen, wiederholte Nemo den Gedanken. Wie wahr! Wie subtil und fürchterlich. Der Sieg des Teufels. Haben wir das nicht festgehalten?

Das haben wir, stimmte Aronnax zu. Das haben wir.

Apollon in der Tür zu seinem Tempel in Delphi. Bildnis auf einer antiken Keramik

In der Linken der tödliche Bogen, in der Rechten die nährende Schale. Diese Doppelfunktion des Licht- und Todesgottes wird bis heute viel zu wenig bedacht. Apollon bringt zweimal die Totalität, in der Vernichtung, der niemand entgeht, den er anvisiert, und in der Vollendung des Lebens im Licht, die er jenem bringt, der ihn erkennt. Er ist darum bereits der spätere Gott der Christen. Der christliche Gott, der seinen Sohn unter die Menschen geschickt hat, um sie durch die Liebe zu erlösen vom Tod, den er selbst ist, erlöst sich damit selbst. Das ist die Tat dessen, der stets grösser ist, auch grösser als er selbst. Apollon vereinigt in sich Gottes innere Geschichte und Geschichtlichkeit, sein Auseinanderfalten von Alpha und Omega und das Wiedervereinigen zum Einen, Einzigen und Unteilbaren. So war auch Apollon stets grösser, grösser als er selbst. Er war uneinholbar und darum der, welcher gab, enthüllte, indem er nahm und verhüllte. Bis heute ist das weder von den Altertumswissenschaftlern noch den Theologen angemessen bedacht worden. Die alten Heiden, welche in der Zeit des Übergangs lebten, hätten die Selbstentmachtung nicht vollziehen können, außer auf diese Weise. Denn nichts lässt sich ändern, außer durch Transformation, und so bleibt sich am Ende alles gleich, auch wenn es anders heißt.

Jahrtausende der Formbildung und der Gestaltung des Eigenen sind heute Ramsch, werden verhökert. Wer ihm noch von Herzen anhängt, gilt als Faschist und wird exkommuniziert. Es ist buchstäblich eine Ausgemeindung. Verbunden mit einer Art Vogelfreiheit: Wer den Exkommunizierten abschießen will, der mag es tun, die Obrigkeit hat dagegen nichts einzuwenden, verlangt es aber nicht. Sie wäscht ihre Hände in Unschuld und spielt den Pontius Pilatus. Allerlei Grenzen werden nun geöffnet, man trifft sie unbewacht an, die Grenzen der Staaten, die des Geistes, jene auch des Körpers. Damit kommt es zu einem flächendeckenden Missbrauch, auf Einladung hin, erduldet, erzwungen, empfunden, meistens aber verdrängt, verschoben. Man ist nicht mehr Herr im eigenen Haus und auch nicht mehr im eigenen Körper und schon gar nicht mehr im eigenen Geist. Überall arbeitet die große Rührkelle. *Peu à peu*, als wär's ein Traum, ein halber Wachtraum und einer noch im Schlafe vor dem Erwachen, verdämmern die Bilder, die klaren Bilder der Welt von einst ins Ungefähre. Ein neues Reich errichtet seine Arenen, die Schauplätze des Verramschens, des Verkitschens der Kulturen und der Völker. Die Atomisierung der Menschheit in eine homogene Masse von ihrer geschichtlichen Vergangenheit entkleideter, nackter Individuen, denen eine neue, eine kollektive historische Schuld angeheftet ist, jene der Deutschen von 1933-45, eine Vergangenheit, mit der annähernd niemand in all den Völkern um den Erdball etwas anfangen kann, so wie die Menschen des heidnischen Altertums mit der ihnen auferlegten Erzählung ihrer abrahamitischen Erbsündigkeit lange

Zeit, man versteht es, nichts oder zumindest nichts Gescheites anfangen konnten, bis sie es schließlich mussten, in die frühmittelalterliche Koppel des «dunklen Zeitalters» getrieben, noch geblendet vom Lichte Apollons und des hellenischen Geistes, nur noch eine Riesenherde nackter, ihrer eigenen Geschichte entfremdeter, blökender Schafe, deren selbsternannter Hirte, besessen auf der Zauberflöte der Nächstenliebe spielend, Liebe, nichts als Liebe einfordernd, unersättlich nach Liebe, sich als ein Tyrann entpuppte, wie man noch nie einen auf Erden gesehen hatte. Bis ins hinterletzte Denken hinein regierte er nun, auf der brausenden Orgel der Sünde, der Schuld und der Busse sich immer virtuoser in die elaboriertesten Kadenzen hineinsteigernd, deren Möglichkeit man entsetzt zur Kenntnis und zum Befehl nahm. Was denn sonst wäre dem einzelnen Schaf damals übriggeblieben? Die Exkommunikation, ein Leben jenseits der Großen Mauer, frei zwar, wie zum Hohn erlaubt, als rufe man ihm grinsend zu: Sieh nun, was du mit deiner Freiheit anfängst, du Narr! Jeder darf dich töten, dafür haben wir gesorgt. Freiheit, die dir einst so wunderbar gelang und kunstvoll gelebt werden konnte, ist nun die Jauchegrube, in der du verreckst!

Furchtbar! rief Nemo. Das ist der Mensch, wie ich ihn hasse. Der Generallügner, der Sänger von allem, was erlogen ist. Und zu wessen Wohl? Zu dem einer neuen Herrschaft, einer neuen Priesterschaft, deren Botschaft lautet: Siehe, dieses X, das ist ein U, und jenes U, das ist ein X! Aus dieser Menschengesellschaft war ich ausgetreten, in sie hinein will ich nie wieder zurückkehren!

Betrachtet man sehr nüchtern den Durchschnittsmenschen von außen, fuhr Nemo düster fort, ist er praktisch ausschließlich Lärmquelle und Abfallproduzent. Betrachtet er sich jedoch selbst, ist er die missbrauchte und alleingelassene Liebes- und Wahrheitsquelle an und für sich, verraten von seinesgleichen und der ganzen Welt. Doch was ist seine Leistung? Sie besteht darin, dass er es irgendwie - fast immer unbewusst - schafft, andere Menschen für ihn einzuspannen, inklusive die Genies. Er verkörpert eine zugleich bezwingende und unbesiegbare Illusion, die Illusion vom *Menschen*. Auf seinem Altar wird der Mensch zugleich erschaffen und verbraucht, wird er erst zum Lärm, dann zum Abfall.

Wie zynisch, Nemo, bester Kapitän, doch steckt darin nicht auch eine gute Botschaft? Menschen, die zu «Menschen» werden, um jener Souveränität teilhaftig zu werden, die das neue Reichsganze erfordert und zugleich verschenkt. Keiner soll künftig noch eine eigene Heimat haben, soll Eigenes verkörpern oder gar besitzen, niemand soll eine eigene Vergangenheit und gesonderte Familien und Ahnenreihen aufweisen, weder drunten in Afrika noch hier oben in Europa, weder im Osten in Russland noch im Westen in Amerika noch überhaupt irgendwo. Es soll werden ein einziges Volk von ihren Wurzeln beraubten Einzelnen. Von Subjekten, die ausziehen, wie einst Moses und die Israeliten aus dem Sklavenhaus. Die sich auf den Weg machen in ihr neues Kanaan, verfolgt und immer wieder versucht von denen, die nicht verstehen wollen, den Faschisten, wie man diese nun unisono benennt, gleichgültig, wo sie herkommen oder siedeln und wirken möchten.

Und was daran soll denn gut sein? fragte Nemo verwundert. Aronnax lächelte: Ist nicht das der Lauf der Geschichte, schaut man genau hin? Wurden nicht so überall neue Völker geschaffen, größere, mächtigere, wissendere? Zwar meistens durch Krieg und Eroberung, Unterwerfung und Assimilation. Doch was anderes ist es denn damit heute? Ist das nicht auch ein Krieg? Stehen die Grenzen denn einfach so offen? Ist es nicht auch Eroberung? Siedeln nicht auf diese Weise alle neuen Herren sich an, wo sie sich zu verwurzeln gedenken? Ist es nicht auch Unterwerfung? Hat man nicht so Eroberte zu allen Zeiten gefügig gemacht? Und ist es nicht Assimilation, Angleichung, Gleichmachung, Gleichsetzung?

Nemo schwieg. Aronnax blickte ihn mitleidsvoll an und fügte zum Gesagten hinzu: Ich weiß, bester Kapitän, es klingt alles wie Hohn. Aber glauben Sie mir, so war es immer. Das Neue daran ist nur, dass dieses Mal *wir* dran sind. *Wir*, die Überlegenen, die Allbesitzenden, die Krösusse, die Intelligenzija der Weltzivilisation.

Doch wie kann das denn sein? fragte Nemo, außer dadurch, dass wir allesamt verrückt geworden sind?

Gewissermaßen sind wir es, Nemo, verrückt geworden. Ein Spaltungsirresein ist in uns aufgetreten. Schizophrenie, präzisierte Margaret, Spaltungsirresein ist ein anderer Ausdruck für Schizophrenie. So ist es, Margaret, unser hat sich die Schizophrenie bemächtigt. Eine Denkstörung zuerst, wo sich alles verschiebt, die Bedeutungen, wo ganze Worte andere verdrängen, wo die Grammatik des

Denkens zerfällt bis zum Wortsalat, ein Zustand der geistigen Zerfahrenheit, der inneren Auflösung aller Sinneinheiten. Doch dann treten Zungen auf, wir hören Stimmen, die uns fertigmachen, die uns entwerten, verfluchen und zum Suizid auffordern. Je länger dieser Zustand andauert, umso weniger sind wir fähig, unsere Kultur aufrechtzuerhalten, wir kämpfen mit den Zungen, wir lehnen uns auf, schalten das Licht aus, schließen die Läden zur Welt hin und zu ihrem Licht, wir verwahrlosen in den eigenen geistigen Wänden, es wird dunkel, hoffnungslos und dann sexuell, ein Ausweg, scheint's, doch nur der letzte aller Irrwege. Irgendwann erscheint ein Weißkittel und verabreicht uns Medikamente, die wir nicht wollen, wir hassen sie, sie machen uns normal, und Normalität wäre Tod. Wir verweisen den Weißkittel des Raums, schreien ihn an. Nennen ihn einen SS-Schergen, einen Nazi, und wir erkennen schließlich, wo wir sind: im Konzentrationslager des Erzfeindes. Er will nicht unser Bestes, nein, er will unseren Selbstverlust. Überall werden wir beobachtet, man verfolgt uns, man spioniert uns aus, man stiehlt unsere Gedanken, man pflanzt uns neue ein. Die einen von uns verfallen in eine Art Totenstarre, hocken tagelang nur da, unbeweglich, andere geraten in Raserei, zünden ihr Zimmer an, trachten den Pfleger zu erstechen, sobald er sich in der Türe zeigt. Wir stehen wieder vor der Tür, und entgegenkommt uns nicht Apollon, sondern ein Abgesandter all dessen, was wir nicht wollen und nicht vertragen. Darauf können wir uns keinen Reim machen. Am Ende versinken wir in Depression, werden stumpf und leer, reden nur noch das Nötigste, empfinden kaum noch etwas, außer ein allgemeines Unwohlsein. Wir versanden innerlich, verblöden langsam, verdämmern.

Ich fange an zu sehen, unterbrach ihn Nemo, es ist furchtbarer, als wir denken. Die Verwirrung ist total geworden. Aronnax nickte und meinte dann zur völligen Überraschung von uns allen: So ist es. Und alles ist gut! Es handelt sich um die *neue Aufklärung*, ausgeheckt von Tausenden von willentlichen oder instrumentalisierten Drahtziehern in einem neuartigen, weltumspannenden Netzwerk des kanonischen Diskurses. Wir sind ihn nur noch nicht gewohnt. Noch hangen wir dem Alten an, dem Eigenen, denken zu wenig kühn, bleiben in den Startlöchern sitzen, springen nicht auf und davon. Wegen der eminenten Rolle der Subjektivität im kanonischen Diskurs kann man das Phänomen auch für eine globalisierte Villa Kunterbunt halten, für eine gewaltige Langstrumpfiade von Weltverbesserern und Realitätsleugnern, für einen Blocksberg der Zauberlehrlinge, die per Hokuspokus aus Subjektivität Objektivität erschaffen. Aus Fremdem Eigenes und umgekehrt. Es ist ein großer Abrakadabrismus. Ist das nicht wunderbar? Ich meine es ernst. *Wir spielen!*

Les jeux sont faits, rien ne va plus! ruft Ned und schüttelt grimmig seinen Kopf. Du sagst es, Ned, fuhr Aronnax fort, drückst es genau richtig aus, bringst es auf den Punkt: Les jeux sont faits et rien ne va plus! Wir spielen, doch zu bestimmen gibt es nichts. Anders gesagt: Schach dem König! meinte Conseil sarkastisch.

Es ist vielleicht schlimmer als das, meldete sich wieder Aronnax zu Wort: Da sei irgendwo ein brodelnder Menschheitstopf der Zivilisation, und aus ihm gehe unentwegt Zivilisationskapital hervor, das nicht mehr allein den dafür vorgesehenen Gefäßen zur Verfügung stehe, den Nationalstaaten und ihren Institutionen, die es dann ihren Bürgern, den Citoyens vermitteln oder auch vorenthalten, je nach Politik. Das Zivilisationskapital gehe nun direkt an die Völker, die entgrenzt gesehen und als aufgelöst empfunden werden, als bloße Bevölkerungen, die eigendynamisch hin und her wallen und sich nach ökonomischen und privaten Gesichtspunkten reformieren und restrukturieren, am Staat und an seiner Politik vorbei. Das sei nun die Demokratie und nicht mehr das, was man bisher darunter verstanden hat, nämlich die Staatsform, die sich auf die Postulate der europäischen Aufklärung beruft und auf das Volk, den oder die Demos. Es gibt kein Volk mehr, keine Phylen und dergleichen. Da ist nur eine Masse von Individuen, die ihren Neigungen nachgehen.

Le communisme! ruft Conseil. Exakt, bestätigte der Professor, der Kommunismus, allerdings noch nicht in freier Form, doch diese wächst heran, in den Arenen, den Lustzentren des Neigungstourismus, zu dem nun der Alltag der Menschen geworden ist. Wie schön! Es ist eine Art Paradies.

Jenes des Teufels freilich, unterbrach ihn Ned sarkastisch. Was soll's! entgegnet ihm Aronnax, jenes des Teufels ist nur das spiegelverkehrte Paradies Gottes. Es ist darin alles «wie» im Paradies. Was will der Mensch mehr? Ist er in der Lage, diese seine Situation zu begreifen? Braucht er es zu sein? Dem neuen Gesamtvolk der Menschheit fühlt sich die neue Avantgarde verpflichtet, ihr gegenüber spricht sie von Demokratie und meint nicht jene verfasste der einzelnen Staaten, sondern die revolutionäre, die idealkommunistische, wie sie vielleicht eine kurze Zeit lang im klassischen Athen bestanden hat oder im Rom vor den Iden des März, im Florenz der frühen Renaissance, dann wieder in den europäischen Revolutionen, der französischen, die es sogar zweimal gegeben hat, sowie der amerikanischen und auch der russischen von 1917.

Ein großer Eintopf, meinte Ned. So ist es, Ned, ein großer Eintopf ist es. Und wie du bei einem Eintopf nicht entscheiden magst, welcher Bestandteil der Gast und welcher der Wirt ist, weil das buchstäblich sinnlos ist, so können wir auch den neuen Menschheitseintopf nicht mehr nach Wirten und Gästen unterteilen, ohne uns lächerlich zu machen. Eintopf ist Eintopf.

Der Eintopf im großen Sklavenhaus, sagte Ned. Doch hat der Eintopf einen Makel, mein lieber Professor, denn stets, wenn ihn jemand ablehnt, wird ihm Faschismus vorgeworfen, also mit dem Teufel gedroht. Das ist wie bei den Versuchen, einen Gottesstaat zu errichten. Immer, wenn man ihn errichtet zu haben meint, erkennt man, dass er in Wirklichkeit ein Teufelsstaat ist. Mit dieser Art der Verantwortung will nun aber niemand in der Avantgarde etwas zu tun haben. Das ist einer der Gründe, wieso heute alle von Faschisten reden, um sich nämlich im Ernstfall dann als *Propheten* aus der Affäre ziehen zu können, was beweist, dass die Neumanichäer genau um die Dialektik der Ideologie wissen und um deren Vergeblichkeit gegenüber der Wirklichkeit, die sie verleugnet haben wollen.

Aronnax, der gestaunt hatte über diesen Einwurf, unterbrach ihn an dieser Stelle mit der Bemerkung, es handle sich bei dieser Haltung um die Struktur der Neurose. Dafür spricht, kam ihm nun erklärend Conseil zuvor, dass sich manche in der Avantgarde gerne Philanthropen nennen. Sie versichern einander damit, dass sie ohne Aggressionen seien, allverständig, samariterhaft, dass sie in Wahrheit Pfleger, ja sogar eigentlich Opfer seien, die sich vor Tätern, von denen es wimmle, in Sicherheit bringen, indem sie den möglichen Tätern signalisieren, keine lohnenden Ziele zu sein, dass man besser andere angreife und nicht sie. Greife man sie an, sei dies der Beweis für die Schlechtigkeit des Angreifers. Die dergestalt philanthropische sive neurotische Avantgarde hat sich seit Jahrzehnten einer Agenda verschrieben, die über die Zeit hinweg immer extremer wurde. Umsetzen kann sie sie freilich nicht direkt. Es ist die Agenda der Zentralbank der Menschheit und des Menschlichen, deren Kapitalströme in den Adern der institutionalisierten Politik und Wirtschaft pausenlos zirkulieren, Projekte finanzierend, die man anderweitig nicht finanzieren könnte. Die Agenda kauft sich die Welt. Ähnlich wie sich die Zentralbank die Wirtschaftsbanken kauft und diese die Wirtschaftssubjekte, die wiederum die arbeitenden Menschen kaufen. So kauft die Avantgarde die Akteure, wo sie sie findet, und jeder, der auch nur zögert, ist ein Kandidat. Man kann das Korruption nennen, doch würde es wenig Sinn ergeben. Es ist Kapitalismus im Endstadium der vorkommunistischen Ära, es ist Kapitalsozialismus. Das ist eine Kategorie, die Marx und Engels nicht gesehen haben, denke ich. Der präkommunistische Kommunismus ist ein Kapitalsozialismus. Die voreigentliche Weltgemeinschaft ist die gekaufte Weltgemeinschaft.

Und warum? rief Ned, weil die Leute es sonst merken müssten!

Aronnax schien erfreut über diese Wendung. An diesem Punkt kippt das philanthropische, utopistische, menschheitliche System der Avantgarde ins Realökonomische und damit ins Realpolitische, wird zur Konkurrentin von beidem, von Ökonomie und von Politik. Früher dachten die Utopisten, etwa die in den Freimaurerlogen, dass sich ihr Gedankengut mit den Mitteln der Nationalökonomie umsetzen lassen werde, was bedeutete, dass es stets um Steuern und um Zinsen ging. Doch heute erkennt die Avantgarde, dass diese Perspektive überwunden werden muss, weil sonst nichts von dem möglich ist, was sie jetzt anstrebt auf der Zielgerade des kanonisch gewordenen Diskurses. Die Verleugnung der Wirklichkeit wird zur Vorbedingung des nächsten Befreiungsschritts der Menschheit. Die Villa Kunterbunt wird zur Notwendigkeit und Pippi Langstrumpf zur Prophetin der Ära der «Menschheit».

Es ist für mich offensichtlich, dass dahinter eine an Massivität nie gesehene, intrapsychische Abwehr steht, meinte der Professor. Lasst mich kurz darüber nachdenken, Freunde! Zugrunde liegt, wie mir scheint, eine fundamentale Überforderung, eine allgemeine Übermüdung, ja die ganz große Erschöpfung angesichts der Notwendigkeit der Kontinuität der Leistung als Grundlage der technischen Zivilisation. Die Villa Kunterbunt als Rückzugsort ins Beliebige wird zur imperativen Forderung des Weitermachenkönnens, erfreulicher- und zugleich notwendigerweise leistungsfrei, damit die Erschöpfung von uns abfalle. Wir, die Zivilisierten, scheinen nicht mehr zu mögen. Noch so eine Epoche des Kapitalismus, noch so eine Generation der Leistungsgesellschaft, und wir sind vernichtet, ruft der neue Pyrrhus aus. Weg von diesem Rädchen-Sein in einer Maschine! Wir sind in uns selbst viel mehr als das! Wir sind Selbstverwirklicher, nicht die Verwirklicher unserer materiellen Existenz, pfui Deibel! Sie muss uns im Gegenteil garantiert sein! In der Villa Kunterbunt, da ist sie garantiert, sie existiert einfach, man braucht sich nicht um sie zu kümmern. Jetzt sind wir als Zivilisation an dem Punkt, wo man sich seine materielle Existenz garantieren lassen kann. Wozu haben wir denn den Kapitalismus, wenn er das nicht schafft? Das heißt, wir betrachten uns heute allesamt als Mitglieder der Familie des Fabrikanten und leben in der Villa auf dem Hügel, und keiner verfasst sich noch als der Proletarier, der frühmorgens in die Fabrik unten am Fluss geht. Doch die Realität sieht umgekehrt aus. Auch wenn er als Körperlichkeit noch in die Fabrik geht, geistig tut es der Arbeitende nicht mehr. Die Diskrepanz zwischen der äußeren und der inneren Realität empfinden wir heutzutage als unerträglich, als eine Bösartigkeit des Kapitalismus, und das verweist erneut worauf? Richtig, auf den Faschismus! Fuku-yama ging uns allen voraus damit. Er dachte urplötzlich, die Geschichte sei nun zu Ende, wir würden jetzt auf die Zielgerade der Bemühungen der Menschheit einbiegen. Das ist natürlich ebenso verrückt, wie die plötzliche Emp-findung, die Aschenbahn sei zu Ende gelaufen. Vielleicht ist ein Umlauf geschafft, aber die Bahn selbst kann nie-mand zu Ende laufen. Zu Ende laufen kann er sich nur selbst, und das hat er nun offenbar getan, kreidet es je-doch der Bahn an, nicht sich selbst. Wir verlangen jetzt von unseren Eliten, dass wir auf immer davon dispensiert seien, auf der Aschenbahn des Kapitalismus weiterhin umlaufen zu müssen. Wir wollen die Früchte dieser Um-läufe fortan gratis erhalten. Wir haben gemerkt, dass man mit Worten nicht zum Gegenstand gelangt, die Re-ferenz unseres ganzen Tuns und Trachtens, bleibt uner-forschlich, damit ist all unsere Bemühung fruchtlos, sie endet in der Müdigkeit. So weit ist heute jede und jeder, ohne es auch nur zu ahnen, ein W.V.O Quine, den man ja niemals verstehen würde, müsste man es denn leisten.

Ah! Professor, das ist nun aber ein interessanter Dreh, strahlte Nemo, trefflich gedreht, Aronnax, trefflich! So etwas können nur Sie.

Mon cher Capitaine, vielen Dank für die Blumen, ich muss zugeben, der Dreh gefällt auch mir. Sehr elegant, in der Tat. Lassen Sie es mich jetzt aber tiefenpsychologisch for-mulieren. Referenz ist zunächst immer etwas, was man an sich selbst ablehnt und darum verdrängen muss, um sein Selbstbild nicht zu Ende entwickeln, um nicht die

Mühe der Reifung auf sich nehmen zu müssen. Reifen bedeutet, das Vorangehende als unvollkommen anzuerkennen, und das wiederum bedeutet, den Erziehern einen Vorwurf zu machen, was seinerseits bedeutet, zur Zielscheibe dessen zu werden, was man selbst tut, nämlich *abgewehrt* zu werden.

Um diese dem Einsichtigen zunächst unmöglich scheinende Abwehr zustande zu bringen, engt man aktiv das äußere, das sinnliche Wahrnehmungsfeld ein, bis man aus ihm jene Menschen herausgefiltert hat, die sich zu eignen scheinen, das Abzuwehrende an unserer Stelle zu verkörpern. Man muss das Abzuwehrende nämlich versinnlichen, muss es erfahrbar machen, muss es sogenannt externalisieren, man muss es von sich selbst befreien. Man nennt es das *Projizieren*. Davon hatten wir es bereits. Projektion ist im Grunde die Referenzverlagerung ins Gegenüber. Damit ist das Problem psychologisch exportiert, in Wahrheit hat man es aber verdoppelt. Es ist jetzt noch grösser als vorher. Das ist, übrigens, das aktuelle Problemlösungsmuster in Politik und Gesellschaft, doch das nur nebenbei, mon Capitaine. Das Problem ist verdoppelt, denn es bleibt intern ja weiterbestehen! Externe Reize haben bei biologischen Wesen, die nicht betont autistisch sind, Vorrang vor internen. Also bedeutet erfolgreiche Projektion dank des Phänomens der Verdoppelung des Abzuwehrenden zugleich immer auch Verdrängung ins Unbewusste. Fortan werden innere Störsignale durch die äußeren, projektiv wahrgenommenen Signale *überschrieben* und sind vor der Erreichung von Bewusstheit bereits abortiert. Das nennt man *Verdrängung*.

Nun interagiert man fortan stets mit dem äußeren, dem sinnlich wahrgenommenen «Beispiel», das für das inzwischen Verdrängte steht. Das Verdrängte selbst erfährt man nicht mehr als wirksam. Das «Beispiel» wird damit zum *Fetisch*. Es entwickelt eine Magie, eine Scheinaktivität, es wird dämonisch, verengt die Wahrnehmung noch stärker auf sich selbst, auf das Abgewehrte ein, es rückt immer näher und wirkt den Geist vexierend, bis man es, weil es keinen Ausweg mehr gibt, entweder liebt oder hasst, was bedeutet, dass man entweder mit ihm ganz und gar verschmelzen oder umgekehrt, es zerstören muss.

Das nennt man eine *Reaktionsbildung*. Ich gehe auf das zu, was mich im Grunde abstößt, um es quasi mit mir selbst zu ersticken, wie das Feuer mit der Decke. Oder umgekehrt, man will es maximal weit von sich wegstoßen. Man will es auf den Mond schießen, ins Kittchen werfen, will es umbringen, zerstören. Der andere im «Beispiel» muss physisch, muss sinnlich eliminiert werden, damit man *kohärent* weiterleben kann. Damit tötet man immer auch das Verdrängte in sich selbst ab, verletzt man sich also selbst, verstümmelt man sich in der eigenen Tiefe.

Hoch interessant! Unterbrach ich ihn, doch fahren Sie fort!

Der intrapsychische Ritualmord beseitigt nicht nur den Fetisch, er beseitigt auch das, wofür er in mir steht, einen Teil meiner selbst. Ich töte mich in Raten damit selbst. Darin wurzelt letzten Endes die *moralische Verwerflichkeit*, der Inbegriff der Schuld. Um dies ertragen zu können, bedürfen wir eines «Ethos», das uns «entschuldigt». Das Ethos sagt in vollendeter Zweideutigkeit: *Du zerstörst dich selbst, das ist die Schuld. Du kannst nicht anders, denn so ist die Natur. Also bist du erlöst und gut, indem du dich selbst zerstörst!*

Darf ich als der Protokollierer hier nochmals eingreifen? fragte ich den Professor. Natürlich, allez-y! Nun, lieber Aronnax, halten Sie es nicht für übertrieben, uns solche Spitzfindigkeiten zuzumuten? Wer von uns soll sie begreifen?

Ja, erwiderte Conseil, all das mag etwas schwierig zu verstehen sein. Für mich zum Beispiel ist interessant, wie die Avantgarde die Villa Kunterbunt ermöglicht. Sie redet den Müden ja nicht gut zu und ermuntert sie, abzulassen von der eitlen Vorstellung, man könne eine Villa Kunterbunt der Menschheit errichten. Sie macht genau das Gegenteil, sie beginnt einfach, sie zu errichten. Indem die Avantgarde einen weiteren Kreislauf etabliert, knackt sie das Gefängnis, in das die kapitalistische Ökonomie eingesperrt ist. Sie veranlasst kraft ihrer Stellung, dass es einen direkten Kreislauf zwischen Geldschöpfung und Investment gibt. Man könnte sich ja vorstellen, wie das bisher nur die Einfacheren unter uns getan haben, dass man jeden Menschen direkt finanziert, direkt ab Geldpresse, damit er habe, was er brauche. Er müsse nicht mehr für seinen Lebensunterhalt arbeiten, könne sich seinen Hobbys widmen, als die man stets höhere kulturelle Betätigungen nennt, wie wenn der Mensch ein Wesen wäre, das sich, entbunden von allen Fesseln, zur höheren und nicht zu niederen Kultur hingezogen fühlte! In Wahrheit wird der Mensch nur noch fressen, saufen, faulenzen, wird allerlei Wollüsten nachlaufen, sobald er nicht mehr gezwungen ist, für sein Leben zu arbeiten. Doch ist die Avantgarde nicht so beschränkt, dass sie es darauf ankommen lassen möchte, nein, sie sieht sich vor. Nicht die Finanzierung des Lebens des Individuums ist gemeint. Die neu geschöpften Kapitalien, die direkt ins Investment fließen, dienen nicht dem Lebensunterhalt der Menschen, sondern der Finanzierung einer anderweitig nicht finanzierbaren, neuen Welt, bekannt unter Titeln wie Green Deal, klimaökologische Wirtschaft, offengesellschaftliche Wirtschaft, und so weiter. Für deren Finanzierung reichen Steuergelder und Zinserträge nicht aus. Nichts davon würde lange funktionieren, beschränkte man sich auf diese. Man benötigt den Einstrom von Kapital ab Zentralbank in Form von Investitionskapital in die neue Wirtschaft. Sie läuft zur klassischen Ökonomie parallel, stellt eine Verdoppelung derselben dar. Hier finden wir das zitierte Muster der Verdoppelung des Problems als seiner Lösung wieder, das so typisch ist für unsere Zeit.

Doch ist das praktikabel? Die Kapitalien gehen an Trusts, welche Akteure finanzieren, die sich den neuen Projekten verschreiben und dies nun ökonomisch risikoloser tun können. Was bedeutet, dass die Trusts am Ende alles besitzen werden, was sich an Wirtschaftssubjekten aufkaufen lässt, dass sie reicher und reicher werden, je näher die Lebenswelt ihrem Shangri-la kommt. Zudem gilt es, Inflation und andere Geldmengenkrisen zu vermeiden, bzw. gezielt auszulösen, um Volksvermögen umzuverteilen und Schulden abzubauen.

Marx würde sagen, damit habe sich das Großkapital den Staat einverleibt. Der Staat wird zur Privatsache superreicher Kapitalsozialisten, die aber für die Menschheit nicht an das Erfolgsmodell der Leistung glauben, der ihren eigenen Erfolg ermöglicht hat. Irgendwo muss sich der Widerspruch ja verkörpern, und hier tut er es. Sie leben ihn aus, die politischen Philanthropen, wie sie sich selbst titulieren. Die Ökonomie der Volkswirtschaften, aber auch die Betriebswirtschaft, werden umgekrempelt. Die Trusts werden zu Königshöfen, die nach Belieben Geld drucken und das Land umpflügen, bis in die Geschlechtsteile der Beglückten hinein, die nicht wissen, wie ihnen geschieht. Das Wesen der Kapitalwirtschaft tritt jetzt ganz und gar zutage, es ist Sexus. Der Aufkauf der Seelen steht für den endlosen *coitus cum omnibus.*

Wie konnte es so weit kommen, dass die Avantgarde einen derartigen Kreislauf etabliert? Zunächst musste der Kanon aufgestellt und in die Bewusstseine gehämmert werden, in der es um die Menschengesellschaft geht, um nichts anderes als um den Menschen als neuen Gott. Dadurch mobilisierte man das eminente, utopistische Bedürfnis des Menschen, darunter das der Einflussreichsten unter ihnen. Indem man sie regelmäßig beschickt, imprägniert, mit Analysen und Suggestionen zudeckt, sie zu Meetings, Foren, Sitzungen, Workshops einladend, sie dort auch ganz gern verbindlich, nämlich privat vernetzt, erschafft man jene Interimsklasse, die begreifen kann, worum es geht, weil sie ihr ureigenes Interesse darin entdeckt. Nun kann man den Kapitalsozialismus als hybride Ideologie über die beteiligten Klassenmitglieder stülpen, ins pralle, nach Möglichkeit sexuelle Leben hineinstellen.

Die Trusts, die Superreichen, die Transaktionsanstalten werden *too big to control,* um sie, wenn einmal in Bewegung, noch stoppen zu können. Der doppelte Kapitalkreislauf funktioniert nur, wenn die beiden Kreisläufe weitgehend voneinander getrennt arbeiten, damit sich die Geldmenge in der Nationalökonomie nicht zu stark erhöht, was inflationär wirken müsste. Die Trennung der Kreisläufe geschieht so, dass man aus den einen Volkswirtschaften so viel Geld wie möglich in andere überführt, von wo es dann, um diese nicht aufzublähen, wieder rückgeführt wird in die Tresore jener Trusts und Makler, die den zweiten, den neuen Kreislauf betreiben, in den hinein nun auch direkt Kapital erschaffen wird, welches die Trusts und Makler dazu verwenden, das Feld der Akteure des neuen Marktes aufzubauen und um die Entscheidungsträger in den Volkswirtschaften zu kaufen, damit sie das System, das ich beschreibe, nicht torpedieren.

Das Expansionsgefäß für die Geldmenge im neuen Kreislauf ist das Privatvermögen der globalen Terakapitalisten. Das Expansionsgefäß für die Geldmenge im Volkswirtschaftskreislauf ist der Kapitalexport in den neuen Kreislauf, ist dieser Kreislauf selbst. Das Nachsehen hat der Leistungsbürger der Mittelklasse in der Volkswirtschaft, der immer ärmer wird und doch immer mehr leisten muss. Am Werk sieht man die Entwicklung in den westeuropäischen Volkswirtschaften und in den USA. Ihr Leistungsträger ist besonders anfällig für den Faschismus, weshalb der stetige, lautstarke Kampf gegen Rechts dazu beiträgt, die Mittelklasse unter Druck zu setzen, damit sie nicht auf dumme Ideen kommt. Das Etikett, mit dem man ihm droht, ist der Faschismus, und reicht das nicht, droht man mit der Exkommunikation. Das hat sich als aus ausreichend erwiesen. Es gibt niemand, der sich freiwillig der Gefahr aussetzt, ins Visier des Ephorats des Kanons zu gelangen.

Damit haben wir nun einiges beisammen, fuhr Aronnax fort: Was aussieht wie eine Verschwörung, ist das Gegenteil einer solchen, es läuft offiziell und ist öffentlich. Es ist die Bemühung, vom Zeitalter des Citoyens ins Zeitalter des «Menschen» zu wechseln, versteht sich somit als die neue Aufklärung und bezeichnet sich als «Demokratie», beschneidet aber die realen Demokratien und bestreitet die Souveränität des Citoyens und bekräftigt jene des «Menschen».

Auf der kapitalistischen Ebene unterfüttert die neue Ideologie die Märkte mit neuem Geld und bringt neue Akteure ins Spiel, wobei die *Human Arbitrage* zum Rückgrat der doppelten Kreislaufwirtschaft wird. Davon müssen wir noch reden. Auf der marxistischen Ebene tragen Ideologien wie die Post Colonial Studies, die Gender Studies und die Critical Race Theory dazu bei, ein Klima der Vielfalt und des Wokismus zu schaffen, das global funktioniert und die neue Demokratie verkörpern soll. Der Green Deal stellt die Volkswirtschaften so um, dass deren oberstes Ziel nicht mehr die Erschaffung einer möglichst breiten und vermögenden Mittelklasse ist, sondern eines möglichst geringen CO_2-Fussabdrucks. Mit diesen Instrumenten hofft man, bis in einigen Jahrzehnten die «Menschengesellschaft» erschaffen zu haben.

Entscheidend ist, so Aronnax, der vorangehende Semantikbetrug, den keiner wirksam bekämpft, weil er den
meisten zu lächerlich erscheint. Er zeigt seine Kraft in der
systematischen Bedeutungsverschiebung von Begriffen
wie dem der Demokratie, des Hasses, der Hetze, der Sicherheit. Diese Begriffe sind nichts Neues. Über die Basissemantik, die nach wie vor gilt, verklammern sie, nach der
Verschiebung, ideologische Zusatzbedeutungen mit der
allgemeinen Bedeutung zu einem erweiterten Ganzen.

Im Begriff selbst zeigt sich nun eine ungewohnte neue
Rochademöglichkeit. Die eingeklammerten Zusatzbedeutungen stammen aus dem Denkraum der Frankfurter
Schule, Marcuse, Adorno, Horkheimer und Habermas. So
werden bekannte, ideologieneutrale Begriffe zu neomarxistischen Kampfbegriffen gegen die Reaktion, die nicht
auf sich warten lässt. Und das hofft man sogar, man will
eine Reaktion provozieren!

Solcherlei lässt den Bürger kalt, weil er glaubt, er lebe im
Kapitalismus, warf Ned ein. Er irrt sich, was die Begrifflichkeit angeht, erwiderte ihm Aronnax. Semantisch und
ideologisch lebt er längst im Neomarxismus. Er wird sich
dessen aber erst bewusst, wenn er Opfer der Rochade innerhalb eines ihm altvertrauten Begriffs wird. Und das er-
wischt ihn stets in der Vereinzelung.

Sobald eine neomarxistische Bewegung wie die Grünen
die Institutionen unterwandert hat, beginnen die erwähnten Rochaden, und die Begriffe fangen an zu gleiten,
fuhr Aronnax fort. Dann wird die inzwischen einge-

schmuggelte Zusatzsemantik gegen den gesellschaftlichen Gegner aufgefahren und beraubt ihn der Argumentationslinie. Die Basissemantik, die er teilt, dient dem moralischen Appell, es gehe ja doch nur um jene alten Begriffe, die er nicht ungestraft leugnen könne, ohne sich selbst aus dem Diskurs zu nehmen.

Ein Beispiel, unterbricht ihn Conseil: Der Bürger ist als vernünftiger Mensch gegen Hass und Hetze, doch versteht er diese Begriffe basissemantisch, eben als Hass, als eine Emotion, und als Hetze, eine zielgerichtete verbale, hassgetriebene Kampfansage. Richtig, quittierte Aronnax, doch die neue Repression meint das Ganze nun neomarxistisch so, dass Hassrede ausschließlich gegen die neomarxistisch-kritisch definierte Entwicklung der Gesellschaft und gegen die vollkommene Befreiung des Menschen gerichtet sei. Linke dagegen seien auch dann davon dispensiert, dass sie Hassrede verbreiten, wenn sie tatsächlich hassen, also mit dem Hassgefühl ausgestattet sind, und hetzen, also eine vom Hassgefühl gelenkte Kampagne gegen etwas betreiben, denn dieses Hassen und Hetzen sei das basissemantisch gemeinte Hassen und Hetzen, während das Hassen und Hetzen, das in Bezug auf die Entwicklung der menschlichen Gesellschaft toxisch ist, jenes der Reaktionäre sei. Das Ganze ist zirkulär, denn Reaktion kann auch genau so definiert werden. Es sei menschenverachtend, weil es aus einem Geist stamme, der sich der Entwicklung der menschlichen Gesellschaft entgegenstelle und darum nicht das Wohl des Menschen, sondern die Knechtschaft des Menschen im Schilde führe. Der staunende Bourgeois erfährt jetzt, dass er Opfer eines Betrugs ist. Nicht allein hat er von der

Technik der Begriffsverschiebung nichts mitbekommen, auch deshalb, weil er das Ganze für lächerlich hielt und sich nicht darum kümmerte, er ist nun auch noch der Exponent eines menschenverachtenden Standpunkts, obschon er den Menschen als solchen vielleicht noch niemals verachtet hat. Jahrelang hat er die bürgerlichen Warner, die ihn darauf aufmerksam machen wollten, dass ihm der begriffliche Boden unter den Füssen entzogen werde, als Verschwörungstheoretiker, Schwurbler und Idioten abgetan. Damit hatte er aber bereits kräftig ins linke Horn gestoßen, den roten und grünen *Montagnards* ein Wohlgefallen, die dabei sind, Guillotinen aufzurichten, um die bürgerlichen Köpfe rollen zu lassen, zwar hasserfüllt, jedoch ohne ideologisch definierten Hass. Flächendeckend beobachten wir heute dasselbe, von Deutschland bis England, von Frankreich bis Kanada, von Neuseeland und Australien bis in die USA. Vor Trumps Wiederkehr!

Ned Land wirft die Frage auf, ob wir hier nicht bei zwei weiteren Mogelbegriffen derselben Machart, den Begriffen der «Befreiung» und des «Menschen» angelangt seien. Der Bürger glaube zu wissen, was diese Begriffe bedeuteten, denke, hier gehe es um die gleiche Semantik wie die der genannten Begriffe in der Verfassung seines Landes, doch die neue Repression verwende die Scheinübereinstimmungen dazu, ihren ideologisierten, semantischen Zusatz zum Maßstab zu machen und gegen den Bürger zu verwenden. Dem Schildbürger sei das alles lächerlich, er glaubt nicht, dass Erwachsene sich mit so etwas die Zeit totschlagen, bis sie feststellen, dass man ihnen die Köpfe vom Rumpf getrennt hat und diese fortan in den Körben des Hasses, der Hetze, der Menschenverachtung und des Faschismus liegen.

Und wenn es das Bürgertum merkt, lachte Margaret, ist es zu spät!

Viel zu spät! So verfuhr der Leninismus, der Maoismus und der Nationalsozialismus, alle drei gleichermaßen. Über diesen Mechanismus erfolgten die geistige Machtergreifung und die Kriminalisierung des Gegners. So bedeutete Deutscher zu sein am Ende ausschließlich, ein Nationalsozialist zu sein. Arbeiter bedeutete zwingend Proletarier zu sein. Heute bedeutet Mensch in Gesellschaftspraxis und Politik faktisch der nackte Einzelne, idealtypisch verkörpert im Fremden bzw. im Menschenverständnis des Wokismus begründet, das von direkter neomarxistischer Provenienz ist.

Ich verstehe nicht, wie das heutige Bürgertum so dumm sein kann, denselben betrügerischen Vorgang noch einmal offenen Auges zu übersehen, nach all den Erfahrungen mit den Totalitarismen des Zwanzigsten Jahrhunderts, meinte Nemo.

Ist es dumm geworden, oder ist es müde? fragte sich Conseil.

Gäbe es eine linke, eine «kritische» Infektiologie, begann nun Aronnax einen neuen Erklärungsabschnitt, den er zu genießen gedachte, wie man seinem Gesichtsausdruck ansah, so würde sie – und nicht einmal ganz entgegen der medizinischen Infektiologie - Folgendes stipulieren:

Nicht der Infektionskeim ist das Problem, sondern die Re-aktion des Organismus darauf ist es.

Kann ich halb nachvollziehen, meine Margaret. Genau, der Bürger glaubt, er könne damit etwas anfangen, resümierte Aronnax. Ich habe selbst etwas Ähnliches angemerkt. Das ist aber leider ganz falsch. Denn hör zu! Was ist die Bedeutung? Jedes Krankheitssymptom im Körper beweise, so die hypothetische linke Infektiologie, dass der Keim Opfer einer strukturellen Repression werde, und dass er auch nur darum als pathogen einstuft werden könne. Was dir widersinnig vorkommt, das ist der Sinn der linken Sache. Der Keim wird Opfer der körperlichen Abwehr. Dabei, so die Logik des Ganzen, wolle er sich dem Körper doch nur friedlich beigesellen und mit ihm etwas Neues herausbilden, offen für alles, wie er sei!

Der Körper mit seiner Abwehr ist somit das wahre Problem. Das haben wir doch auch schon tangiert, nicht wahr? Also, gehe es nun darum, jemanden gesund zu machen, müsse man möglichst die gesamte Abwehr seines Organismus durch Umprägung oder durch Desensibilisierung ausschalten. Dann sei der Keim nicht mehr gezwungen, wider seine Natur pathogen zu wirken und unbeabsichtigt Abwehrsymptome wie Schmerzen und Fieber hervorzurufen. All das fiele weg! Dem Betroffenen gehe es aber – Hokuspokus und Abrakadabra! - *weiterhin gut.*

Wie, es geht ihm weiterhin gut? fragte Margaret verständnislos. Ah! ruft Ned Land belustigt, du bist also doch erzreaktionär und hasserfüllt menschenverachtend, Margaret. Du trittst gerade den Beweis an!

Ruhig, Freunde! mahnte Aronnax. Natürlich verändert der Keim auch jetzt noch, und nun gänzlich ungehindert, die Organe und Strukturen des Körpers, aber – und jetzt kommt das Aber wie in Abrakadabra - er werde fortan zum Organismus *hinzugerechnet,* von diesem also nicht mehr unterdrückt. So entwickle sich der Organismus gemeinsam mit dem Keim zu etwas Neuem, etwas Zelldemokratischerem, als er es zuvor gewesen ist. Reaktionär gesehen, leide der Organismus nach wie vor, revolutionär betrachtet aber gehöre das zum Umbau zu etwas Offenerem. So sieht's aus. Die übergeordneten Strukturen des Organismus stehen zur Disposition der untergeordneten. Es findet eine Revolution statt. Das Ende der Repression durch Ausbeutung und Diskrimination zugunsten des Organismus, namentlich seiner übergeordneten Strukturen.

Das ist ein Witz! meinte Margaret schockiert.

O nein, meine Liebe, das ist kein Witz, das ist linke Logik, die Logik des dialektischen Materialismus, konterte Aronnax. Du musst dich darauf einlassen, Margaret, deine kleinbürgerlichen Bedenken solltest du spätestens jetzt mit Schwung über Bord werfen. Dass es dem Betroffenen dann doch am Ende immer schlechter geht, sei nicht mehr Ausdruck einer Krankheit, sondern seines strukturellen Umbaus zu etwas Neuem, und das betreffe auch sein Empfinden und Wahrnehmen. Dass er dabei Fehler mache und den Keim inkriminiere, sei etwas, was er selbstkritisch zu hinterfragen habe, wolle er der Repression seines Organismus nicht erneut Tür und Tor öffnen, lächelte Aronnax.

Jetzt erkenne ich, worauf du hinauswillst! rief Margaret erbost. Du bist verdammt perfid, ein richtiger Vagant. Was heißt da perfid? gab sich Aronnax unschuldig, das Ganze ist doch wertneutral. Es muss rein deskriptiv verstanden und auch so abgebildet werden, als ein Naturphänomen nämlich. Es ist Wissenschaft, meine Liebe.

Ho! schnaubte Margaret. Doch damit nicht genug, meine Liebe! Das sei nämlich der Weg, wie Lebewesen *gesund* bleiben würden, obwohl sie besiedelt werden von Zellen, die nichts mit ihnen zu tun haben und der Integrität des Organismus Schaden zufügen. Es sei auch der Weg, wie sie sich frei weiterentwickeln würden, auf freier, genauer: auf reaktionsbefreiter Wildbahn. Die Stärkung der Abwehr mache dagegen symptomatisch kränker, es gebe mehr Symptome, mehr Leiden. Der Keim werde schließlich eliminiert, wodurch sich der Organismus seiner eigenen Entwicklung verweigere. Ein klassischer Reaktionär, dieser Organismus. Dieser Weg sei der organismisch betrachtet faschistischere Weg der Strukturerhaltung, er sei zelldemokratisch repressiv und darum der Grund allen Übels. Obwohl der Betroffene wieder gesund werde, sei der Preis dafür inakzeptabel.

Perfid würde ich das nicht nennen, meinte Aronnax, es ist vielmehr die innere Struktur von Wahnsinn, die du hier am Werk siehst. Es ist nicht perfid, es ist wahnsinnig! Wahnsinn bildet alles genau so ab, wie es ist, nur spiegelverkehrt. Wie das geht, zeigt das Beispiel. Und hier haben wir auch den Täter, der seit eh und je die Evolution vergiftet. Hier haben wir seinen Blutkreislauf und mittendrin sehen wir ihn, wie er herumkriecht.

Conseil schwieg betroffen, wohl weil er plötzlich sah, wie weit das Gleichnis des Professors in Wahrheit geht. Du hast mir die Lust aufs Dessert genommen, sagte er ihm. Dann legte er Aronnax die Hand auf die Schulter. Wie unendlich froh bin ich, sagte er zu ihm, dass es dich gibt! Wenn es einen von uns zweien geben muss, dann dich.

Da bin ich nicht einverstanden, erwiderte ihm Aronnax, fuhr aber sogleich weiter. Dass der radikal abwehrentblößte Organismus zugleich auch der sterbende Organismus ist, sei nämlich so lange kein Argument, als Leben so definiert werde, dass zunächst als körperfremd in Erscheinung Tretendes abgestoßen und vernichtet werde und müsse. Man könne also nicht sagen, die linke Infektiologie sei ein Angriff auf das Leben eines Organismus, solange dieser nur gesund sein könne, indem er Pathogenes abwehrt. Solange nämlich ein Organismus auf diese Weise lebe, verweigere er sich seiner ihm möglichen Zelldemokratie, seinem Zellindividualismus und ist daher selbst das Abzutötende im höheren Sinn von Leben. Folgt der Organismus aber der linken Infektiologie, tötet er sich damit selbst ab, was gleichbedeutend sei mit der Befreiung seiner Zellen von repressiven Strukturen und dem Ja zur höheren Lebensform, die er freilich jetzt noch nicht erreiche. Man könne zwar den Zellkommunismus, der am Ende herauskomme, nicht definieren, er sei ein asymptotischer Zustand. Aber er müsse zwingend das ultimative Lebewesen bedeuten. Das sei eine besonders wirkmächtige Theoriegewissheit.

Die linke Infektiologie ist somit genau dann logisch richtig, wenn sie logisch falsch ist, meinte Ned. Der Organismus macht genau dann das Richtige, wenn er das für sich selbst Falsche tut. Also ist die linke Infektiologie immer falsch. Denn was nur wahr ist, wenn es falsch, ist doch wohl immer falsch.

Aronnax lächelte. Diese Dauerfalschheit ist aber die Bedingung für die Dauerwahrheit der Position! Die linke Position erreicht ihre ewige Wahrheit nur dort, wo sie kompromisslos falsch ist. Mit dem Argument der logischen Falschheit ist sie nicht zu widerlegen, sondern umgekehrt zu begründen. Das ist das Wesen der Dialektik gegenüber dem der Logik. Die Welt kann den Sozialismus nur bekämpfen, indem sie ihn zulässt. Sie wird Marx nur los, indem sie ihm die Macht gibt. Wir sind das im Grunde gewohnt, Freund, es ist nichts Neues. Wir kennen es vom Reden über Gott.

Ihn werden wir nur überwinden, wenn wir ihm die Macht geben, wollen wir sie ihm dagegen entwinden, frisst er uns auf, meinte Ned.

Ist das der Zeitgeist, Aronnax? fragte Nemo. Ist der Wahnsinn das Wesen des Zeitgeistigen?

Der Zeitgeist funktioniert genau wie ein physikalisches Feld, meinte dieser. Wenn man dafür besonders empfängliche Menschen nimmt, richten sie sich nach dem Zeitgeistfeld aus, wie die Eisenspäne sich entlang den Magnetfeldlinien ausrichten. Man kann nicht sagen, das Resultat sei das einer Verschwörung. Wenn überhaupt etwas manipuliert werden kann, dann ist es das Positionieren einer bestimmten Art von Argumentatoren in einer gewissen, nicht normalen Verteilung. Nennen wir diese Argumentatoren Reaktoren. Das können Politiker, Wirtschaftsführer, Kulturschaffende, Militärs, Journalisten, Superreiche sein. Das Zeitgeistfeld fängt an sichtbar zu wirken, wenn wir diese Reaktoren bevorzugt an jene Orte bringen, wo Argumente geprägt und ausgespielt werden, an die Universitäten, in die Redaktionen, die Think Tanks, in Clubs und Logen, in NGO und Stiftungen, in Foren und Institutionen und ganz allgemein in Kultur und Politik. Doch, um deine Frage zu beantworten: Nein, es ist nicht der Zeitgeist. Der Zeitgeist ist harmlos, eine Windrichtung, etwas Sachliches. Der Marxismus hingegen ist wie die Theologie fundamental totalitär. Jede Totalität – im Grunde gäbe es ja nur eine, nähmen wir sie denn ernst - enthält ihren eigenen Widerspruch, was einzusehen ist. Um über alles zu herrschen, muss man in den Erklärungszusammenhang des Totalen den Widerspruch des Totalen gegen sich selbst einbauen. Das ist der letzte Baustein und zugleich auch der erste: die Negation. Man kann es auf verschiedene Weise tun, entweder so wie die Philosophen, so wird der Totalitarismus am Ende zu einem autopoietischen System, zu einem Lebewesen, wie bei Ihnen, werter Aktuar, in Ihrer Philosophie ist das so, oder anders, wie die eben skizzierte linke Infektiologie, dann ist der Totalitarismus wahnsinnig, ein selbstzerstörerisches System. Beides sind Totalitarismen, aber der eine ist positiv, der andere negativ. Der eine ist gleichsam «von Gott», der andere «gegen Gott».

Zweiter Tag

Die linke Infektiologie verfolgte mich bis in einen Alptraum hinein, meinte Conseil am nächsten Morgen beim Frühstück. Ich war Patient und sah zu, wie sich mein Arzt in einen Zellhaufen auflöste, anstatt mir zu helfen. Je mehr er versuchte, mir zu helfen, desto amorpher wurde er. Er wurde gleichsam immer demokratischer. Zum Glück bin ich panisch geworden, bevor er den Kommunismus erreichte, andernfalls wäre ich als Marxist erwacht.

Nach dem Gelächter, das uns alle spontan ergriff, wurde Aronnax sachlich, geradezu nüchtern und meinte: Wir sollten jetzt ein Thema behandeln, von dem wir schon anderweitig gesprochen haben, die *Human Arbitrage*. Du hast sie, und damit meinte er mich und duzte mich, in deinem Buch *Imperium Humanum* behandelt, wenn ich es richtig in Erinnerung habe.

Ich habe damit seit Jahren zu tun, unterbrach Conseil. Kannst du uns auseinandersetzen, lieber Aktuar, was du damals damit gemeint hattest?

Nun war also ich an der Reihe und ergriff das Wort: Gegeben sei ein allgemeiner Menschenmarkt HM. Auf ihm sei der Einzelne ein Asset. Im Augenblick gibt es auf dem Planeten rund zehn Milliarden solche Assets. Die Menge ist gedeckt. Sie kann zwar noch zunehmen, es ist aber fraglich, ob das HM zuträglich wäre.

Klingt nach Bitcoin, lächelte Conseil.

Ein nicht unbedingt abwegiger Vergleich, schloss sich ihm Aronnax an, in Analogie zur Blockchain-Technologie, die in der Biologie gewissermaßen inkarniert ist.

Was für ein netter Gedanke! meinte Conseil.

Jedes Asset habe nun einen Wert zwischen, sagen wir, minus 5'000 Dollar am Ort x, und 5 Millionen Dollar am Ort y. Grundsätzlich gehen wir jedoch einfachheitshalber davon aus, dass der untere Wert bei null liegt, der obere zwar nicht unbeschränkt hoch sein kann, aber undefiniert bleibt. Das klingt ein bisschen nach Sklavenhandel, ist jedoch keiner, zumindest keiner, den wir bisher gekannt haben.

Nun haben aber wir alle unseren Preis auf dem Arbeitsmarkt, nicht wahr? Festgeschrieben als unser Gehalt. Das bleibt auch so. Muss es sogar, wenngleich dieser Wert laufend abnehmen wird, aus mehreren Gründen, wovon einer die Künstliche Intelligenz ist. Ein anderer hängt nun mit HM zusammen und beginnt erst in einigen Jahren zu wirken. Ich erinnere daran, gestern sprachen wir von zwei Kapitalräumen oder der Doppelwirtschaft. So braucht es wie auf dem Markt der Volkswirtschaften auch auf HM Strukturen und Akteure, Käufer, Trader, eine Marktaufsicht, Geldinstitute, Vordenker, und so weiter. *Toute la catastrophe.*

Das heißt, es braucht einen Bedarf, präzisierte Conseil.

Du sagst es. Am Ende bedarf es eines Mangels an der gesuchten Ware am Ort y und eines Überflusses daran am Ort x. Wie immer geht es um eine Arbitrage.

Aronnax warf ein, dass dies amüsant sei, weil die Arbitrage auch eines der Grundprinzipien der Zellbiologie sei. Prozesse zur Überwindung von Konzentrationsgradienten gehen in diese Richtung.

Nun, irgendjemand muss am Ort des größten Mangels nach der Ware lechzen, fuhr ich weiter. Und bei x muss jemand danach lechzen, die überschüssige Ware loszuwerden. In der Industriegesellschaft des Neunzehnten Jahrhunderts waren es die Firmengründer, die Ingenieure, die Kapitalisten, wie Marx sie genannt hat, die lechzten. Diese sind hier nicht gemeint, deren Markt ist am Laufen, mit dem Nachteil, dass die Ware hier eine bestimmte, fachliche oder intellektuelle Kapazität mitbringen muss. Sie muss körperlich oder geistig eine Leistung erbringen können. Auf diesem Markt haben wir, du und ich, unseren Preis, unser Gehalt. Das ändert, wie gesagt, nicht. Die Trader der Human Arbitrage sind andere.

In der Human Arbitrage sind die Endkunden nicht die Volkswirtschaften, nicht Unternehmen oder Ausbildungsinstitute, wenngleich sie alle auf den Zug aufspringen können, wenn er erst einmal in Fahrt ist. Wer ist der Endkunde? Um ihn zu beschreiben, müssen wir den *Kondensationskeim* ins Spiel bringen. Oder anders gefragt: Was muss im sozioökonomischen Reagenzglas vorhanden sein, damit sich für das Auge etwas abzuzeichnen beginnt? Vorhanden sein müssen hier: Menschenfreunde, Menschenrecht, Menschenrechtsgerichtsbarkeit und, als Katalysator, die Demographie. Letztere muss zuungunsten des Selbsterhalts der Völker in ihren Volkswirtschaften ausgeschlagen haben. Sind diese Ingredienzien beisammen und genügend lange inkubiert, bildet sich mit der Zeit etwas heraus, was sich als ein selbsterhaltendes System etabliert. Es merkt, dass auf HM, global gesehen, zwar nicht die Ware Mensch *an sich* fehlt, dass es aber einen enormen Konzentrationsgradienten zwischen x und y gibt. Damit der Handel in Gang kommt, die Ware von x nach y zu wandern beginnt, braucht es eine Logistik, eine Infrastruktur, einen Apparat, um die Distanz zwischen x und y flächendeckend zu bewirtschaften. Anders als viele glauben, beginnt die Organisation nicht am Ort x, wo die Ware in rauen Mengen vorkommt, wo sie überschüssig ist, sondern umgekehrt am Ort y, wo man sie noch kaum findet.

Die Human Arbitrage beginnt also *nicht* mit dem organisierten Verbrechen, mit Schlepperbanden und Sklavenhändlerringen, die bei x grassieren mögen. Sie allein würden nichts bewirken. Denn die potenziellen Endkunden sind keine Sklavenbesitzer und keine Klienten, die Sklavenbesitzer werden möchten, im Gegenteil.

Es gilt: Die Human Arbitrage beginnt nicht am Ort des Überschusses der Ware, sie beginnt am Ort des Mangels! Sie beginnt mit Pull-, nicht mit Push-Faktoren. Push-Faktoren bewirken außerhalb des klassischen Sklavenhandels zu Beginn hier nichts, sonst wäre die Human Arbitrage schon längst, seit dem Kriege, in Gang gekommen. Das ist aber nicht der Fall gewesen.

Da gibt es eine Mauer zwischen der Welt der Menschenhändler und der Welt der Human Arbitrage, wie wir sie gerade entwickeln. In der Zellbiologie entspricht dieser Mauer die Membran, die zwischen zwei Kompartimenten einen Konzentrationsgradienten erzeugt. In der heidnischen Antike und während des christlichen Sklavenhandels war das anders. Doch jetzt gibt es eine solche Mauer, gerade *weil* Sklavenhandel am Ort y untersagt ist. Die Mauer ist für die Sklavenhändlerringe unüberwindbar, denn jenseits existiert aus staatsrechtlichen, kulturellen und ethischen Gründen kein einziger Kunde, ein Zustand, der nicht geändert werden kann. Die Mauer, die Zellmembran, ist eine Wertemauer. Wie also überwindet man sie? Wie muss der Ort y beschaffen sein, dass es dort plötzlich doch Klienten gibt?

An dieser Mauer ereignet sich nun das postmoderne Wunder einer *Transsubstantiation*, die Verwandlung des Sklaven in den «Menschen», und mit dieser Verwandlung explodiert sein Preis im Kompartiment y ins Beliebige!

Auf der südlichen Seite der Mauer ist der «Mensch» Sklave, ein menschliches Tier, das man verwenden darf, wozu man gerade Lust hat. Auf der nördlichen Seite ist der Sklave «Mensch», ein Wesen, das zu nichts gezwungen werden darf, denn dieses Wesen ist die Majestät an und für sich. *Seit 1945.*

Das ist der allentscheidende Unterschied, der den neuen Markt begründet. Man schaue nun genau hin, wo die Sklaven die Membran passieren und was sich dort ereignet! Sie entledigen sich ihrer Identität und Geschichte und werden zu leeren, blütenreinen Blättern. Zugleich fällt das Joch der Pflicht zur Eigenleistung von ihnen ab und erhebt sich die Pflicht der Aufnehmenden, sich integral für diese neuen Menschen einzusetzen und sie mit allen Wünschen, die sie äußern, einzuschließen in das Milieu des Kompartiments und gegen alle möglichen Anfeindungen zu verteidigen. Aus dem Sklaven wird beim Überschreiten der geografisch-rechtlichen Linie – der Membran - die *Majestät*.

Das schafft neue Phänomene, welche die Trader nicht so einfach erklären können. So gibt es, zum Beispiel, Streit, wenn das Alter eines Migranten hinterfragt wird. Das ist merkwürdig. Die Altersbestimmung anhand der Knochenreife galt bis zur Migrationswelle als Standardmethode, die niemand hinterfragt hat. Sie wurde weltweit in allen pädiatrischen Praxen angewandt und auch forensisch verwendet. Doch jetzt gilt sie als ein Angriff auf das Narrativ der Migranten, das nicht hinterfragt werden darf. Es ist sakrosankt. Warum? *Wegen dem Prinzip der Selbstdeklaration, das man zum Menschenrecht aufbläht, was zum Beispiel im Genderbereich gelungen ist.* In der Migrationsdebatte, die kulturell, ökonomisch, biologisch viel gewichtiger ist, soll die Selbstdeklaration schließlich so weit getrieben werden, dass jeder Mensch jederzeit deklarieren können darf, er sei Franzose, Deutscher, Engländer, etc. Dies soll wie im Genderbereich axiomatische Gültigkeit haben. Dringt man damit durch, kann jeder Staat geknackt werden. Darum der Unmut überall, wenn Selbstdeklarationen überprüft werden sollen. Es gehe um Freiheit und Gleichheit, heißt es dann. In Wahrheit aber dienen diese beiden nur dazu, bisherige überindividuelle Strukturen zu sprengen.

Doch wer kauft nun einen «Menschen» statt eines Sklaven? Und zwar diesseits der Mauer, in unserem Kompartiment y. Niemand kauft sich ja einen «Menschen», es sei denn, er wolle ihn eben doch versklaven. Die Käufer sind nicht die guten alten Volkswirtschaften, in ihnen sind die Akteure nicht «Menschen», sondern Arbeitnehmer, es sind Leistende. Die Abnehmer sind aber auch keine Betriebswirtschaften, keine Unternehmen, denn welcher Betrieb beschäftigt «Menschen», es sei denn, wieder nur als Leistende?

Der neue Markt ist an dieser Stelle noch nicht geboren, obschon er ganz offensichtlich möglich ist. Es braucht im Kompartiment y noch etwas, damit er zu arbeiten beginnen kann. Es braucht hier das strukturelle Pendant zu den Sklavenhändlerringen und zum organisierten Verbrechen auf der Seite des Kompartiments x.

Die Frage ist: Wie arbeitet das Investitionskapital auf diesem Markt? Kaufen die Akteure in der Human Arbitrage diesseits der Mauer die Ware mit Geld, das sie selbst erwirtschaftet haben? Kauft man nun die «Menschen», die noch vor wenigen Minuten Sklaven waren? Nein, man kauft die Empfangs-, die Administrations- und die Verarbeitungsstrukturen für die Ware «Mensch». Man kann sich zu diesem Zweck vorstellen, eine Majestät komme auf Besuch. Was passiert? Es konstituiert sich eine ganze Managementinfrastruktur rund um den Besucher, damit er zu keinem Zeitpunkt und an keinem Ort in seiner Würde verletzt werde. Das Investment geht in diese Strukturen, nicht in die Majestät selbst. Das ist der Pull-Faktor, von dem wir eingangs gesprochen hatten. Gibt es keinen solchen Faktor, kann die Human Arbitrage nicht in Gang kommen. Nun braucht es diesen Faktor aber ganz zu Beginn noch nicht zu geben, es genügt, dass im Kompartiment y ein Wertesystem herrscht, das beim Auftauchen der Ware an der Mauer zur Errichtung dieser Infrastruktur zwingt. Das Wertesystem besteht schon und muss etabliert sein, unangreifbar, kampferprobt, so dass es darüber keine Debatte gibt, wenn es losgeht.

Im Menschenrecht und den entsprechenden Institutionen, den Verfassungen der Staaten und den Gesetzeswerken, auch in der humanitären Usanz hat sich dieses Wertesystem konkretisiert, bevor die Human Arbitrage beginnen konnte. Der Pull-Faktor geht somit auf die etablierte und unangefochten herrschende Menschenrechtlichkeit des Kompartiments y zurück. Und damit, wie man leicht errät, auf die Nachkriegsdoktrin, auf die Erfahrung mit der Shoa und dem Nationalsozialismus. Womit der Kreis geschlossen wäre. Die Human Arbitrage funktioniert also letztlich, in x-ter Ableitung, genau darum, weil Hitlers System 1945 den Krieg verloren hatte. Es gibt einen Zusammenhang zwischen diesem Kriegsausgang und der aktuellen Massenmigration. Wenn man heute sagt, es sei der Klimawandel, der die Migration verursache, ist das eine an sich überflüssige Zusatzkausalität. Ohne den Untergang der Naziherrschaft würde kein Klimawandel eine Human Arbitrage jemals möglich gemacht haben.

Doch auch die Begründung, die Länder des Nordens hätten die Migration uneingeschränkt zuzulassen und aufzufangen wegen ihrer Nazivergangenheit, wozu man gleich auch noch die Kolonialgeschichte schlägt, um den Beton härter zu machen, ist sachlich falsch. Denn die Migration erfolgt ja immer schon *wegen* der Nazivergangenheit und der nach dem Krieg etablierten Vermenschenrechtlichung unserer Welt, wie wir gesehen haben. All das jetzt auch noch moralisch damit rechtfertigen zu wollen, ist Pleonasmus und Ausdruck des Autoritarismus gewisser Interessengruppen. Wenn dein Motor plombiert wird, so dass du höchstens fünfzig Stundenkilometer schnell fahren kannst, weil du infolge deines Alters zum Beispiel eine Gefahr darstellst, muss man dir nicht sagen, du habest dies zu akzeptieren, weil dein Alter eine Gefahr darstelle. Denn deine Akzeptanz bewirkt hier nichts mehr, die Sache ist gelaufen, die Plombe ist eine Maßnahme des Staates. Frei bist du lediglich darin, *dagegen* zu protestieren.

Es ist dein Protest, der etwas bedeuten kann, aber niemals deine Akzeptanz. Deine Akzeptanz bedeutet nur im Rahmen eines autoritären Gestus etwas: Du bist unterworfen worden und sollst das moralisch nachbestätigen, zur Entlastung der Autorität, die dich unterwarf, anstatt dir die Freiheit zu lassen, moralisch wirksam zu sein, als der Unsicherheitsfaktor, den du als freier Mensch bist. Den subtilen Zusammenhang versteht keiner, der nicht gut erzogen worden ist. Die gewöhnlichen Leute sehen hier nicht einmal das Problem. Sie sind unterworfen und entlasten den Landvogt, indem sie seinen Gestus moralisch rechtfertigen, der doch allein der Erhaltung der Macht über sie, die Unterworfenen, dient.

Doch zurück zur Frage der Investition auf dem Markt der Human Arbitrage. Woher stammt das Kapital auf diesem

Markt? Von Wirtschaftsbanken? Wirtschaftsbanken investieren Geld in der Volkswirtschaft, also auf dem Markt, wo das Gehalt unseren Wert definiert und wir dafür leisten müssen. Das ist hier nicht gemeint.

Geht die Ware «Mensch» also doch am Ende arbeiten? Nein, das ist nicht gemeint. Natürlich *kann* sie arbeiten gehen, doch dann ist sie nicht mehr Teil von HM, sondern Teil der Volkswirtschaft. Die Experten der Human Arbitrage sind dagegen, dass die Ware «Mensch» im Kompartiment y arbeiten geht und so den Volkswirtschaftsraum stärkt. Denn dann würde einer der Gründe für die Human Arbitrage wegfallen, nämlich der demografische Aspekt. Vor allem, wenn es sich bei jenen «Menschen» allesamt um Fachleute handelte. Die werden zwar ganz gewiss gesucht und gebraucht, doch ist das ein Prozess der Volkswirtschaft, nicht der Human Arbitrage. Die Initianten der Human Arbitrage im Kompartiment y wollen nicht die Volkswirtschaften stärken, sie wollen den neuen Markt erst einmal voll entfalten, sie wollen ihn nicht vorzeitig eindampfen. Das heißt, die Ware «Mensch» muss stets wieder neues Geld anziehen, ohne selbst etwas zu leisten. Das ist essenziell. *Die Ware ist keine Arbeitskraft!* Welche Wirtschaftsbank würde so etwas finanzieren wollen? Sie müsste im Endeffekt Zinsen aufbringen. Das funktioniert nicht. Weil die Zeitgenossen nicht verstehen, dass es zwei voneinander getrennte Wirtschafsräume sind, die Volkswirtschaft und die Human Arbitrage, die über eine Schnittstelle miteinander verbunden sind, vermengen sie alles, weshalb sie gegen das Geschehen *machtlos* sind.

Ich präzisiere: Die Ware «Mensch» ist und bleibt Rohstoff, der möglichst lange neu verpackt und wieder neu verkauft werden muss. Der neue Markt besteht wesentlich darin, Unternehmen entstehen zu lassen, welche die Lieferkette aufstellen, verfeinern, vergrößern und betreiben. Die Ware «Mensch» ist das neue Gold. Ihr Wert besteht im menschenrechtlichen Potenzial und ist im Prinzip unendlich groß, hängt nur ab vom Wertesystem der Zivilisation. In einer Zivilisation, die das Menschenrecht nicht achtet, ist eine Human Arbitrage nicht lukrativ. Dort geht es um klassischen Sklavenhandel. Das ist aber die Welt des Kompartiments x. Sklavenhandel ist dort Teil der Volkswirtschaft, nicht von HM. Dort gibt es keine HM.

Es geht also darum, die Zivilisation des Kompartiments y immer menschenrechtlicher zu machen, den Menschen als Menschen immer uneingeschränkter zu verabsolutieren, seinen Wert ständig in die Höhe zu treiben. Das bedeutet konkret: Jeder soll bezahlen müssen, der einen «Menschen» auch nur berührt.

Die wirtschaftliche Funktion dieses Menschen besteht darin, sich berühren zu lassen, verletzen zu lassen, demütigen zu lassen, krankmachen zu lassen, missachten zu lassen, und jedes Mal fließt Geld und steigt sein Wert!

Der Mensch ist eine Devise. Je mehr sie in die Hand genommen wird, umso härter wird sie, und umso mehr wird sie in die Hand genommen! Der «Mensch» in der Arbitrage ist von unendlichem Wert und wird doch gehandelt wie ein Rohstoff. Doch ist er ja eben nicht tot, sondern quicklebendig. Das ist der innere Widerspruch, der HM am Ende zu Fall bringen muss. Doch so weit sind wir noch nicht. Auf HM lassen sich bis dahin Billionen verdienen!

Wer zahlt? Wer baut die Lieferketten auf, und wer betreibt sie? Initial sind es Milliardäre, die Eigenkapital einschießen und Kredite aufnehmen, wie George Soros. Doch reicht das niemals, um den Markt zu entfalten. Die Initianten finanzieren daher Politiker und Beamte, damit sie Geld des Steuerzahlers, also die Staatseinnahmen in diesen neuen Markt einschießen und sich am Aufbau und Betrieb der Lieferketten, der Pull-Faktoren beteiligen. Das heißt, diese Initianten finanzieren eine Politik, die ihrem Anliegen entgegenkommt, der Entfaltung der Human Arbitrage und möglicher Sekundär- und Tertiärmärkte, ein riesiges Potenzial, das sukzessive entfesselt werden soll. Von diesem Geld, aus diesen Institutionen fließt Kapital zurück zu den Initianten, zu den Soros-Typen, über die Human Arbitrage, und so werden sie reicher und reicher, obschon HM *nichts* produziert. Produziert werden weltweit Millionen von Arbeitsplätzen für die Menschen, welche die Lieferketten bilden und betreiben, allesamt menschenrechtlich aktive Menschenfreunde.

Das Geschäft funktioniert ähnlich wie ein Ponzi-System, und jeder, der daran teilnimmt, muss hoffen, dass die Ware «Mensch» möglichst lange nicht auf den Volkswirtschaftsmarkt entschwindet und einen Gehaltswert erhält. Das wird irgendwann passieren, jedoch nicht mit der Mehrheit der neuen Menschen, die stets in Massen nachgeliefert werden müssen. Sie werden sich fortpflanzen und ihre Verwandtschaft nachholen, so dass von dieser Seite her wieder neuer Bedarf an Logistik entsteht, *bis die eine Hälfte der Bevölkerung die andere betreut und daran ihren Unterhalt verdient.* Der generierte Mehrwert selbst geht an die Philanthropen. Seht ihr, was das bedeutet?

Die beiden Märkte hängen über eine Schnittstelle zusammen, die eine Membran darstellt, die sich zwischen dem «Menschen» als Entität mit unendlichem Wert und den Menschen mit bloßem Gehaltswert stellt. Irgendwann muss ein Großteil der «Menschen» diese Membran passieren, weil sonst, logischerweise, das System der getrennten Kompartimente kollabieren wird. Ganz einfach darum, weil die Volkswirtschaften immer weiter schrumpfen werden, wenn das nicht geschieht.

Der zweite Markt braucht den ersten, er parasitiert an ihm. Die Volkswirtschaften sollen bis auf ihre Grenzbelastbarkeit ausgereizt werden, bis ihr Gebälk knackt, aber noch nicht zusammenkracht. Conseil, du hast einmal geschätzt, man könne dem Steuerzahler maximal zwei Drittel seines Rohertrags abschöpfen, wovon die Hälfte in die Human Arbitrage geht, die andere in der Volkswirtschaft verbleibt. Doch bleibt eben eine immer grösser werdende Lücke offen.

Es braucht einen Umgehungskreislauf, einen Geldkreislauf, der das Geld direkt ab Notenpresse, von den Geldschöpfungsinstituten in den neuen Markt einschießt. Dorthin sollen neugeschaffene Kapitalien fließen, wenn möglich zinsfrei, das von den Akteuren der Arbitrage, die sich inzwischen verzehntausendfacht haben als NGO und Trusts, aufgenommen und in Arbeit am «Menschen» umgewandelt werden, wovon weltweit heute bereits Hunderte von Millionen Leistungserbringer leben, die genau genommen eine Doppelexistenz führen, eine als Teil der Volkswirtschaften, die andere als Teil der Human Arbitrage. Ein Teil dieser Gelder fließt an die Konzeptionisten und die Cheftrader des neuen Markts und stellt die Quelle eines sich selbst vervielfältigenden Reichtums jenseits der Volkswirtschaft dar, die es vordem nicht gab. Die milliardenschweren Philanthropen. Zugleich ist ihr Vermögen gleichsam das Expansionsgefäß in der Dynamik der Geldmengenausweitung. Diese Vermögen übernehmen eine zentralbankähnliche Funktion bei der Geldmengenregulation des neuen Marktes. Übrigens ist das Gesundheitswesen der älteste Teil des HM. Es funktioniert lokal. Das Migrationswesen ist der jüngste Teil. Er funktioniert global.

Die Völker haben sich diesseits der Mauer, im Kompartiment y, in den letzten Jahrzehnten bemerkenswert narzisstisch gehen lassen und bekommen immer weniger Nachwuchs. Ihre Volkswirtschaften brummen und sind riesig, zu groß! Sie können immer weniger reproduziert werden und schrumpfen jetzt. Doch das soll auch nicht gar zu schnell gehen. Man wird die Ware «Mensch» nicht direkt in die Volkswirtschaften einbringen, wie wir gesehen haben, weil sonst auch die Human Arbitrage schrumpft, ehe sie ausgelutscht wäre. Der neue «Mensch» soll sich nun aber fortpflanzen. Seine sexuelle Aktivität ist gefragt, seine Fruchtbarkeit. Damit die fortpflanzungsunwillige, narzisstisch überdrehte Volksmasse im Kompartiment y in diesem Spiel mitmacht, muss man sie dazu zwingen. Man lässt also die Elemente spielen, greift möglichst wenig in die sexuelle Aktivität und Kriminalität ein, etabliert sehr enge räumliche Verhältnisse, um die Kontaktwahrscheinlichkeiten zwischen den Einheimischen und den neuen «Menschen» zu maximieren. Zudem erweitert man die Arbitrage, indem man den Familiennachzug forciert. Damit wächst der neue Markt exponentiell an und damit auch seine Logistik.

Doch was, wenn durch diese Verwerfungen und Veränderungen schließlich die Volkswirtschaften ernsthaften Schaden nehmen und die Zivilisation zu bröckeln beginnt? fragte Margaret.

Das ist kein Problem, erwiderte Aronnax kalt, der mich unterbrach. Es bedeutet intrinsisch nur, dass sich dann erneut ein *neuer* Markt öffnet. Was unter dem Strich aber irgendwann auf der Strecke bleibt, sind das Lokale, das Kulturelle, Traditionelle, Historische, seitens aller Beteiligten, auch der Zugewanderten selbst. Die neue Zivilisation ist kulturell wesentlich einfacher, konsumierbarer, wegwerfbarer als die alte. Es entsteht am Ende das, was du die *Kolosseumsgesellschaft* genannt hast.

Dann könnte man sagen, warf Ned ein, dass die vielgeschmähte Pandemie COVID-19 ein Testlauf für die Kolosseumsgesellschaft gewesen ist, insofern, als man mit ihrer Hilfe eingeübt hat, wie man die Völker einheitlich steuern kann, ohne dass sie revoltieren, so dass sie freiwillig alte Freiheitsrechte abtreten, um dafür eine neue Volksgemeinschaft, jenseits aller bisherigen Klassen- und Völkergrenzen, ins Leben zu rufen.

Richtig, schloss sich ihm Conseil an, doch der Erzschuft Putin hat diesen Versuch am 24. Februar 2022 mit einem Paukenschlag beendet und die Menschen darauf aufmerksam gemacht, dass keineswegs die gesamte Welt Teil dieses neuen Großexperiments ist, dass große Teile der Menschheit festhalten wollen an den alten Märkten und ihren tradierten Strukturen und Werten. Putin hat unseren Menschenfreunden den neuen Markt begrenzt und deckelt damit das Kapitalvolumen! Vielleicht weiß er das nicht. Das führt zu einem Aufschrei der betroffenen Kreise und der von ihnen betreuten Ministerien.

Darum soll fortan jeder Widerstand, wie Putin ihn im Ukrainekrieg leistet, diesseits der Wertemauer beseitigt werden, sagte ich und stimmte Conseil bei. Irgendwelche weißen Flecken auf der Weltkarte des Kompartiments y darf es künftig nicht mehr geben. Es steht zu viel des neuen Kapitals auf dem Spiel. Das ist meines Erachtens der Hauptgrund für die Intransigenz des Wertewestens gegenüber Russen und Chinesen. Vorgekehrt werden Werte, doch geht es um Kapital und Ressourcen in gigantischen Ausmaßen, auf beiden Märkten zugleich. Bis zur Wiederkehr Trumps! Warf Ned ein.

Mischt aber Putin nicht auch auf dem neuen Markt mit? wollte Margaret wissen. Nicht so, wie man es erwartet, erwidere ich ihr. Er begreift das Spiel nicht ganz, verhält sich eher wie einer von südlich der Wertemauer. Die wirklichen Händler des Südens greifen den Westen jedoch nicht an, sie brauchen ihn. Russland liegt hier quer, ist der Elefant im Porzellanladen. Das spricht freilich so keiner aus, man spricht stattdessen von Völkerrechtsverbrechen. Das ist Firlefanz, denn solche Verbrechen begeht man selbst auch. Dem Volk im Westen ist aber nicht auf eine einfache Weise klarzumachen, wieso es überhaupt gut sein soll, das Spiel der Human Arbitrage zu spielen, also schweigt man darüber und bemüht stattdessen die klassischen Verdächtigen und spielt die Allzweckwaffe der Nachkriegszeit aus, den Antifaschismus.

Niemand erfährt gerne, wieso man ihn verarscht. Der neue Markt ist der Grund für die Massenmigration und für die Dauerkriegsführung der «Wertegemeinschaft» an der Peripherie, er ist auch der Grund der schleichenden Gesellschaftszersetzung, er beflügelt die Gender- und die Critical Race Theory, ermöglicht weitere Pandemien und die Auflösung nationaler Kulturen und Souveränitäten. Das wird nicht bewusst betrieben, es ergibt sich, weil alles mit allem verknüpft ist.

Viele Leute meinen, dass solche Entwicklungen *Plänen* folgen würden, dass es sich um *Verschwörungen* handle, die hinter dem Rücken der Völker ausgeheckt und zu ihrem Schaden umgesetzt werden. Es sind jedoch lediglich Märkte. Gewisse Leute entdecken konzeptionelle Möglichkeiten, wieder andere sind dreist genug, sie anzustoßen, wieder andere machen rasch Geld damit, und irgendwann entdecken alle das gemeinsame Interesse, die Strukturen poppen auf, der Baum entfaltet sich und niemand kommt mehr darum herum, dass er nun da ist, wo er ist.

Der neue Markt hat heute schon vier Segmente, wovon wir bisher den ersten, den Menschenmarkt betrachtet haben. Der zweite Bereich betrifft alles, was mit dem Klima zu tun hat und läuft vielerorts unter dem Begriff des *Green Deal*, der Umstellung ganzer Volkswirtschaften auf eine dekarbonisierte Grundlage, die sich innerhalb des Volkswirtschaftlichen nicht finanzieren ließe. Der dritte Bereich ist der Krieg, worunter wir heute den in der Ukraine verstehen, ein Ausmarchungskrieg zwischen dem westlichen und dem russischen Imperium, der im Grunde dazu dient, das russische Imperium zum Einsturz zu bringen, um die Gesamtressourcen Russlands zum eigenen Profit auf den Markt werfen zu können. Wir wissen, es braucht immer mehr Ressourcen und Kapital. Der vierte Bereich betrifft die Gesundheit, woran uns die Pandemie erinnert hat, ein Bereich, bei dem es um die Wirtschaftszweige der Pharmaindustrie, der Landwirtschaft, der Food Industries und der Wasserwirtschaft geht, aber auch um die körperliche Fitness der Menschen, ihre psychologische Dauerbetreuung, das *Social Embedding* im weitesten Sinn, damit es zu keinen systemkritischen Aufwallungen kommen kann. Der Gesundheitssektor ist direkt mit dem Menschenrecht verbunden. Gesundheit ist definiert als vollständiges, objektives *und* subjektives Wohlbefinden.

Abfallprodukt dieser Entwicklung ist der erwähnte Kapitalsozialismus. Ein Sozialismus in den Staaten, der mit Kapital finanziert wird, das es im gegebenen Umfang nicht geben dürfte. Es gibt jetzt einen solchen Kapitalsozialismus, er begreift die Linke in das System mit ein und beteiligt sie daran. Während sich die Elite der Superreichen immer mehr konsolidiert, zerfließen nationale und kulturelle Basen immer stärker und wird der Einzelmensch immer stärker zum erotisch elektrisierten Glühwürmchen und verliert seinen ethnisch lokalen Bezug, bis er zum Teilnehmer an einem globalen Überstaat wird, der immer stärker Visionen von Dystopien gleicht, was dem Teilnehmer egal ist, denn er lebt gut damit, ließ er sich erst einmal kaufen. Wer sich nicht kaufen lässt, der sei ein Faschist. Eine einfache Methode zur moralischen Unterscheidung der Menschen in Gute und Böse.

Es stellt sich die Frage, warf Margaret ein, ob das lange Zeit gut funktionieren wird.

Niemand weiß es, erwiderte ich ihr. Keiner weiß, wie die Geldmengenexplosion durch die neuen Märkte auf die Kaufkraft des Steuerzahlers einwirken wird, ob es gelingt, die beiden Märkte auseinanderzuhalten und zwei parallele Geldkreisläufe zu betreiben, anstatt eines sich immer weiter ausdehnenden einzigen. Die überall sichtbare Tendenz, Steuergelder außerhalb des Bereichs der Bedürfnisse der eigenen Bevölkerung einzusetzen, spricht dafür, dass man einen zweiten, einen parallelen Kreislauf etablieren will, der transnationale Geschäfte betrifft, eine Politik, die in jedem Staat gleich aussieht. Den Bevölkerungen fällt das auf, viele sehen es als Zeichen für eine weltweite Verschwörung. Doch ist es letztlich Ausdruck des Wesens des neuen Marktes, über den man nicht offen spricht, um die Menschen nicht zu überfordern. Man würde damit den Kanon gefährden. Jede «Unser Land zuerst»-Politik, wie Trump, Orban, neu auch die Niederländer und Polens Tusk sie vertreten, ist ein Schlag gegen all

das, was ich eben skizzierte und ist darum kanonisch un-
statthaft.

*Die neue Welt beginnt also mit einem großen Verschweigen
und Vertuschen.* Ich sage dir, würde man all das, was wir
hier bereden, dem Volk offen erklären, würde die über-
wältigende Mehrheit der Menschen diese Politik verwerfen. Vor allem wegen der Human Arbitrage, die in erster
Linie den Terakapitalisten nützt und die Auszehrung der
lokalen Kultur und Bevölkerung zur Folge haben wird,
was das Ende dessen wäre, was Otto Normalmensch wollen kann.

Zudem ist die Human Arbitrage eine Art von Ponzi-
Schema. Die Volkswirtschaften dienen als Auffanggesell-
schaften oder als Hedge Funds. Die Diskrepanz zwischen
dem Anspruch der Arbitrage und der Erhaltung dessen,
was der Politik eines jeden Landes von seiner Bevölkerung aufgetragen ist, ob implizit oder explizit, ist zu gewaltig. Sie kann nicht zweckdienlich erklärt, muss dissi-
muliert, ja sogar negiert werden, kommt die Sache ans
Licht.

Etwas besser sieht es bei der Dekarbonisierungsfrage aus,
da sind viele Menschen bereit, im Hinblick auf das Klima
in hundert Jahren irgendetwas mitzumachen, selbst
wenn sie nicht daran glauben, dass es nützt. Es nicht zu
tun, wäre für sie schlimmer, als es zu tun. Eine Pascalsche
Wette. Im Bereich des Kriegsunwesens machen viele nur
mit, wenn man klare Freund-Feind-Schemata liefert, wobei der Aggressor immer der ist, der von außen kommt.

Das fällt unter das alte *debellare superbos et parcere subiectis.* Das verstehen die Leute, und es ist ihnen egal, dass man dabei zugeben muss, dass man selbst auch ein Imperium ist. Weil man selbst moralisch gut sei, könne das eigene nicht das Imperium des Bösen sein. Dieses ist stets das des anderen, vor allem, wenn er irgendwo eine Grenze überschritten hat, selbst wenn er maximal provoziert worden sein sollte.

Was den Bereich der Gesundheit angeht, blicken wir auf das Großexperiment von COVID-19 zurück. Leider hat gerade in diesem Segment ein Versuch stattgefunden, den Kanon allgemeinverständlich zu erklären, von Schwab und Malleret in ihrem Buch «The Great Reset». Der Versuch ist misslungen. Er hat den Leuten gezeigt, dass hier ein Geist am Werk ist, den sie nur fürchten können, der mit einer Selbstverständlichkeit über alles verfügt, was bisher Sache des Einzelnen gewesen ist, die an Eiseskälte und an Inhumanität kaum noch überboten werden kann. Selbst wenn Schwab und Malleret, wenn das WEF in der Sache selbst lediglich aufgezeigt haben, was unterwegs ist, betrachtet man die Entwicklung der aktuellen Menschheitsverhältnisse nüchtern, kann und darf man sie der Bevölkerung nicht auf diese Weise schmackhaft machen. Die Bevölkerung lernt daraus nur den Schluss: «Die da oben» arbeiten an der Abschaffung all dessen, was uns ausmacht, was uns lieb ist, was wir bewahren wollen. Auch der Ablauf der Pandemie hat gezeigt, dass es mehr darum ging auszuloten, welche Grundrechtseinschränkungen man wie lange durchziehen kann, bevor es zu Aufständen kommt. Wie zu erwarten war, wurde das in Deutschland am härtesten ausgereizt, aber auch die

Umsetzungen in Neuseeland, Australien und Kanada waren eindrucksvoller als vermutet. Die Völker haben kaum protestiert. Was die Impfstofffrage angeht, ist das letzte Wort noch nicht gesprochen. Die verwendete mRNA-Impftechnologie hat zudem erstaunliche Abgründe an Unwissenschaftlichkeit und Korruption aufgezeigt und offengelegt, dass es mit der Wissenschaft auch im Westen nicht mehr weit her ist. Ein bedenkliches Ergebnis.

Insgesamt war es keine gute Idee, den Völkern den Kanon erklären oder aufzwingen zu wollen. Um auf der sicheren Seite zu bleiben, bleibt wohl bis auf weiteres keine andere Wahl, als den Kanon dadurch am Drücker zu behalten, dass man verhindert, dass die politischen Machtverhältnisse durch Volksabstimmungen und Wahlen in absehbarer Zeit geändert werden können.

Demokratie ja, aber unter Exkommunikation jeder nicht systeminhärenten Opposition. Man muss jeden Populismus kriminalisieren, der geeignet ist, die realen Machtverhältnisse zu verändern. Die klassische Demokratie der einfachen Volksmehrheiten ist tot. Die Demokratie der Zivilgesellschaften oder die *Smenokratie*, die Herrschaft der Schwärme, wie ich sie genannt habe, übernimmt nun das System, wobei als Schwarm nur zugelassen ist, wer auf dem Boden des Kanons steht.

Als ich geschlossen hatte, war es Mittag geworden. Wir gingen essen. Dieses Mal in ein anderes Traditionsrestaurant, ins *Lumskebugten*. Man erwartete uns dort. Beim Aperitif entspann sich eine weitere Diskussion.

Also soll man den Menschen den Kanon nicht erklären, meinte Nemo sarkastisch, ist das unsere Ansicht? Das ist doch ein Widerspruch, ist menschenverachtend. Conseil verwies lächelnd auf mich, und ich musste wohl oder übel antworten. Den Kanon erklären zu wollen, Nemo, wäre gleichbedeutend mit einer Erklärung der allgemeinen Unmündigkeit der Bevölkerungen. Wir wollen keine unmündigen Menschen, mon Capitaine. Gewiss, denn Sie wollen betrogene Menschen! rief er aus und sah mich eindringlich an. Der betrogene Mensch hat eine Chance, der unmündige nicht, erwiderte ich ihm, zugegeben, das klingt zynisch. Allerdings, mon fils, sagte der Kapitän, allerdings! Es ist zynisch. Das Problem hätten wir nicht, hätten wir keine demokratischen Verhältnisse, erwiderte ihm an meiner Stelle Aronnax. Das ist, was ich vermute, dass Sie verkappte Monarchisten sind, triumphierte Nemo, sie möchten am liebsten die Demokratie loswerden. Nein, sagte ich, das nicht, aber technisch wäre es hilfreich. Und bis dahin tun Sie was? rief Nemo, der voll Vorwurf steckte. Bis dahin foltert er die Menschheit, mon Capitaine, erwiderte nun Conseil an meiner Statt und machte ein amüsiertes Gesicht. Bis zu einem gewissen Grad haben Sie recht Conseil, antwortete ich. Es ist eine Folter, aber eine schmerzhaft-lustvolle. Es wird immer besser mit Ihnen! polterte Nemo, un système de bondage, donc? Tout à fait, erwiderte ich ihm, un système sado-maso pour ainsi dire. Tiens-tiens, grinste der Kapitän, c'est alors cela qui se cache derrière le democratisme actuel ! A votre santé, mon cher Marquis de Sade! A la votre, mon Capitaine!

In der Tat, das ist ein interessantes Wort, meinte Aronnax. Bondage-Systeme nach dem Muster der Antirassismus-

Strafgesetzgebung, die Jahrzehnte lang bestens einge-
führt worden ist. Heute geben sich selbst Naziparteien
prosemitisch, so sehr hat die Bondage gewirkt. Nach diesem Muster werden weitere solche Meinungsklammern
gesetzt werden, eine gegen die sogenannte Islamopho-
bie, eine gegen die vielzitierte Verfassungsfeindlichkeit,
eine gegen Staatsdelegitimierung, meinend Regierungs-
kritik, eine gegen Anti-Gender-Umtriebe als einer Erwei-
terung von Sexismus, eine gegen das Feindverständnis
im Falle eines Krieges, an dem jemand von uns beteiligt
ist. Und dies stets unter Höchstansetzung der Moral, unter deren Metaklammer jede Meinungsbildung exkommuniziert wird, die sich dem widersetzt, was letztlich unter dem Label der Inklusion subsumiert wird. Positiv ausgedrückt, nennt man diesen Widerstand heute «menschenverachtend» und – wir sagten es schon hundertmal
- faschistisch.

Die offizielle Politik, mon cher Nemo, behandelt nur einen Teil dieses Programms eigenhändig. Sie besteht in
der Umsetzung, in der Judikative und in der Machtabsi-
cherung gegen demokratische Abwahlformen, die nun
sogenannt *ungültig* seien. Denn gültig ist allein die gesell-
schaftspolitisch korrekte Umerziehung, alles andere ist
untergeordnet. Weil das aus den Völkern nur bis zu einem
gewissen Grad herauszuholen ist, bevor es zum Bürgerkrieg kommen muss, pumpt man ununterbrochen neue
Bewohner in die betroffenen Länder – Stichwort *Human
Arbitrage,* höchst lukrativ sie allein -, letztlich wissend,
dass das volle Programm erfordert, dass dafür eine Be-
völkerungsmehrheit notwendig wäre, die in herkömmli-
chen Bevölkerungen gar nicht herstellbar ist. Es geht also

in letzter Konsequenz um eine biologische Veränderung der Völker, gegen die sich das alles richtet. Das ist aber auch die höchste Stufe des Verbotenen, ist Rassismus. Ihn zu bekämpfen geht auf Dauer nur durch Veränderung der biologischen Mixtur der Bevölkerung.

Nur, wenn sich keine abweichenden Meinungen mehr bilden lassen, weil alle linguistischen Wege versperrt sind, die bei vorbehaltloser Betrachtung der Wirklichkeit und unter Anwendung von Vernunft weit offen stünden, lässt sich das Opfer, von dem wir alle Atome sind, auch die Linken und Woken, diese vielleicht sogar zuvorderst, einer Impfung unterziehen, wobei ich hier keine Allusionen zur Situation anlässlich der Pandemie COVID-19 machen möchte, es braucht sie nicht, die Sache spricht für sich selbst. Eine solcher linguistisch-semantisch-moralistischer Impfzwang ist in der Geschichte auch keineswegs neu. In den animistischen Kulturen Afrikas und in den zahlreichen Kulturen, die kein grundlegendes Interesse an der Erforschung der Natur haben, weil diese ihnen längst dialektisch-theologisch erklärt worden ist, was zum Glaubensartikel führt und zur Ausrichtung der Bestrafung am Grad der Missachtung desselben, ist das skizzierte Bondage-System Teil des Eingemachten und darum systemerhaltend. Es wird gar nicht bemerkt, die Fesseln sind eingewachsen. Als seinerzeit die Christen die heidnische Welt binnen weniger als hundert Jahren buchstäblich schlossen, wie man einen Tempel schließt und dessen Inventar zum bloßen Material degradierten und der Zerstörung anheimgaben oder diese organisierten, fand auch bei uns in Europa das Verfahren ein erstes Mal triumphalen Eingang.

Anders als es die Geistesgrößen Europas heute darstellen, zu dessen Hervorbringung es danach tausendfünfhundert Jahre brauchte, *ist die europäische Kultur keine genuin christliche, sondern eine genuin antichristliche, und nur insofern als der Antichrist den Christen braucht, gehört dieser zur Erbsubstanz der Kultur.* Alles, was Europa nach seiner Wiedererweckung im Florenz der Renaissance bis heute ausmacht, ist gegen das linguistisch-semantisch-moralistische Zwangsdenken, sowohl inhaltlich wie strukturell gerichtet gewesen und setzt dieses außer Kraft. Es ist die Wiedererrichtung der heidnischen Welt, dieses Mal mit den Mitteln der zur Wissenschaft erhobenen Physik- und Vernunftbesessenheit derer, denen man tausendfünfhundert Jahre lang den Mund verboten hatte und deren Hände in theologischen Fesseln gelegen haben.

All das muss verschwiegen werden, wozu die Bondage-Systeme wie gerufen kommen, setzte ich den Gedanken fort. Sie haben den Zusatznutzen, dass mit der Zeit der Großteil der faschistisch anfälligen Bevölkerung kriminell notiert ist, weil sie gegen die Norm verstieß und sich damit die Möglichkeit ergibt, den auszuschaltenden Teil der Bevölkerung historisch als kriminell abzuschreiben und den Bogen zur Nachkriegsdoktrin zurückzuschlagen. Die Völker mussten ja verändert werden, weil sie im Kern schon damals, die Nazizeit hatte es bewiesen, kriminell waren. Durch die Zugewanderten wird die Bevölkerung aber eben auch kriminell, nur trivialer, womit sich das Ganze gegenseitig zumacht wie durch einen unsichtbaren Reißverschluss.

Wie unpraktisch, meinte Aronnax. Darum das kuratierte Mitspielen der Justiz. Die neuartige Kriminalität, die aufgrund der Bondage-Systeme entsteht, soll künftig schwerer wiegen als jene, die dieses System überhaupt erforderlich gemacht hat. Generalziel ist die Knebelung der Bevölkerung, um am ins Gestell eingespannten Körper die Operation vollziehen zu können, um die es Opfer und Täter tiefenpsychologisch geht, um die Generierung eines gemeinsamen Schuldkomplexes durch den ins Groteske verschobenen, inszeniert gewalttätigen Verkehr, der den Täter zum Opfer und das Opfer zum Täter macht, Schmerz aber nur der eine, Lust nur der andere empfindet. Höchste Ungerechtigkeit als Recht. *Summum ius, summa iniuria,* wie Cicero sagt.

Mit anderen Worten: Vive le Diable! Wüsste ich es nicht besser, Herr Professor, hielte ich Sie für einen ausgemachten Perversling, meinte Nemo. Doch Sie wissen es besser, lächelte Aronnax freundschaftlich, das allein zählt.

In Variation dieses Themas beschlossen wir den nämlichen Tag in Kopenhagen und besuchten abends eine Theatervorstellung.

Dritter Tag

Am nächsten Tag setzten wir die Erörterung fort, nicht weil wir Lust dazu hatten, sondern weil wir sonst nichts zu tun fanden, schließlich sind wir aufs Trockene versetzte Praktiker und Intellektuelle, denen alles zum Untersuchungsgegenstand wird, als erstes das, was sich denken und sagen lässt, woran es naturgemäß nie mangelt, sobald man erwacht.

Nachdem wir das Frühstück auf Ned Lands zum eleganten Salonschiff umgebauten Fischtrawler eingenommen hatten, der im neuerbauten Nordhafen Kopenhagens vor Anker lag, ergab sich wie von selbst das nächste Thema aus der laufenden Diskussion heraus.

Ihr weißt ja, sagte Conseil, mein Thema war die Ethik Schweitzers angesichts einer Ethik als angewandter Wissenschaft. Was Schweitzer mit seinem Mantra «Ehrfurcht vor dem Leben» gemeint haben muss, das Ende dieser Wissenschaft nämlich, verkürzt sie auf die eine, unteilbare Situation der Begegnung mit einem einzelnen Lebewesen. Ehrfurcht vor dem, was Sinnbild meiner selbst ist, nämlich eines Bewusstseins meiner selbst, das allein bin ich.

Das gilt, soweit ich sehe, unterschiedslos auch gegenüber der Amöbe. Wer keine Ehrfurcht vor seinem eigenen Sinnbild hat, und dieses ist, so unangenehm es manchem zunächst erscheinen mag, das der Amöbe, der lehnt sich selbst radikal als ein lebendes Wesen ab. Es ist ein bewusstlos begangener Selbst-Mord, und zwar einer *in effigie*. Ist Verletzung eines jeden anderen aus Unwissenheit sich selbst, seinem eigenen Wesen gegenüber.

Die Wissenschaft der Ethik, ganz zu schweigen von der Tätigkeit des sogenannten Ethikers, einer grausigen Beschäftigung, schaut man genauer hin, ist selbst eine solche fundamentale Ignoranz. Man versucht verzweifelt, oder auch verdächtig vergnügt, Handlungsmaximen angesichts der Lebenswirklichkeit auf der Basis dessen zu formulieren, was Schweitzer ehrlich und in antiker Bescheidenheit in seine einfache Formel zusammenzieht und so belässt, denn mehr ist nicht zu sagen, alles weitere ist zu fühlen und zu leben. Man errichtet eine Art HR-Departement für die vom Leben Beschäftigten in einer Firma namens «Menschheit», damit die Ignoranz situativ skaliert verkraftet werden kann, um das Insgesamt der an sich unteilbaren Ehrfurcht vor dem Leben zu schützen. Das natürlich misslingt, wie immer, wenn man eine Sache den Wichten überlässt.

Wozu du dich wohl nicht zählst, lächelte Aronnax nachsichtig. Sie finden stets den wunden Punkt, mein Herr, meinte Conseil und gab damit zu, dass er richtig eingeschätzt worden war.

Ein solches HR-Departement ist ein Unding und ein Unwesen, angeblich notwendig für ethisch bestimmtes Leben. Damit die Leute nicht übereinander herfallen, brauche es Regeln, sagt man, als wäre das das Natürlichste von der Welt, brauche es einen Wertekanon, der seinerseits auf dem aufsetze, was Schweitzer auf seine Weise und arg verkürzt mit seiner Formel ausgedrückt habe. Doch, was es wirklich braucht, meine Freunde, ist nie eine Regel, sondern eben immer nur Ehrfurcht vor dem Leben! Zu einer Regel nehmen nur die Zuflucht, die herrschen wollen. Sie errichten ein Ordnungssystem und trennen das fühlende Wesen mit dem Skalpell des Begriffs als erstes von seinem Gefühl, töten es als ein autopoietisches System also ab, in unserem Falle trennen sie es vom Gefühl der Ehrfurcht. Hernach können sie regieren nach Belieben und versuchen zusammenzusetzen, was tot ist, ein eitles Unterfangen, wie ich meine. Ganz zuvorderst aktiv dabei in diesem Seziersaal sind erstaunlicherweise heute Frauen. Denn Frauen haben ein ganz besonderes Verhältnis zu Regeln. Sie sind geradezu deren Priesterinnen in der Erziehung ihrer Kinder, und wir alle sind ihre Kinder und bleiben es.

Die Situation der Ethik ist eindeutig, fuhr Conseil fort. Sie ist skalar invariant, wie der Herr Professor wohl sagen würde. Unteilbar, atomar. Sie beruht gerade nicht auf Werten und Regeln, sondern auf der Erfahrung der Identität meiner selbst mit dem anderen, der mich vertritt, als wäre er mein Klon, und sei er eine Amöbe. Von außen gesehen Bildnis, von innen betrachtet: Sinnbild. Ethik ist die tiefste Erkenntnis meiner selbst angesichts des anderen als das, was es aktuell ist. Sobald man ins HR-Department des Zusammenlebens eintritt, begegnet man all den Hierarchien, den Heterarchien der einen, atomaren Situation, die nicht mehr auf sie reduzierbar sind, sondern auf das Konzept des Wertes, zwar nicht eines unendlichen, doch aber eines endlichen Wertes. Doch was ist denn ein Wert? Du sollst an mich glauben? Ich bin dein Banner? Wenn du mich trägst, bist du gut? Wer spricht denn da zu mir? Abgesehen von der Ethikerin.

Man begegnet hier einer Ökonomie. Angewandte Ethik ist eine Ökonomie. Das «Schweitzer-Atom» ist darin eine Währung mit dem Wert *unendlich* oder aber *null*, was billigerweise dasselbe ist. Dieses Atom erhält nun einen situativen Wert nach den Marktgesetzen jener Ökonomie. Was uns an HM erinnert, nicht wahr? Das Atom wird in jeder Transaktion neu bewertet. Zweck dieser Ökonomie ist etwas außerhalb der unteilbaren Situation, von der Schweitzer spricht, etwas Kontingentes in Bezug auf sie, was nur bedeuten kann, dass es etwas Unethisches sein muss, eine Negation jener einzigen und atomaren Situation, die getauft ist auf den Namen «Ehrfurcht vor dem Leben». Ethik als Wissenschaft oder gar als praktische Tätigkeit beruht also, soweit ich sehe, auf der Negation der Ethik zugunsten eines ökonomischen Umgangs mit den Begegnungen der Lebewesen untereinander, die im Grunde bloß wimmeln. Zugunsten eines Regulativs, einer Herrschaft also. Da möchte jemand regieren und nicht reagieren. Nicht Ehrfurcht vor dem Leben sei Ethik, sondern Ehrfurcht vor der Werteordnung aufgrund der Ehrfurcht vor dem Leben. Doch warum diese Komplexierung? Man traut dem Lebewesen nicht, unkontrolliert ehrfürchtig vor dem Leben sein zu können. Man traut ihm die Apostasie zu, will sie unterbinden, will, dass «Ehrfurcht vor dem Leben» keine Urerfahrung mehr sei oder zu sein habe, sondern *Diplom*. Man regelt das Zusammenleben der Toten. Und da befinden wir uns nun mitten unter den realen Menschen und Menschinnen, deren erstes Geschäft das Skalpellieren dessen ist, was sie zu Lebewesen macht, die Autopoiesis. Sie haben erst Spaß, wenn sie tot sind, dann erst beginnen sie mit dem Leben, das dann freilich nur noch ein Baukasten ist. «Ehrfurcht vor dem Leben» ist die Essenz der Autopoiesis, Ethik als Wissenschaft oder als Praxis sind hingegen Garagenbetriebe für blecherne Fahrzeuge. Schweitzer hat meine volle Bewunderung dafür, dass er so gesehen am Leben blieb. Merkwürdig nicht, diese Formulierung? So müssen wir es nämlich ausdrücken. Er wählte Lambarene und das Orgelspiel, nicht die Pariser Professur und die Museumsvitrine.

Mon très cher Conseil! rief an dieser Stelle sein ehemaliger Herr, Professor Aronnax, quel changement de caractère! Aus dir ist aus einem Toten ein Lebender gekrochen, wahrlich, aus einem Systematiker wurde Houdini!

Ein Phönix, lächelte Margaret und sah den ehemaligen Diener des Professors bewundernd an. Wenn ich auch nicht billigen kann, was Sie über uns Frauen gesagt haben, obschon, in der Sache, muss ich Ihnen leider zustimmen. Wenn es nicht immer diese Sache gäbe, mon Dieu!

Aronnax gestattete sich nun, die Fortführung der Conseilschen Erklärungen gleich selbst an die Hand zu nehmen: Die Ethik als Betrieb macht darum ganz dasselbe wie die Religion, nur auf eine säkulare Art und Weise, sie bestimmt, was gefälliges Leben ist, zwar gottgefälliges dort, menschengefälliges jedoch hier, lebensgefälliges insgesamt. Dass es das überhaupt braucht, führt die Religion auf die Sünde zurück, die Ethik auf die Gleichzeitigkeit vieler Leben und damit auf die Erbsünde jeder Wirklichkeit, keine bloß solipsistische zu sein, als die man sie eigentlich denken möchte. Schweitzers Urbegegnung mit dem Anderen, die ungleich grundsätzlicher ist, wird im Ethikbetrieb zur Begegnung mit der Vielheit des Anderen in – allerdings bloß angeblicher - Gleichzeitigkeit.

In der sogenannten *Open Society*, wie Freund George sie sich vorstellt, scheint nun der Atomismus der Ethik à la Schweitzer der Molekularität der Ethik als Ökonomie aber doch den Rang abzulaufen, warf Margaret ein. Den hereinströmenden Migranten sollen wir begegnen, als gebe es immer nur die unteilbare Situation der Ehrfurcht vor dem Sinnbild meiner selbst. Das sieht ganz nach dem Ethikatom Albert Schweitzers aus, nicht wahr?

Damit erhöht sich aber, unterbrach Nemo sie, die Dissipativität jenes höheren Lebewesens, des Hobbesischen Leviathans, ja gar die Dissipativität der Völker selbst. Das heißt, auf der ökonomischen Achse erhöht sich der Wert der Ursituation derart, dass er den Markt sprengt, wie es wohl eine Hyperinflation auf dem Warenmarkt bewirken müsste. Die Ökonomie kommt dadurch zum Erliegen, und dadurch wiederum zerstört sich die Ursituation selbst. *Ihre Übertreibung führt zur Selbstzerstörung.*

Das haben Sie schön gesagt, meinte Aronnax. Darum ist eine im höchsten Ausprägungsgrade ethikzentrierte Gesellschaft sehr rasch eine im höchsten Grad unethische Gesellschaft. Je kompromissloser der Einzelne obsiegt, umso unerträglicher wird er kurz darauf leiden, weil die übergeordnete Entität zerfällt, die ihm Schutz gab und ihn von ganz vielem dispensierte, und damit ist auch die ethische Ökonomie unter der Hand flöten gegangen.

Die Human Arbitrage, die wir gestern zum Mindesten skizzierten, meinte Aronnax, ökonomisiert ihrerseits den Menschen auch, jedoch bloß geldwertig. Sie ist ein neuer globaler Markt. Ethisch betrachtet ist dieser Markt, abseits seiner Geldwertigkeit, umso selbstzerstörerischer, je höher sein Handelsvolumen wird. Die Human Arbitrage zerstört jene dissipative Struktur, welche ein ethisches Handeln auf seinem Optimum aufrechterhält. Und zugleich ist sie aber doch urethisch im Sinne Schweitzers. Das ergibt Sinn, weil beides zusammengesehen ein selbstlimitierendes Ganzes, nämlich die dialektische Totalität ergibt.

Die praktische Ethik, der Ethik*betrieb*, in dem heute Frauen eine so große Rolle zu spielen scheinen, diese praktische Ethik, so wie sie sich heute für die Open Society einsetzt, steht demnach im grundlegendsten Selbstwiderspruch. Sie müsste somit also eigentlich gegen die Open Society optieren, die Schweitzer-Ethik eher für diese. Der Widerspruch in der aktuellen Ethikpraxis weist sie also als Dialektikum aus und damit als einen Tatort der Zeitgeistigkeit.

Durchaus ein Menetekel, meinte Nemo. Zeitgeistigkeit ist Nichtigkeit. Mode ist Nichtigkeit gegenüber dem Stil. Doch wo ist er, der Stil?

Aristoteles. Zeichnung des Autors, 1977

Aristoteles' größtes Verdienst liegt meines Erachtens darin, dass er als Erster aufgeklärt hat, was ein richtiger und was ein falscher Schluss ist. Dabei trennte er das Sachliche vom Formalen. Platon ging noch nicht so weit. Sein Sokrates untersucht Behauptungen zwar auch nach logischen Gesichtspunkten, deren formale Kriterien ihm aber unbewusst bleiben. Darum musste er selbst als Sophist gelten, wegen seines Erfolgs gar als jener Erzsophist, als den ihn die Athener schließlich, im Grunde sogar zu Recht, hingerichtet haben. Aristoteles ist der einzige Philosoph, bis heute, der ohne die Totalität ausgekommen ist. Darum ist er der Urwissenschaftler.

Machen wir einen Spaziergang durch den Park von Schloss Rosenborg, schlage ich an dieser Stelle meinen Freunden vor. Ändern wir den Stil, schmunzle ich, um ihn wieder zur Hand zu haben, nachdem wir ihn offenbar aus dem Auge verloren haben, wie der ehrenwerte Kapitän glaubt.

Nemo blickt mich eindringlich an. Sehr klug, mein Lieber, sehr klug, Ihre Bemerkung!

Wir begannen uns in Richtung auf die Parkanlage der Rosenborg in Bewegung zu setzen, was uns sogleich mit neuem Leben erfüllte. Wir wurden neugieriger, offener und vergnügter, liefen recht rasch durchs Quartier und langten nach wenigen Minuten an einem der Parktore an, die zu dieser Stunde offenstanden. Die wundersame Fassade der Rosenborg zeigte sich alsbald unseren Blicken und erfüllte uns mit Staunen. Ein Wassergraben trennte uns von der Burg, auf dessen dunkler Fläche zahlreiche Schwäne schwammen. Die Morgenruhe war spürbar, da zu dieser Zeit noch sehr wenig Stadtbewohner anwesend und die Rasenflächen weitgehend unbesetzt waren. Die Alleen standen leer und gewaltig im Frühlicht. Hier und dort rauschte ein Brunnen und Statuen sannen ihren bisweilen etwas zu barocken Traum. In der Ferne sahen wir den unvermeidlichen König Christian thronen, prachtvoll ausgeführt.

Aronnax vertrat nun etwa den folgenden Punkt: Gibt es irgendwer, welcher dieser neuen Supermacht gefährlich werden könnte? Die Marxisten vielleicht? Meines Erachtens gehören sie zu dieser Macht dazu, selbst, falls sie es nicht wissen sollten. Ihre Utopie einer Endzeitgesellschaft ist Teil des Kanons, ihre Projekte könnten sogar erstmalig in der Geschichte finanziert werden. Gegenüber den mörderischen und ökonomisch primitiven Zuständen, wie sie Lenin und Stalin herbeigeführt hatten, ist das ein gewaltiger Fortschritt für die Idee des Sozialismus. Die Marxisten haben in der Tat klammheimlich den Kapitalismus gekapert, ohne dass er es bemerkt hätte. Keiner von uns hätte wohl an eine solche Taktik gedacht.

Die Liberalen? fragte Conseil. Nein, mein Lieber, die sind mittendrin. Ihr Hauptpostulat der freien Verfügbarkeit von allem und jedem bleibt erfüllt.

Die Konservativen? versuchte es Margaret. Nein, auch sie gehören zu denen, die durch Opposition und Revolte am meisten zu verlieren hätten.

Die Farbigen dieser Welt? fragte sich Aronnax nun selbst. Nein, denn jene Endzeitgesellschaft unterscheidet künftig nichts mehr von nichts. Die Weißen vielleicht? Nein, sofern sie denn dazu gehören *wollen*. Andernfalls schafft man sie ab, nicht auf dem viel zu unsicheren Schlachtfeld, auch nicht in teuflischen Gasöfen, sondern im pornokratisch vorgeheizten Bett. So weit, so vergaunert, schloss der Professor.

Es gibt, wenn man es richtig bedenkt, tatsächlich nur noch den einen, den perspektivischen Feind, den man als Nazi bezeichnet, den nichtreichen, nicht transnational denkenden Weißen, den Nationalkonservativen, den auf das Leistungsprinzip sich abstützenden Traditionalisten einer klassischen, innerstaatlichen, nationalen Demokratie, sagte nun ich und übernahm den liegengelassenen Faden. Indem man all diese Feinde unserer Avantgarde mittels eines Netzes zusammenzieht zu einem Schwarm von Faschisten, kann man ihn überall auf der Welt gleichbehandeln, kann man den Faschismus weltweit als das System des Bösen unserer Zeit bezeichnen, auch dort, und vielleicht *gerade* dort, wo es historisch gesehen nie echte Nazis und Faschisten gegeben hat.

Ich will an dieser Stelle nun doch einen Traum erzählen, den ich neulich hatte, fuhr der Professor fort. Er habe geträumt, er befinde sich in einer Metropole voller verschlungener Straßen und tausender miteinander verbundener Parkhäuser, Tankstellen, Flughäfen, ein insgesamt unbeschreiblich komplexes Ganzes. Er habe im Traum seinen Wagen in einem der Parkhäuser abgestellt und sei zu Fuß nach draußen unterwegs gewesen und dabei einer jungen Frau begegnet, die hinein strebte, dennoch aber mit ihm zusammen gleichzeitig hinauswollte, wie sie ihm beim Vorbeigehen mitteilte. Sie sagte mit Angst in der Stimme, «sie» - wer das sein sollte, war nicht klar, dennoch habe er nach Art des Träumers sofort gewusst, wen sie meinte - würden «ihn» - auch das blieb unerklärt, doch ihm sei klar gewesen, dass es nur «derjenige welche» sein konnte -, sie also würden «ihn» rund um die Uhr überwachen und beständig verfolgen, um zu verhindern, dass er seine Verbrechen, seine Vergewaltigungen und Morde fortsetzen könne, für die er offenbar notorisch war. «Er», so wusste er intuitiv, ist ein junger Mann von allergrößter Gefährlichkeit und Unberechenbarkeit, voll mit taktischer Verlogenheit und asozialer Gemeinheit, aber auch mit bezirzendem Charme ausgestattet. Sie, die junge Frau im Traum, sei ihm bisher entkommen, meinte sie, zitternd vor Angst. «Er» habe nicht nur sie auf dem Kieker, er werde jede und jeden meucheln, sobald er es könne, versicherte sie. Aber offenbar hatte es da doch schon Zwischenfälle zwischen ihm und ihr gegeben, die sie unterschlug, allerdings ließ sie es durchblicken. Sie sei auf der Flucht, ihr Auto sei ihr aber jetzt unzugänglich, denn auf dem Weg dorthin würde sie zwingend «ihm» begegnen. Es zu riskieren sei reiner Selbstmord, meinte sie zu Aronnax, zu seinem Traum-Ich. Also holte er, das heißt sein Traum-Ich holte den eigenen Wagen aus dem Parkhaus und fuhr hinaus auf eine Plattform, von der es weitergehen konnte, wo er aber angehalten habe und ausstieg, um auf sie zu warten, von der er wusste, dass sie ihm nachfolgte. Und zugleich habe er gewusst, dass er sie ja auch hätte mitnehmen können bis hierher, dass er aber unerklärlicherweise an ihr vorbeigefahren sei, um nun auf sie zu warten.

Als sie nun kam, näherte sich von der anderen Seite eine bis an die Zähne bewaffnete Polizeieskorte mit Panzerwagen und Wasserwerfern. Der Konvoi traf im selben Moment bei ihm ein, wo auch «er», «derjenige welche» bei ihm eintraf, sich offensichtlich bereits in Auseinandersetzung mit anderen befindend, die vor ihm die größte Angst zeigten. Die Polizei habe versucht, die sich ergebenden Konfrontationen zu unterbinden, was ihr aber nicht richtig gelungen sei, da der Typ, angesichts seines miserablen Rufs, doch bemerkenswert frei herumlief, was ihn erstaunt habe. Zwar habe er im Traum das Gefühl gehabt, der Typ sei irgendwie *verwahrt*, aber er bewegte sich so frei, als befände er sich im Ausgang.

In dieser Situation ging es immer weiter. Schließlich habe er, das Traum-Ich des Professors, der Verkörperung des Bösen direkt gegenübergestanden, erstaunlicherweise ganz und gar angstfrei, gar mit einer morbid lustvoll erlebten Neugier ausgestattet, was ihm nun passieren würde. Die junge Frau hingegen, um derentwillen er seinen Wagen geholt hatte, hatte man inzwischen polizeilich zur Sicherheit weggebracht, wohin, habe er nicht sehen können. Und so sei er dann an dieser Stelle erwacht, in Tuchfühlung mit dem frei herumlaufenden Bösen, vor dem er jedoch keine Angst verspürt habe.

Soweit also der Traum, an den er sich gut erinnerte. Nach einigen Minuten des Nachdenkens sei ihm, noch im Bett liegend, bewusst geworden, wie bedeutungsvoll der Traum für ihn sei. Er, Aronnax habe am Vorabend, während des Einschlafens, im halbwachen Zustand Horrorgedanken gehabt, dass er moralisch derart verkommen sein könnte, dass er mitten in sich selbst einen Abgrund erblickte und erkannt habe, dass er ohne Prinzipien lebe und sich ausschließlich von seiner Trieblichkeit steuern lasse. Er habe sich gleichzeitig vorgenommen gehabt, Prinzipien zu fassen und in sein Leben zurückzubringen, aber er habe vor dem Schlaf nicht gewusst welche und wo damit anfangen. Mit der Gewissheit sei er eingeschlafen, ein himmeltrauriger Mensch zu sein, ein verkommenes Subjekt, das Gegenteil dessen, was er sich selbst im Wachzustand jeden Tag vormache. Dass er ein Hohlkopf sei, der sich selbst betrüge, war ihm in diesem Moment vollkommen einleuchtend. Nun sah er, nach dem Erwachen, dass der Traum ihm genau das vor Augen geführt hatte. Der Psychopath im Traum sei eine Instanz seiner selbst gewesen, dem sich eine andere Instanz, sein Ich, lustvoll morbid aussetzte, in hochmütiger Gewissheit, siegreich aus der Begegnung hervorgehen zu können. Jene junge Frau sei wohl sein Seelenbildnis gewesen, also wieder nur eine andere Instanz seiner selbst, das in diesem Dschungel der Metropole und der Selbstinstanzen schlicht nur habe überleben wollen. Sein Ich – das Traum-Ich und das Wach-Ich empfinde er nun als identisch - wollte diese seine eigene Seele zwar beschützen, komme aber aus einem bedeutungsschweren Grunde nicht dazu. Sie sei verschwunden, in Sicherheit gebracht worden, wohl ebenfalls «von ihm selbst», sobald er dem Bösen gegenüberstehe, das ihn fasziniere. Zwar befinde sie sich auch jetzt noch in seiner Nähe, aber er warte nicht auf sie, sondern auf den Zweikampf, den er gewinnen zu können meine, obwohl ihm die ihm selbst bekannte Vorgeschichte jenes Psychopathen, eines Teils seiner selbst, das Gegenteil nahelegen müsse.

Jetzt, erst nach längerem Nachdenken, sei ihm aufgegangen, meinte Aronnax, dass das, was er im Traum erlebt habe, nicht nur in ihm selbst stattfinde, quasi als sein eigenes Seelendrama, sondern, dass es in der Wirklichkeit der Welt täglich passiere, buchstäblich und hochpolitisch, dass er diese Welt genau als das empfinde, was in ihm selbst ablaufe. Er habe die Einsicht gewonnen, dass sein Unbewusstes, gleichsam nach draußen gekehrt, die Wirklichkeit der Menschen unserer Zeit zu erklären vermöge.

Die Realität sei gewissermaßen sein Unbewusstes. Doch wie? Eigentlich müsste doch das Gegenteil davon der Fall sein, aber das bezweifle er nun. Darum, so meinte der Professor, können wir das Unbewusste selbst nicht erfassen, weil wir immer schon in ihm – jedoch scheinbar außerhalb von uns selbst - erwacht sind! «Erwachtsein» bedeute also, sein Unbewusstes körperlich und geistig als die Wirklichkeit zu erleiden, zu erdauern, zu erfahren. Unbewusstes und Wirklichkeit seien nicht Gegensätze, sondern fundamental das Gleiche. Dazwischen liege nur der *Erregungsgradient* des Gehirns. Was wir im Traum als unsere eigene, innere Gut-Böse-Situation erfahren, sei im Wachzustand die Gut-Böse-Realität, von der wir annehmen, sie sei für alle die Gleiche, was aber falsch sein müsse.

Unser persönliches Unbewusstes werde, sobald wir erwachen – und nur dann - zum vermeintlich kollektiven Unbewussten der Menschheit und sei damit das «kalkulable Gesetz» der Welt, obschon nichts kollektiv werde und alles subjektiv verbleibe. Umgekehrt gelte das aber auch, so dass es kein individuelles Unbewusstes gebe, außer im Traum, also wiederum bloß vermeintlich, nicht aber in der Wirklichkeit. Wirklichkeit und wahrgenommene Wirklichkeit seien eins, das Objektive sei fundamental subjektiv.

An dieser Stelle ergab sich nun eine Verzweigung der Debatte, die lebhaft geführt wurde, auf Belange der Quantenmechanik, über die ich hier nicht eintreten will, weil das zu weit führte.

Sagte nicht Pindar in einer seiner Oden, der Mensch sei «eines Schattens Traum»? fragte Nemo. Mir scheint, du, lieber Aronnax, habest genau diese Erkenntnis gewonnen.

Wohl wahr! rief dieser und fuhr fort: Die Erkenntnis im Zusammenhang mit seinem Traum habe ihn dazu gebracht, mein Reden vom «Holopragma» im Rahmen der Schriften zur Konstruktionsproblematik eines Androiden viel, viel ernster zu nehmen als bisher. Damit hatte Aronnax meine eigenen Schriften angesprochen, über die ich hier nicht berichten will. Auch das würde in diesem Kontext zu weit führen. Er, Aronnax, kannte diese Schriften gut. Wenn es so ist, wie du es in deinem Buch «The Embodiment of Philosophy» dargelegt hast, mein Lieber, dass die Realität zugleich «Holopragma» sei, eine Art transraumzeitliches Hologramm, in Spiegelprozesshaftigkeit mit der Realität verbunden, dann treffe seine vorgebrachte Deutung bezüglich seines Traums und des Unbewussten zu.

Wir würden uns nicht ernsthaft genug um unser Seelenbildnis bemühen, meinte Aronnax mit Bedauern in der Stimme. Wir wollen diesem Bildnis zwar stets beistehen, tun es aber nicht effektiv genug. Im Traum habe er den Bösen notfalls selbst umbringen wollen, ein befremdlicher Widerspruch! Wie wäre das möglich, wo doch seine Bosheit in jenem Psychopathen vereinigt sei? Er würde es aber getan haben, selbst angesichts der Polizei, wenn ihn jener Typ, die Verkörperung seines eigenen Bösen, angegriffen haben würde. Es ist offenbar nicht ausgemacht, was Gut und Böse ist, meinte Aronnax, etwas, was wir gestern angesprochen hatten. Mit dem Vorsatz sei er erwacht, notfalls Böses zu tun, um das Böse zu überwinden. Das heiße doch aber auch, dass wir all das, was wir uns vornehmen, gar nicht umsetzen, und dass das, was wir nicht umsetzen, immer automatisch zur Realität wird, sobald wir erwachen. Dass wir das, was uns real begegnet, geradezu herbeigerufen haben! Zu fasziniert seien wir vom Bösen! Wir glauben, ihm gewachsen zu sein, so dass wir uns auf eine Begegnung mit ihm einlassen. Die Menschheit, so schlug Aronnax den Bogen, verspiele gerade jetzt ihr endlich entwickeltes höheres Sein zugunsten einer atavistischen, lustvollen und morbiden Begegnung mit dem Urmenschlichen. Dabei gebe sie den entwickelten Teil leichtfertig auf. Du bekämpfst im anderen, was du bist, ohne es erkennen zu können, und begehrst, was du nicht bist, und du erkennst es!

Im Traum erfährst du die Organisation deines Unbewussten. Alles im Traum bist du selbst, mit Ausnahme deines Traum-Ichs, das allein bist seltsamerweise nicht! Ausgerechnet das bist du nicht, so wie du auch dein Wach-Ich nicht bist, meinte Aronnax. Du bist vielmehr das, was den beiden Ich-Instanzen *begegnet*. Das wahre Ich steht hinter all dem, inklusive dem Traum- und dem Wach-Ich, weit zurück und *beobachtet* bloß, ohne Gefühl, ohne Exzitation und ohne Personalität. Nur es wird dein Ich-Drama, wird die Realität überleben!

Sie meinen demnach, fragte Margaret den Professor, dass Traum- und Wachwirklichkeit ein und dasselbe Drama seien, in dem wir alles zugleich sind, das, was uns widerfährt und wem es widerfährt? Dass wir vollkommen abgeschieden davon nur ein gleichsam metaphysisches Aufnahmegerät im Hintergrunde sind, etwas, dem wir nicht gewohnt sind, «Ich» zu sagen, gleichsam der in Platons Höhle angekettet Sitzende selbst? Ihm werde selbst sein Ich vorgegaukelt, ebenso wie die ganze Welt?

Liebe Margaret, sagte Aronnax bewegt, in etwa so scheint es zu sein, obwohl ich kein Platonist bin, wenigstens es nicht zu sein meinte. Doch müsste es so sein, verhält es sich so, wie ich der Struktur des Traums entnahm, und wie es Leibniz in seiner Monadologie suggerierte und unser Freund hier in seinem Werk «The Embodiment of Philosophy» bis ins Letzte ausgeführt hat, auf Leibniz und auf Whitehead verweisend, die er zur Erklärung aber nicht braucht, sie sind lediglich Brüder im Geiste.

An dieser Stelle unterbrach ich das Gespräch mit einem kurzen Exkurs zum Begriff des Unendlichen: Wenn wir sagen, etwas sei zehnmal so groß, meinen wir das als eine Erfahrung davon, egal, ob wir eine Zahl meinen oder einen Raum, ein Ding oder eine Zeit. Ohne Erfahrung gibt es buchstäblich nichts, nichts im Sinne des Parmenides. Also ist jede Endlichkeit Erfahrung. Doch jede Erfahrung erfolgt entweder augenblicklich, oder sie muss sich neu ereignen. Es gibt keine Erfahrung einer Viertelstunde, die nicht die Erfahrung des Augenblicks einer Viertelstunde ist. Also gibt es auch keine Endlichkeit. Denn der Augenblick ist nicht endlich, er ist zeitlos, raumlos, dinglos. Nichts Endliches existiert. Und so existiert auch nichts Unendliches. Das Unendliche ist das, was nicht endlich ist, der Augenblick ist nicht endlich, also wäre das Unendliche ebenfalls der Augenblick, null, das Zeitlose, Raumlose, Dinglose. Das ist die Aporie. Das Endliche ist augenblicklich, und das bedeutet im stringenten Sinn qua Erfahrung unendlich. *Das Endliche ist* meint Sein, kraft der Unendlichkeit des Augenblicks. *Etwas ist demnach nur darum alt, weil es augenblicklich alt ist. Sein ist unendliche Endlichkeit.* Weil alles an Erfahrung gebunden und diese stets bewusst ist. Es gibt nichts, ohne dass es bewusst wäre. Der Geist ist weder eine Substanz, wie manche Philosophen und alle Laien meinen, noch wäre die Materie Substanz. Geist und Materie sind jenseits ihrer Namen und ihrer Erfahrung *nichts*. Da gibt es in Wahrheit immer nur das, was ich die *Situation*, Whitehead die *Actual Entity* und Leibniz die *Monade* genannt haben. Nur *das* bedeuten diese. Hawking hat einmal sinngemäß gesagt, es gebe nichts an der Wirklichkeit, was jenseits des Bereichs des Bewusstseins liege. Ich denke, er hat damit gemeint - und hat also weitergreifend gedacht, als selbst die Quantenphysik -, was ich hier auf meine Weise ausgedrückt habe. So höchst komplex, so super einfach.

Sehr schwierig, meinte Aronnax, ich glaube nicht, dass wir es verstehen. Ich jedenfalls bin überfordert. Ich möchte dich, mein Lieber bitten, uns in einem anderen Gespräch über deine Philosophie genauer ins Bild zu setzen. Ich glaube, sie ist etwas, was alles übersteigt, was bisher gedacht worden ist. Ich bin mir sicher, dass niemand sie versteht, bis heute. Morgen reden vielleicht alle davon, darunter die Legionen von Schwätzern, die stets vorne dabei sein wollen.

Lieber Professor, auf eben diese Gefolgschaft verzichte ich unbedingt, meinte ich zu ihm, sie macht aus allem jenes ganz Falsche, was die Welt regiert. Darum bin ich sehr froh, dass meine Philosophie, wie du sie genannt hast, kaum jemand kennt. Solange sie niemand kennt, kennen auch die Falschen sie nicht, und dafür sollten wir sehr, sehr dankbar sein!

Ich möchte nun, unterbrach mich Conseil, einen Bogen schlagen von dem, was Sie, Professor aus Ihrem Traum gelesen haben und jene Philosophen offenbar dachten, zuzüglich des unsrigen hier, der sich mit Androiden beschäftigt, hin zum Kanon der aktuellen gesellschaftspolitischen Entwicklung. Man wird darüber urteilen, wie kühn dieser Bogen ausfällt. Man könnte die gesellschaftspolitische Entwicklung nämlich so zusammenfassen. Die menschliche Zivilisation soll CO_2-neutral umgebaut werden, wozu es zahlreicher Eingriffe bedarf, die traditionellerweise in Diktaturen möglich sind, nun aber in Demokratien erfolgen sollen. Wieso ist CO_2-Neutralität so wichtig? Wegen des Klimawandels? Das ist lediglich die vordergründige Behauptung. Es geht um anderes. CO_2-Neutralität ist zentral, weil sie nur durch einen Totalumbau an Haupt und Gliedern, durch den Umbau sämtlicher Lebenswirklichkeiten, durch den Beitrag aller Menschen zu erreichen ist. Jeder Einzelne muss CO_2-neutral werden, nicht nur die Gesellschaften, die Firmen und die Nationen. Es muss auf jeder Ebene derselbe Hebel angesetzt werden, um dieses Ziel zu erreichen.

Geradeso gut könnte man aber verlangen, die Menschheit müsse sündenfrei werden, meinte Conseil. Das würde bedingen, dass der Einzelne sich von der Sünde zu befreien habe, wie all die Entitäten der Gesellschaft auch. Alles, was wir besprochen haben, lässt sich mit dem Konzept der CO_2-Neutralität zusammenfassend begründen. Dieses Programm greift also nur, wenn es sich in allen Ländern durchsetzen lässt, was bedingt, dass es auch in Demokratien, unabhängig von den herrschenden Verhältnissen, stets oberstes Ziel bleibt, das heißt, wenn es zu einem Teil der Staatsverfassung gemacht wird. Bevor ich nun den Bogen schlage, den ich angekündigt habe, möchte ich die Lage anhand eines X-Posts illustrieren:

Der Klimawandel ist zur Religion geworden. Virtuelle Modelle ersetzen fortan die Realität. Reale Messdaten werden durch Adjustierung und Homogenisierung so angepasst, dass sie sich in die virtuellen Modelle einfügen. Die Prognosen dieser Modelle dürfen nur von ausgewählten Experten, die im Dienst des Klimarats IPCC stehen, gedeutet werden. Kritik an den Experten, an den Deutungen oder am IPCC selbst gelten als Ketzerei und müssen unterbunden werden. Das Leben wird der Religion unterworfen. Jeder Aspekt des Alltags, ob Heizung, Fortbewegung, Freizeit, Nahrung oder Wohnung, muss den Anforderungen der Schriften des IPCCs genügen. Die Erlösung findet nach dem Tod statt. Zukünftige Generationen werden ein in alle Ewigkeit stabiles und auf der ganzen Welt gleichzeitig für den Menschen optimales Klima erleben dürfen. Naturkatastrophen wie Hurricanes, Hochwasser und Dürren gehören der Vergangenheit an oder sind so schwach, dass sie keinen nennenswerten Schaden anrichten. Die Politik hat sich der Religion unterzuordnen. Die Erlösungsversprechung zum Klimawandel muss in die Verfassungen und Grundgesetze der einzelnen Nationen als Fundament eingefügt werden. Das Staatswesen wird gänzlich auf den Klimawandel fokussiert. Industrie, Handel und Staatsausgaben sind primär auf den Weg der Erlösung auszurichten.

Alle anderen weltlichen Aspekte und Bedürfnisse der Staatsbürger sind zweitrangig.» (@1234fit, 26.10 2024)

Gegen all das hätten nicht so viele Menschen etwas einzuwenden, meinte Conseil. Doch hat der Kanon auch zur Folge, dass der Vorgang zur Entgrenzung der Staaten und gewissermaßen zur Desidentifikation der Menschen selbst führt, die anfangen zu migrieren als nackte Subjekte im Rahmen der Human Arbitrage.

Hinzu gehört der Gedanke der *Inklusion*, dass ein jeder mitsamt allem, was er mit sich bringt, so an der Gesellschaft teilhaben können müsse, dass er sich dieser nicht anzupassen habe, vielmehr passe diese sich ihm an, damit es möglich wird. Sie leiste ihm vor und ihm entgegen. Die Teile derselben Agenda, die notwendig sind, um am Ende das Ziel der CO_2-Neutralität zu erreichen, bringen nun aber in den Staaten Teile der Bevölkerung gegen den Kanon auf, so dass es nicht genügt, die CO_2-Neutralität in der Verfassung zu verankern. Die Politik muss konkret auch stets in der Hand der Avantgardisten bleiben! Wahlen dürfen daran nichts mehr ändern können. Eine Opposition wird ausgeschlossen, sobald sie fundamental zu werden droht. Man dämonisiert sie als Faschismus und wird sie dadurch los. Aber nur so lange, als der Kanon gilt.

Wollte man das alles rückgängig machen, dann wäre es lächerlich zu verkennen, dass das nur durch die Ermordung von Hunderten von Millionen Menschen möglich wäre. Das Verbrechen par excellence! Jeder Versuch, das Rad zurückzudrehen, endet in einem Blutbad. Darum ist, nüchtern betrachtet, das Gespenst des Faschismus, das zu Kanonisierung dazugehört, berechtigt, meinte Conseil nicht ohne Bedauern in der Stimme. In der Tat würde jeder wirksame Umsturz agendapolitischer Verhältnisse einen Superfaschismus bedingen und ihn zugleich hervorrufen. Spätestens dann, wenn es um Restitution geht, und das bedeutet Remigration, Exklusion, Ende der Human Arbitrage, Ende des Doppelsinns und Ende der Alimentation von Hunderten von Millionen Menschen durch den Kapitalsozialismus. Dieser Weg ist uns letztlich versperrt. Er verbietet sich in jeder Hinsicht. Nicht allein in ethischer, auch hinsichtlich unserer Intelligenz, wie Conseil bemerkte. Darum wird jede Reaktion letztlich versanden, oder einen allgemeinen Krieg heraufbeschwören, wenn sie ernstmachen will.

Doch sei eben auch der Vorwärtsweg einer, der in einem Blutbad enden müsse, fügte er an. Es kann zum Bürgerkrieg kommen. Nicht überall, aber überall, wo es wichtig wird, die finale Ausmarchung zu tätigen. Entweder wird das jener Krieg sein, den Orwell in «1984» beschreibt, ein Krieg zwischen Großmächten mit den jeweiligen echten oder inszenierten oder von bloß propagandistisch behaupteten Terrorakten auf dem Territorium der Mächte zur Unterdrückung der eigenen Bevölkerung, oder er wird wie jener im alten Rom am Ende doch alles in die Luft jagen und neu ordnen.

Und nun der versprochene Bogen. Des Professors Traum gibt doch wieder, was in dieser kanonischen Auseinandersetzung angelegt erscheint! CO_2 steht für jenen Psychopathen im Traum, der zugleich das atmosphärische Gas ist und unser interner Hitler, ein Teil von uns, mit dem wir das ganze Spiel radikal verändern könnten. Doch können wir es nicht, ohne uns in die Luft zu jagen! Wie der Professor verwundert festgestellt hat, war er in seinem Traum offenbar willens, gegen dieses eigene Böse selbst mit Bosheit vorzugehen, was ihm unmöglich erschien. Doch liefert uns genau dieses die Realität: Wir tun es, wir eliminieren Hitler, ununterbrochen, wir umgeben ihn nicht nur mit jener Polizeieskorte mit Panzerwagen und Wasserwerfern, wir nehmen ihn direkt ins Visier und schlagen ihn k.o.

Wir sind böse gegen das Böse. Doch das widerlegt das allgültige Narrativ von der *Singularität* der Naziverbrechen, dass nämlich derjenige, der dieses Verbrechen radikal überwindet, auch radikal gut sei. Dass man mit der Überwindung des Faschismus eine gute Welt errichten könne, dass es aber darauf ankomme, dies so radikal wie möglich zu machen, weil es sonst misslinge. *Nein, es misslingt immer.* Das Böse lebt weiter! Das bedeutet, dass mit der Überwindung der Naziverbrechen nicht das Böse besiegt worden ist und immer wieder neu besiegt wird, sondern die *Wirklichkeit* selbst, die Totalität des gesamten Dramas der vermeintlichen Ich-Instanzen. Das ultimative Gute, die Exstirpation jeder Möglichkeit, dass sich das Naziverbrechen wiederholt, ist zugleich das ultimative Böse selbst, indem es die *Wirklichkeit* auflöst, doch ist sie alles, was wir haben. Im allerhöchsten Triumph über das Böse siegt demnach das Böse, nicht das Gute. Und so würde in des Professors Seele der Psychopath siegen, würde das Traum-Ich ihn zusammenhauen und außer Kraft setzen können, und erwacht, würde das Wach-Ich des Professors keine Wirklichkeit mehr erfahren, er müsste verzweifeln, müsste ins erwähnte Spaltungsirresein abrutschen, ins Verderben seiner selbst.

Nach diesen unerwarteten Ausführungen Conseils trat einen Augenblick Stille ein. Wir hatten uns auf das Mäuerchen gesetzt, das den Wassergraben um die Rosenborg umgibt. Wir versuchten zu erfassen, was Conseil eben gerade gesagt hatte.

Schließlich meinte Nemo, wie bereits gestern: La victoire du Diable! Elle est inévitable et en même temps insupportable! Was machen wir also angesichts dieser Lage? Verzweifeln wir? Fahren wir einfach fort, als wäre nichts geschehen? Mes amis! Nous nous trouvons dans une situation très délicate!

Schach dem König! rief Margaret.

Allerdings! Schloss sich ihr Aronnax an. Schachmatt. Wir sind schachmatt. Verflucht, du hast meinen Traum besser verstanden als ich, Conseil!

Nemo meinte, einfach mit dem Spiel von vorne zu beginnen, gehe nicht. Das Spiel sei an dieser Stelle zu Ende. Aber eben nicht das Leben, widersprach ihm Aronnax. Das Leben macht weiter, es wurstelt sich durch, blind. Es ist blind.

Die Amöbe, lächelte Conseil. Wir sind Amöben.

Was tun Amöben? Sie phagozytieren, meinte Aronnax, sie essen. Und genau das sollten wir jetzt tun. Gehen wir in eine Kneipe!

Jetzt, wo wir wissen, dass der Sieger über das Böse das Folgende macht und dabei das Böse weiterspinnt, fällt es uns leichter, ihn zu verstehen. Was macht der Teufel heute? Er ist hunderttausendmal raffinierter als alles, was man ihm unterstellt. Er ist Demokrat geworden, und zwar der folgende. Er fragte sich, wie man Demokratien übernimmt und dabei den Citoyen, den Wachhund, austrickst. Dabei geht er so vor:

1. Installiere eine Agenda mit einer *ungenauen* Semantik.
2. Benutze NGO dazu, um sie in die Wirklichkeit umzusetzen, jedoch mit einer ganz *spezifischen* Semantik, die in der ungenauen zwar enthalten ist, sie aber nicht abbildet.
3. Kaufe Politiker, um diese NGO zu fördern.
4. Etabliere eine Firewall gegen die Opposition. Exkommuniziere die Opposition!
5. Bezeichne die Opposition als antidemokratisch, misanthropisch und faschistisch.
6. Benutze jede Wahl und jede Abstimmung, egal, wie sie ausgehen mögen dazu, die kanonische Politik zu befördern. Das geht wie durch Butter, weil die Opposition ausgeschaltet ist.
7. Konzentriere die Marktmacht auf eine Handvoll Monopolisten. Reguliere eisern, damit keine neue Marktmacht hinzukommen kann.
8. Kontrolliere die Monopolisten vollständig.

Die Regierung ist an die Verfassung und an das Gesetz gebunden. Sie kann nicht tun, was sie gerne möchte. Doch über die regierungsexterne Welt der NGO kann all das getan werden, was Regierungen nicht selbst tun dürfen. Lasse also die NGO all das tun, was den Bürger lenkt und beschränkt, was einer Demokratie nicht ansteht! So kannst du trotz des Zensurverbots zensurieren und eine an sich nicht zwingend kanonisch-linke Regierung mit linken Pfoten und Klauen bestücken, die nicht zur Regierung zählen und diese nicht widerlegen können. Wickle alles, was der Bürger zu fassen kriegt, in ein mit KI ausgestattetes Objektsurrogat ein. Trainiere diese KI so, wie du es haben willst, im Einklang mit linken Theorien von dem, was sich in dieser Welt abspiele. Damit bekommst du einen garantiert kanonischen Faktencheck rund um alles, was der Bürger überhaupt adressieren könnte, eine quasi objektorientierte, kanonische Realitätsbeschränkung. Vergib an jeden Menschen einen Identifier, verbinde alle Systeme damit. Finde heraus, wen du fördern, wen du frustrieren musst, um dich auf immer im Sattel zu halten. Oberstes Ziel bleibe stets der Ausschluss der Nazis, die Elimination des projizierten Bösen aus dem Spiel. Das gelingt, wie man sieht, es ist möglich, die Demokratie nazifrei zu erhalten, aber man benötigt dazu die beschriebenen, sagen wir Machenschaften, ein besseres Wort dafür fällt uns nicht ein. Die Demokratie wird zur Regierungsform einer Meinungselite, die endgültig erfasst zu haben glaubt, was Sache ist. Gewissermaßen ist es das von Fukuyama beschworene Ende der Geschichte. Die Dystopie kann beginnen, denn nach dem Ende der Geschichte beginnt die Dystopie. Was sonst? Gewiss nicht das Nirwana.

Der Sieg über den Nazismus bedeutet somit nichts, resümierte Nemo, zugleich erstaunt und resigniert. Er ist aber auch kein Sieg eines Nazismus in anderem Gewande. Was ist er dann?

Erinnern wir uns an die sogenannte «linke Infektiologie», antwortete ihm Aronnax. Hier haben wir die Erklärung, was dieser Sieg bedeutet, nämlich Auflösung. *Das Kerngeschäft.* Man hat uns beigebracht, dass der Gipfel des Bösen der Mord sei, das industrielle Morden, und man hat damit aus den Augen verloren, dass der Mord die mindere, nicht die stärkere Form der *Auflösung* ist. Ohne jeden Zweifel ist das Morden das Böse in Aktion und gehört verdammt. Aber nicht um einer allgemeinen Auflösung willen, die am Ende alles löscht.

Es zeigt sich, wenn ich Sie richtig interpretiere, unterbrach ich ihn, dass noch etwas fehlt. Man kann nicht das Morden mit der allgemeinen Auflösung bekämpfen, es braucht ein Weiteres. Ich selbst wüsste es nicht zu benennen, das gebe ich freimütig zu.

Es ist das *Maß*, mein Lieber, das Maß, an das uns die heilige Inschrift am delphischen Tempel, bevor ihn die Christen schlossen vor über tausendfünfhundert Jahren, gemahnt haben wollte: Alles mit Maß! Nur mit Maß sind die Dinge. Ohne Maß ist nichts zu halten. Es zerfällt, zerrinnt.

Das verblüfft mich, erwidere ich dem Professor, ich hätte selbst darauf kommen müssen! Jenes Dritte ist keine Entität, es ist eine Zahl gleichsam. Ein Maß. Wie finden wir es?

Gar nicht, sagte Aronnax, gar nicht. Das Maß gab und gibt *Apollon* den Sterblichen.

Dann können wir lange warten! meinte ich zu ihm. Dieser Gott ist tot. Oder finden Sie nicht, dass dies gewiss ist?

Die Aufklärer des Achtzehnten Jahrhunderts haben ihn zur Entität erhoben und sie Vernunft genannt. In ihr lebte er fort, sein Tempel befand sich in den Köpfen und Herzen und ihm Bauch, dort triangulierte Apollon den Geist des neuzeitlichen Menschen aus. Und Sie wollen wohl sagen, dass Marx und Engels dem ein Ende bereitet haben, Professor, nicht wahr, indem sie die Vernunft der Dialektik opferten, die sie auf die materialistischen Füße gestellt haben? Aronnax blickte mich an und sagte: Vielleicht haben Sie Recht, und es *waren* Marx und Engels. Doch *heute* sind es Hinz und Kunz. Das ist die Verwahrlosung, die in all dem steckt. Nicht einmal mehr der Bourgeois weiß, wer er ist! Apollons Tempel liegt in Trümmern, seine Völker sind ausgerottet, seine Wiedererwecker im Achtzehnten Jahrhundert überwunden, und das Bewusstsein für den ganzen Vorgang ist erloschen.

Sie glauben doch nicht im Ernst, meinte Nemo, dass unsere Lage hoffnungslos ist? Doch, das scheint sie zu sein, erwiderte Aronnax, und eigentlich gaben Sie, Nemo, den Weg an, den wir alle nehmen sollten, den Weg der *Nautilus*, den Pfad weg von der Menschheit ins Reich des Lebens unter Wasser. Man ist versucht, heute vom Flug zu anderen Planeten zu sprechen, doch ist das nicht dasselbe, denn nirgendwo sonst, wo wir hinfliegen können, herrscht etwas anderes als Tod. Der Tod ist zu unserem

Schicksal geworden, meine Herren und Sie, liebe Margaret! Doch diese erwiderte ihm, sie sei keine Pessimistin, sie wolle leben!

Dann tauchen Sie ein ins linke Leben, Margaret, sagte ich zu ihr. Doch Linke sind Lenker. Sie zwingen die Bürger zu etwas, wie die Mütter, bevor eine Debatte stattfindet. Durch Beschränken des freien Spielraums. Der freie Spielraum ist die Urangst der Mütter. Nichts darf im freien Spielraum geschehen, dieser Raum muss a priori eingehegt sein. Die Einengung aus Urangst vor dem großen Draußen tritt auf als die Moral, als die Ethik, als ideologische Indexierung der Phänomene und von deren sprachlicher Präsenz.

Wenn man also die Welt beherrschen will, bevor man dazu gezwungen ist, eine eigentliche Herrschaft aufzurichten, dann hole die Mütter, die Frauen und die neurotischen Männer ins Boot! Sieh zu, dass du gleichzeitig den starken Männern den Raum draußen vor der Tür weisest, jenseits von Tür und Mauer, und mache dem Kind ein schlechtes Gewissen gegenüber seiner Mutter! Du kannst es auch existenziell verunsichern, indem du es viel zu früh vor die Tür stellst, damit es neurotisiert wird, weil es mit dem zu früh gegebenen freien Spielraum nicht umgehen kann und vor Angst für den Rest seines Lebens in Permanenz stirbt. Verhindere gleichzeitig, dass der starke Mann dem verängstigten Kind hilft. So erschaffst du dir deine künftigen Untertanen am einfachsten.

Das klingt grässlich, mein Lieber, meinte die Angesprochene zu mir. Ich hoffe nicht, dass Sie das glauben. Glauben tue ich es nicht, lachte ich, ich weiß es! Ich sehe es täglich in der Praxis. Natürlich ist es nicht die ganze Wahrheit, aber eine Wahrheit ist es, und zwar eine ganz wesentliche, den Lebensproblemen nach zu urteilen, mit denen man mich überhäuft, nach dem offensichtlichen Vater rufend, dass er es richten möge, freilich ohne zu verletzen, was die Frauen nicht gewohnt sind.

Das bringt mich zurück zum Thema. Heute ist der Sieg der Linken derart komplett, dass sie ihn selbst nicht mehr erkennen, weil er einfach omnipräsent ist! Sie bekommen nun Angst davor, dass der verbannte Mann, dass der «Psychopath», zurückkehren könnte, um zu eröffnen, dass das selbstgebaute Gefängnis der Frau nicht die ganze Realität ist. Die Frauen identifizieren jenen Mann, der zurückkehren könnte, mit ganz anderen Strömungen, jenen des Faschismus. Sie gehen juristisch dagegen vor, weil sie sich selbst jede Debatte verbaut haben. Diese Anlage hat quasireligiösen Charakter. Dort draußen ist Sünde, ist der Teufel, hier drinnen ist Zucht und ist Gottes Wohlgefallen! Verfallt der Sünde nicht und nicht ewiger Verdammnis! All das droht freilich nur in dieser seltsamen Anlage. Entfällt sie, zeigt sich, dass eine gewisse Lebensuntüchtigkeit angesichts der gesamten, der unbegrenzten Realität dahintersteckt.

Die Linken wollen Geld für alles zur Verfügung stellen, was ihre Ideologie vorschreibt. Sie kaufen jetzt den Sozialismus ein mit dem Kapital der anderen und ergänzen

dieses, weil es inzwischen zu wenig ist, mit ex nihilo pro-
duziertem Geld, das dann wieder zur Schuld derer wird,
die es heute nicht zur Verfügung stellen können, den
Steuerzahlern. Ohne sie geht es nicht. Die Geldruckerei
bedeutet, dass der Steuerzahler den Wert später nachzu-
leisten habe, was er jedoch nicht können wird, weshalb
die Inflation mit der Geldentwertung das Geschäft auf
ihre Weise erledigt, freilich ohne dass dadurch Werte wie-
derhergestellt würden.

Das bringt uns zur Einsicht, dass die Linke in keiner Weise
an der allgemeinen Wohlfahrt interessiert ist, dass sie die
allgemeine Verschuldung nur dazu benutzt, um die Möglichkeiten der Reaktion auszuschalten. Entweder muss
dann von Null auf wieder neu begonnen werden, oder
aber der Schritt in den Kommunismus steht an. Vor dieser
Wahl stand man vor hundert Jahren schon, und vor ihr
steht man nun wieder. Damals rief sie den Faschismus auf
den Plan, heute seine Verhinderung.

Ich erinnere uns an die folgende Wahrheit, die ich selbst
vor einiger Zeit zusammengetragen habe. Ich lese vor:

The size of the fiscal apparatus is the true tax burden. Reduce
this apparatus and the tax burden falls, the citizen keeps more
money, becomes more economically powerful, which stimula-
tes the economy, which in turn increases the income of others.
In the end, what remains is that residual poverty that always
exists. It is the result of a fundamental deficiency in adjusting
one's own reality to one's own demands without being subsidized. Socialism wants to provide this subsidy, and this sets in
motion the counter-process that more and more people are ref-
raining from adjusting their reality fully to their demands (in

both directions). This bloats the state, the tax burden increases, a vicious circle. The whole thing has something to do with the fact that modern man has stopped putting individual reality above demands, as was always the case under church leadership, that he has fallen into the delusion that individual demands can always be met, if not through personal effort, then through solidarity. It is a fundamentally immodest and vain age. Modern man has been spoiled by the infinite creative power of white man up to the time of Marx and considers this to be an economic constant that is like a quasi-law of nature. It is also an age of fundamental psychological ignorance because it does not recognize the negative performance cycle of expanding subsidies, which is largely psychological. It is an age of infantile superstition that in the end, if everything is subsidized, the economic laws will be suspended but innovation will continue. Against this background, liberalism and socialism appear as the two asymptotic functions that must keep each other in check because one thing is missing in the world today: a philosophy of personal humility and sincerity that prevents expectations from governing reality. Religion is missing in its most important function. It was not replaced by something secular, but gave way to the two antagonistic functions, with the result that a permanent civil war is simmering, a permanent expropriation is taking place and a permanent redistribution into a bottomless pit. This is why the vacancy left by religion was first filled by nationalism, then by fascism. After that, the vacancy remained open and the antagonisms began to ignite and wear each other down in constant struggle, until the vacancy was filled again by climate religion, which is the reason for its central position, but it is a weak and purely technical occupation.

Unweit der Rosenborg befindet sich ein wunderbares Kunstmuseum.

Auf unserem Gang zurück in die Stadt entschlossen wir uns, dort einzutreten und uns darin umzusehen. Angezogen haben uns besonders die unvergleichlichen Bilder der europäischen Landschaftsromantik des späten Achtzehnten und frühen Neunzehnten Jahrhunderts, darunter vieler dänischer Artisten. In welch großartiger Szenerie man damals glaubte zu leben! Gewaltige Prospekte auf fernste Horizonte hin angelegt wie von Gottes eigener Hand, ossianische Gebirge darin und ärmliche Hütten, ruinierte Paläste aus längst vergangener Zeit, Säulenstümpfe und Waldmoore, Quellen, weidende Tiere unter einem riesenhaften Himmel und verstreut und verloren wirkende Menschengruppen und einsame Wanderer. Der Mensch als Randbestand, als Nebensache in einer schier unendlichen Landschaft und deren sinnerfüllter Einsamkeit. Der Mensch als demütig gewordener Parasit an seiner eigenen Vergänglichkeit, ein Wanderer, ein Hirte, eine schöne Jungfrau, ein einsamer Reiter. Und nirgends ist Böses. Nichts deutet auf den kommenden allgemeinen Narzissmus dieser biologischen Art hin, sich für das Zentrum von allem zu halten und alles in eine Müllhalde verwandeln zu dürfen aufgrund seiner gewaltigen Majestät, dem leeren Gehirn und den geschwollenen Geschlechtsteilen, Säfte absondernd, nach Wollust und Reproduktion schreiend, damit das Nichts noch grösser werde, der Müll noch unvermeidlicher, der Mensch und sein Beziehungs- und Bettgeflüster noch unentrinnbarer das sei, was zähle in Ewigkeit. Nichts deutet angesichts dieser Landschaftsromantik auf den modernen Menschen hin. Niemand ruft ihn, niemand vermisst ihn, schon gar nicht die Natur. Da fehlt dieser eitle Gestus des Modernen, alles zu brechen, in sich selbst zu hinterfragen, als gäbe es eine andere Wirklichkeit, doch hervorlugen tut immer nur ein erigiertes Glied, eine feuchtgewordene Geschlechtsöffnung, als wolle das Totenreich ins Leben kommen. Jeder will vor anderer Kulisse leben, nur nicht vor der, die sich hinter ihm erhebt. Jeder ist das Zentrum der Welt, und sein Verbrechen an der Welt sei darum keines. Jeder sei die Ausnahme und das Maß in zerfallenen, kriminellen Straßen voller Unrat und Lüge, Untüchtigkeit und Faulheit. All das war auf jenen großen Bildflächen nicht zu sehen, stattdessen die Natur, die Natur der Natur und jene des Menschen angesichts seiner Kleinheit. Die Prospekte erinnerten an Island und Schottland, an Ossian, an die Goethezeit und die goethesche Auffassung, ans Klassische allenthalben, und meine Seele lief, die Bilder betrachtend, bis hinunter nach der «hochheiligen Stadt Athen», wie Sophokles, glaube ich mich zu erinnern, ausgerufen hat im *Aias*.

Kafka soll man, folgt man Max Brod, und das sollten wir wohl, andersherum lesen, als wir es gewohnt sind. Kafkas Romanhelden werden, nehmen wir ihn ernst, von jenen uns anonym erscheinenden Instanzen der Macht *zu Recht* verdächtigt, angeklagt und gerichtet. Dieser Vorgang sei, meint Brod, alles andere als absurd. Die heute übliche Sicht der Dinge, Kafka beschreibe die Absurdität des modernen Menschen, ist also vermutlich ganz verkehrt. Das von ihm beschriebene Drama erweist sich als die Conditio Humana Moderna, dass der Einzelne nämlich, anstatt zu lieben und im Ganzen, im Anderen aufzugehen, in sich selbst aufgeht und sich damit radikal isoliert. Für die Welt wird er dadurch unverständlich, weshalb sie auch für ihn unverständlich bleibt. Eine überraschend aktuelle Sicht, wie ich meine.

Die Lieblosigkeit der eigenen Person ist demnach die erdrückende Schuld, um die es Kafkas Figuren geht. *Sie* macht den Landvermesser K. für das Schloss unverständlich - und dieses für ihn natürlich ebenso. Die vollständige Abtrennung der Person von ihrer Kulisse – wozu eben die anderen gehören, die weit mehr wären als eine Kulisse - ist die Katastrophe schlechthin, wenn wir es richtig interpretieren. Prozess und Verurteilung sind der verdeckte Heilsprozess, nicht der absurde Prozess einer erklärungsbefreiten Vernichtung!

Kafka lehnte sich gegen die Oberflächlichkeit der Beziehungen und das Maschinenhafte der Rationalität der Menschen konsequent auf, die untereinander eine zweite Naturordnung errichtet haben, die ebenso lieblos und tödlich ist wie die erste, eine Ordnung, in der das gnadenlose Ping-Pong-Spiel den verschmelzenden Kuss ersetzt.

Die vermeintlich absurden Instanzen des Schlosses oder des Gerichts unter Prags Dächern erscheinen uns nur darum derart widersinnig, weil wir als Leser eben genau so ticken wie Kafkas Protagonisten. Wir identifizieren uns selbst mit der Hauptfigur, die nicht weiß, wie ihr geschieht. Wir haben den Kontakt zum Ganzen wie sie verloren, dessen Machenschaften uns jetzt absurd erscheinen.

Kafka, der Autor, fand den Sinn in der Vereinzelung also nicht wie wir, die wir ihn – freilich vergeblich, wie Kafkas Helden - darin suchen, er fand ihn in jener nie erlebten Verschmelzung, die er und seine Figuren nicht vollstrecken können, außer über die gute Tat, die dann auch wirklich eine wäre, gäbe es sie. Indem man sie sich jedoch stets aufspart, isoliert man sich immer mehr, bis man, am Ende sinnlos geworden, erlöscht und Pfaffen hohle Worte über einem Grabe murmeln, die uns etwas anderes sagen sollten, wären sie echt, für das wir aber nicht mehr empfänglich sind.

Die Verwandlung in ein Insekt, eine der berühmtesten Bilder Kafkas, beschreibt diesen Vorgang derart, dass man insgesamt zu etwas wird, was mit der menschlichen Gemeinschaft nicht mehr kommunizieren kann und umgekehrt. Was dem Oberflächlichen daran absurd oder urkomisch anmutet, ist in Wahrheit höchst tragisch, nicht weil es ihn buchstäblich verwandelt, sondert weil es umgekehrt erst enthüllt, dass er schon lange jener Käfer *ist*, als den er sich erst dann entdeckt, wenn er es an sich bemerkt, was freilich die allerwenigsten tun. Die beschriebene Wandlung ist der Erkenntnisprozess selbst, ist der innere Vorgang, der bereits abgelaufen ist, bis man sich die eigene Verwandlung selbst erklärt hat. Erkenntnis als die Verwandlung in das, was man bereits ist, ist eine Spiegelung.

Absurd ist also nicht, was vorgeht, absurd ist nur, dass wir es verkehrt herum lesen. Damit sind wir mit Kafkas Figuren identifiziert in unübersteiglicher Maßlosigkeit. Was uns nun absurd erscheint, ist die Sinnhaftigkeit der Verhältnisse! Wir verkennen sie, weil wir am absoluten Selbst festhalten, welches diese Verhältnisse, unter denen es zu Tode leidet, ja erst hervorbringt. Eine losgelöste, im Wortsinn *absolute* Individualität ist die Ursache dieser Absurdität, und nicht, wie wir immer glauben, das Bestreben der Welt, uns diese vorzuwerfen! Der Prozess, der Vorwurf an uns, sind in höchstem Maß berechtigt.

Es gelang Kafka offenbar nicht, geradeheraus darüber zu sprechen. Er musste dieses Leiden als einen Weg beschreiben, wissend, dass der Weg auch die Schwäche schonungslos offenlegt, die in ihm steckt. Denn das Ziel müsste doch sein, das in uns unzerstörbare, das inerte, das beobachtende Ich zu entdecken, welches immer schon «da» ist. Davon sprachen wir eben noch im Park der Rosenborg. Dieser Weg - bei Kafka ist es die Romangeschichte - zeugt davon, dass ich mich irre und nicht, dass ich erkannt habe, auf das Richtige hin unterwegs zu sein. Gerade das nicht!

Der Weg ist *nicht* das Ziel. Der Weg ist eine Odyssee, und diese ist eben gerade *keine* Heimreise nach Ithaka! Doch waren die Reisen des Listenreichen gewaltige Abenteuer, sie waren immer auch ein Kinderspiel für Erwachsene. Kafkas Wege sind dagegen Verwandlungen in das, was er immer schon gewesen ist, um den Preis der Erkenntnis, von der Welt zu Recht dafür verurteilt zu sein. Odysseus, als Erzählung von Kafka neu ins Werk gesetzt, würde auf diese Weise erfahren, was er immer schon war, nämlich ein Monstrum, das zu Hause, im Palast, zu Recht verspottet wird und dort als bereits zum Tode verurteilt gilt.

Stattdessen tötet Odysseus nun aber die, die ihn durchschaut haben, noch bevor sie seiner ansichtig werden. Er kommt ihnen zuvor und schlägt damit die einzige Wahrheit ab, die ihm zukommt. Nach dem Massenmord ist er aber nicht etwa endlich bei sich zu Hause ganz angekommen, wie Homer es uns weismachen will. Odysseus ist durch die Tat, die er beging, erneut abgeschieden nur ganz sich selbst und wird bestenfalls bewundert, für gewöhnlich aber zutiefst gefürchtet, ja befürchtet, als wäre er, was er ist: *der Tod.*

Übrigens nannte sich Odysseus bekanntlich Niemand, Nemo, gegenüber dem Riesen Polyphem, um ihn zu täuschen. Betrachten wir aber, welchen Ausdruck der König von Ithaka gebraucht hat, sehen wir, dass er nicht so kühn war, wie wir ihn uns denken, wenn wir des Altgriechischen nicht mächtig sind. Er nannte sich *Outis*, was Niemand bedeutet, doch *Outis* klingt wie ein undeutlich ausgesprochenes *Odysseus*, vielleicht auch so, wie man Odysseus im ithakischen Volksdialekt ausgesprochen haben mochte. Odysseus hätte somit nicht gewagt, den Riesen frech zu täuschen mit einem Namen, der Niemand bedeutet, was später dazu beiträgt, Odysseus zu retten. Er hätte sich also lediglich undeutlich und vielleicht auch vulgär ausgedrückt, darauf spekulierend, dass Polyphem darauf hereinfällt. Das tat er dann auch und merkte nicht, als er den anderen Riesen den Namen *Outis* zurief, dessen Bedeutung. Odysseus wird wohl gedacht haben, der Riese habe in der Höhle seinen Namen bereits mitbekommen, wenn er den Gesprächen der Gefährten gefolgt sein sollte, so dass er nun keinen sehr anders klingenden nennen konnte, um den Riesen nicht für allzu blöd zu verkaufen, was nur unsägliche Wut bei diesem hervorgerufen hätte. Die List des Odysseus sieht etwas anders aus, wenn man das in Rechnung stellt.

Kafka muss nun also große Sehnsucht nach der Verschmelzung mit dem Ganzen gehabt haben, einen starken *Mutterkomplex*. Er erlag nicht den üblichen Irrlösungen wahlloser Sexualität, sondern blieb wie erstarrt angesichts der Offenbarung, durch keine andere Anstrengung ins Ganze zurückkehren zu können als durch die Aufgabe seiner «Junggesellennatur» und damit all dessen, was ihn als Einzelnen ausmacht.

Doch konnte er so nicht zurück, denn niemand entleibt sich auf eine solche Weise. Es blieb die gute Tat als Nabelschnur anstelle der Rückverschmelzung mit dem einen Leib. Doch ereignete sie sich ihm? Genügte sie? Oder wurde er abgewiesen, als zum Zeichen, dass er nicht himmelsfähig war? Seine ganze Figur bleibt somit höchst traurig im Nirgendwo hängen. Ist das die innere Bedingung des Menschen in der Arbitrage?

Unser heutiges, «wokes» Gutmenschentum ist wie das schrille Echo dieser Tragödie, und es ist noch wirkungsloser als diese. Am Ende wird auch uns alles zerstört sein, weil niemand zurückkann und Nabelschnüre nachgeburtlich nicht mehr funktionieren. Weil gute Taten dann keine mehr sind, ist man erst einmal «der Einzelne» geworden, Inbegriff der modernen Existenz und von allem, was der Woke postmodern vom Leben will.

Aronnax unterbrach mich nun mit einem gewichtigen, anderen Thema: Gibt es Dekadenz? Sehen wir uns an, was Dekadenz wäre, gäbe es sie tatsächlich! Soweit ich sehen kann, sind für Dekadenz drei Entkopplungen nötig:

(1) Entkopplung von Leistung und Belohnung durch ihre Früchte
(2) Entkopplung von Begabung und sozialer Auswirkung
(3) Entkopplung von sozialem Stand und Lebenswirklichkeit

Das bedeutet, fuhr der Professor fort, Außerkraftsetzung von Steuerkreisen, die sicherstellen, dass Bestehendes nur in Ausnahmefällen verändert werden kann und es dazu herausragender Leistung und größerer Begabung bedarf. Es bedeutet, dass Frustration nicht mehr bedingungslos ausgehalten werden muss. Es bedeutet, dass das Selbstbild des Einzelnen keiner objektiven Bewährungsprobe mehr ausgesetzt werden muss, um gültig zu sein. Das wiederum bedeutet, dass Narzissmus und Subjektivität zur Normalität werden. Und das bedeutet eine gewisse Atomisierung der Gesellschaft und die Transformation der Gesellschaftsorgane zu Instanzen von Therapie und Inklusion. Das aber ist Abnahme an Souveränität und an Freiheit des Einzelnen zugunsten seiner Rückführung in ein pseudofamiliäres Abhängigkeitsverhältnis innerhalb des Gesellschaftlichen. Das wiederum bedeutet eine Zunahme mutterkomplexhafter Denk- und Verhaltensweisen. Das bedeutet seinerseits ein neues strukturelles Matriarchat. Dieses bedeutet Expulsion der eigenen und Intrusion fremder Männlichkeit. Das bedeutet

Untergang der dergestalt dekadent gewordenen Gesellschaft und Umwandlung in eine neue Urgesellschaft. Das
schließlich bedeutet jahrhundertelange Unterwerfung
unter fremdes Schicksal. Es bedeutet Totalausverkauf
der alten Kulturwelt. Darauf folgen Jahrhunderte der
geistigen Finsternis. Was wiederum bedeutet, dass es irgendwann wieder eine Renaissance geben könnte. Doch
sie hängt davon ab, wie die Hardware jener Bevölkerung
dann realiter beschaffen sein wird. Die Chance, dass sie
favorabel ist, liegt wohl systematisch unterhalb der Zu-
fallswahrscheinlichkeit. Die Chance, dass diese Gesellschaft fortan stets im Machtbereich anderer Kulturen
Verfügungsmasse bleibt, dürfte also immer überwiegen.
Dekadenz ist somit statistisch gesehen die Einbahnstraße
nach unten.

Das ist der Alptraum jedes Orthodoxen, erwiderte ihm
Conseil. Die Ursünde der so beschriebenen Dekadenz
scheint darin zu liegen, dass Steuerkreise außer Kraft gesetzt werden, die für die Hinaufentwicklung unerlässlich
sind. Dass man glaubt, künftig gälten sie nicht mehr als
unerlässlich, es würde nun das Produkt der Entwicklung
selbst zum Motor seiner Fortsetzung werden. Dahinter
steckt die Idee, dass sich die Zivilisation inzwischen zu einem Lebewesen entwickelt habe, zu einem neuen Leviathan – oder einem neuen Behemoth, wenn einem das lieber ist -, der unabhängig von den Menschen in sich die
Kraft trage, Neues zu generieren. Darin wiederum steckt
eine tiefgreifende Entwertung des Menschlichen, bei
gleichzeitiger Vergottung des Menschen. Der Mensch
wird am Ende zum Klienten seines Automaten, zu dem er

die Zivilisation gemacht hat. Abhängigkeits- und Macht-verhältnis stehen fortan auf dem Kopf.

Conseil fuhr gleich mit einer unerwarteten Wendung fort, die uns erstaunte, dass es nämlich vor dem genannten Hintergrund zwei Interpretationen, zwei Exegesen des queeren Abendmahls von Paris anlässlich der Olympiade von 2024 geben müsse:

(1) „Seht her, das ist die Realität derer, die unter euch Kapitalisten Christentum heucheln! Ihr seid eine Bande perverser Säcke, die auf dem Buckel des Weltproletariats prassen und huren!"

(2) „Seht her, wir sind die Gemeinschaft der/des Erlö-senden! Wir, die Queeren, die Dicken und die Diskri-minierten! Jemand von uns wird mich schon bald verraten, und man wird mich ans Kreuz der Welt na-geln!"

Die korrekte Klassifikation laute, so Conseil:

Nr (1) wäre der Sinn der Szene, wie ihn die Linke vor fünfzig Jahren verstanden haben wollte.

Nr (2) ist das, was die Linke heute damit ausgesagt ha-ben will.

Olympia steht als idealtypisch-bürgerliche Inszenierung diesem Abendmahl zuvorderst selbst im Weg und muss die Show ertragen, will es nicht moralisch verdammt sein. Womit hat das nun alles zu tun? Mit rasendem Narziss-mus und mit Dekadenz! Merke, rief Conseil: Es braucht eine Katastrophe! Dieser Satz erfasst nun die Essenz der

Tragödie, in die wir unsere vermeintlich auf immer gesicherte, olympische Welt getrieben haben, die Welt unserer Vorfahren, ich vermute, aus purer Lageweile und dem touristischen Grundgefühl heraus, es brauche etwas Exotismus im Leben von uns Satten und Sauberen. Und siehe da, die Tragödie beginnt! Sie wird enden wie eine solche, mit Mord nämlich, Totschlag, Vergewaltigung und allgemeiner Teufelei. Danach will es dann wieder keiner gewesen sein. Alle exkulpieren sich. Man habe sie bloß nicht richtig verstanden.

Es ist ein tiefempfundener, kultureller Herostratismus, der uns seit Jahren mächtig vorantreibt, ein Drang nach Umgestaltung durch Zersetzung und des Berühmtwerdens durch die Negation dessen, was in Jahrhunderten aufgebaut worden ist. Dahinter steckt neben einer Sublimationsschwäche in Bezug auf libidinöse Grundbedürfnisse ein eklatanter, seit dem Ende der Antike nie wieder gesellschaftlich wirksam gewordener, wohl generischer Begabungsmangel. Wir degenerieren.

Nun, vielleicht hat es ihn in den letzten zwei Jahrzehnten vor den Revolutionen des Achtzehnten Jahrhunderts in der Aristokratie und im zwischen falscher Anbiederung und ebenso falscher Selbsterhöhung zerrissenen Kleinbürgertum eines Robespierre eine kurze Zeit lang schon einmal gegeben, diesen Zustand der Degeneration.

Heute sind nun aber Leute an der Macht, am Katheder, vor der Kamera, die sich schlicht und einfach überheben. Männchen und Weibchen, paarungsbereit, aber fortpflanzungsunwillig, selbstgeil und postmodern gebildet, wie diese «Expertinnen» und «Experten», von denen heute dauernd die Rede ist, die Journalistinnen und Journalisten der Legacy Media, die Personalien grüner, woker und klimaaktivistischer Politik, die jetzt auch noch als Kriegsgurgeln auftreten, weil sie schlicht keinen Begriff mehr von der Realität haben. Gepolsterte Existenzen, die sich gegenseitig selbst bestätigen und einander Orden an die Brust heften für nichts als wohltemperierte Einbildung. Ein Mangel an Bildung, an Respekt vor dem Wohlgefügten, eine gedankenlose Schicksalslosigkeit, als spielten wir nun jene Götter endlich selbst, an die wir schon lange nicht mehr glauben.

Also sollten wir uns der Ansicht befleißigen, fragte Ned Land, dass es Dekadenz nun doch nicht mehr gibt? Denn sie wurde inzwischen zur Bedingung des neuen Zeitalters, des Zeitalters der Human Arbitrage, wie wir es genannt haben. Das wäre doch, würde ich behaupten, eine gute Botschaft!

Du hast recht, Ned, es *ist* auch eine gute Botschaft, stimmte ihm Conseil zu.

Inzwischen standen wir vor der Brasserie Victor, in die wir, hungrig geworden, eintraten. Der Kellner, der mich schon oft bedient hatte, begrüßte mich über den Tresen als den «Herrn Kommissar» und summte danach Falcos Lied. Er hatte es sich zur Angewohnheit gemacht, mich mit dem Kommissar aus diesem Lied zu identifizieren, kein schmeichelhafter Befund, aber auch nicht ganz abwegig, auf jeden Fall amüsant, und das ist das Wichtigste im Leben.

Wir hatten, sagte Margaret, nachdem wir bei unserem Falco bestellt hatten, neulich diskutiert, ob es Trump noch einmal schaffen könne. Ned sagte, Trump sei ein einmaliges Phänomen, das man auf keinen Fall in der Art der Legacy Medien unterschätzen dürfe. Kannst du das nochmals aufgreifen, Ned?

Daraufhin Ned: Ich bin ja seit Jahrzehnten Teil der Medienwelt und habe sehr lange in London gearbeitet, ehe ich mich zur Ruhe gesetzt habe. Ich kenne die Welt der Legacy Media aus Erfahrung. Das Traurige an dieser Welt ist, dass hier ein Paar Eigentümer, die Tycoons, und ihre Chefredaktoren den Diskurs bestimmen, bis hinunter zum Reporter. Wer nicht auf Linie ist, hat es schwer und gibt in der Regel auf. Es kam und kommt also darauf an, in welchen Salons sich die Meinungsführer bewegen. Das heißt, die öffentliche Meinung weltweit, das Phänomen ist weltweit dasselbe, hängt von Salons ab, man nennt sie nur nicht mehr so. Man kennt das aus den Romanen des Neunzehnten Jahrhunderts. Im Grunde sind das konservative Menschen, die sich gegenseitig bestätigen und ihre Diskursgemeinschaft gegen Eindringlinge möglichst hermetisch abschotten. Man kommt in diese Salons nicht hinein, es braucht einen Gnadenakt. Es reicht nicht, ein hervorragender Publizist zu sein. Begabung und Leistung allein reichen nicht aus. Da ist immer noch das Privileg, die Gunst, die Gnade, und diese sind ein schmutziges Tauschgeschäft, das bis unter die Gürtellinie reicht. Alle reden von Epstein, doch der war nur die Spitze des Eisbergs. Das wird immer so bleiben. Ab und zu deckt man eine auf, um Hundert andere Schändlichkeiten nicht aufdecken zu müssen.

Was nun Trump angeht, so ist er kein Teil dieser Salonwelt. Er ist gefährlich für die privilegierte Diskursklasse. Denn er verfügt über eine ganz seltene Kombination aus Egozentrik, Hochbegabung, Charme und Charisma, Durchsetzungspower, Wille zur Macht, Geschmeidigkeit und Opportunismus. Als erklärter Deal Maker braucht er letzteren, aber er lebt auch einen glühenden Patriotismus vor. Diesen Aspekt hat man unterschätzt. Man dachte und denkt immer noch, Trump sei nicht besser als man selbst, und was er an Idealismus zu vertreten vorgebe, sei letztlich ebenso gelogen wie von einem selbst. Letztlich gehe es ihm doch auch nur ums Geld, um Macht und um Frauen, wie all den anderen, uns nicht ausgenommen, so dachte man und denkt man immer noch.

Die Salongesellschaft der Meinungselite ist eine zynische Angelegenheit. Jede und jeder, der daran das zweifelhafte Privileg hat teilzunehmen, hat kein Interesse an irgendeinem Idealismus. Dieses Interesse zerfällt augenblicklich, wenn man dazugehört. Darum aber geht es den Vielen, sie wollen dazugehören. Bis dahin geben sie vor, Ideale zu vertreten, gehören sie dann dazu, vertreten sie hauptsächlich ihre eigene Libido und decken die Exzesse der Libido der anderen. Es ist, wie Euripides geschrieben hat, dass die Götter einander decken würden, dass sie einander nicht kritisieren in ihren Bedürfnissen, sondern über die Niederungen der Kolleginnen und Kollegen gnädig hinwegsähen. So ist es auch in der Medienwelt, vor allem oben. Es geht um riesige Kapitalwerte und um die Macht der Politiker, die vom Plazet der Salongesellschaft abhängig sind, eine Macht, die wiederum der Fortführung dieser Gesellschaft dient.

Da gibt es Eigeninteressen, die sich gegenseitig befriedigen lassen. Trump gehört nicht in diese Gesellschaft, er besitzt selbst eine Meinungsschmiede und führt sie gewissermaßen an. Das sind die Social Media, deren Redakteure die kleinen Leute sind, das Volk. Er hat die tribunizische Gewalt, was den Diskurs angeht. Man nennt es Populismus, Faschismus, weil man dem Volk nicht traut. Das Volk sei ein protofaschistischer Schlammtümpel, aus dem sich alles hervorzaubern lasse, was man nur wolle. Trump mache sich das zunutze. Jetzt hat er sogar seinen eigenen Tycoon, Elon Musk, mit der Plattform X auf seiner Seite, aber auch Podcaster wie Carlson und Rogan. Trump hat eine Gegengesellschaft gegen jene der Salons errichtet, in der buchstäblich Hinz und Kunz mitspielen dürfen, redaktionell frei.

Ich unterbrach ihn und öffnete eine Klammer: Es gibt eine Gegenwelt zu jener der Salons, quasi deren Spiegelung in der Straßenpfütze. Die *Antifa*, und sie profitiert von ihrem Namen. Er suggeriert antifaschistische Gesinnung. Außerdem lehnt sich dieser Name an *Intifada* an, einem der Kampfnamen des palästinensischen Aufstands gegen die Besatzungsmacht Israel. Darum denken viele Leute, hier gehe es um Befreiung, um irgendetwas Legitimes und Aufgeklärtes. Auch bedienen diese subsemantischen Verbindungen versteckte antisemitische Instinkte, die sich in den letzten Jahren nun immer offener manifestieren. In der Antifa versammeln sich unterschiedlichste Elemente, die eines gemeinsam haben: *Sie hassen den Kleinbürger.* Es ist eine Gemeinsamkeit des Instinkts. Im Kleinbürger und seinen Vorbildern erkennen sie alles, was sie in sich selbst nicht zulassen wollen, weil sie sonst keine

Bedeutung hätten. Es sind Leute, die wollen Bedeutung erlangen, indem sie ihre eigene Bedeutungslosigkeit in der scheinbaren Bedeutungsfülle des Kleinbürgertums bekämpfen. Es erhalte etwas aufgrund seiner Leistung und seiner Unterwerfung unter die kapitalistische Moral zugesprochen, was nicht ihm, sondern uns, den frei-schwebenden und radikal verkannten Genies zusteht, wofür wir aber nicht arbeiten wollen, da wir die Moral des Kleinbürgertums nicht teilen. Zum Glück gibt's da eine Ideologie, den Marxismus, die uns Carte Blanche gibt. Sie beweist in unseren Augen, dass alles Raub ist, Raub auf-grund eines privatisierten Gesellschaftsguts. Indem wir dem Kleinbürger absprechen, ein Recht auf irgendetwas zu haben, indem wir ihn für seine Gesinnung bestrafen und ihm abnehmen, was wir können, ihn bei der Gesell-schaft denunzieren und damit auch kastrieren, die er ver-ehrt, stehen wir im Dienst der Gesellschaftsentwicklung, gerade, indem wir dreinschlagen, abfackeln, zerstören, diffamieren und denunzieren. Man sollte uns dafür dank-bar sein. Diese Leute glauben wirklich, das sei Antifaschis-mus. in Wahrheit ist es ein Faschismus gegen das Klein-bürgerliche und das von den Kleinbürgern hofierte Groß-bürgertum, von dem es jedoch blamiert wird. Als Instinkt-bewegung ist die Antifa die anarchistische Form des Fa-schismus, zu der Menschen neigen, die zum *Herostratis-mus* tendieren, narzisstisch aufgeblähte Talentversager. *Wer selbst mehr zu sein glaubt, als er anderen beweisen kann, muss die Spannung, die in dieser Diskrepanz liegt, zwingend nach außen entladen. Das geht nur mittels eines herostratisch-destruktiven Gestus, der die treffen soll, die mehr beweisen, als sie selbst zu sein glauben, und das sind die Kleinbürger.* Das Großbürgertum schaut diesem Treiben halb fasziniert, halb angewidert zu und weiß, dass ihm die Antifa eigentlich einen Dienst erweist, weshalb es gegen sie untätig bleibt, ohne sie aber zu akzeptieren. Die Antifa ist das schlechte Gewissen des Kapitalismus, genießt weitgehend Rechtsfreiheit, soll sich aber in seinem Aktivismus auf das Kleinbürgerliche beschränken. So wäscht eine Hand die andere, die Neurose wird aufgrund eines stillen Abkommens zwischen dem Oben und dem Unten gemeinsam ausgelebt.

Ned meinte, mein Hinweis auf die Antifa sei wichtig. Die erwähnte kanonische Salongesellschaft spiegle sich in einer Pfütze, die weit genauer aufzeige, was im Penthouse Sache ist, als alles andere. Angesichts der Situation, so nahm er den Faden wieder auf, zeige sich, dass die Offene Gesellschaft, das Shangri-la der Legacy Media und der herrschenden Klasse, immer auch zugleich eine Geschlossene Demokratie bedeute. Demokratie ja, aber bitte geschlossen! Jeder bleibt draußen, der nicht zum Club gehört. Damit haben wir eine Situation, die verblüffend jener ähnelt, die in der Zeit zwischen dem Konsulat Ciceros und den Iden des März bestand, die rund um das gesellschaftlich-politisch-militärische Phänomen Cäsars kreiste. Cäsar war in Rom ein Ausnahmemensch ähnlich wie Trump für uns. Damals musste man Heerführer sein, um die Macht an sich reißen zu können, heute braucht man die Diskurshoheit. Angesichts Cäsars wurde immer deutlicher, dass die Republik zur Kaperbeute eines Großteils des Senatsadels und mehr oder weniger erblicher Laufbahnen im Gemeinwesen und des kapitalistischen Ritterstandes geworden war. Die herrschende Schicht im inzwischen weitgehend plebejischen Rom stand einem Mann gegenüber, der eigentlich dazugehörte, dessen Sympathien aber einen Patriotismus erkennen ließen, dessen Konsequenz eine radikale Demokratisierung der Republik gewesen wäre. Diese empfand man als ein Streben nach Alleinherrschaft und als antirepublikanische Gefahr. Trump verkörpert einen Patriotismus, der einer Demokratisierung der Verhältnisse und damit einer Rückkehr zur alten amerikanischen Republik das Wort redet, während die herrschende Salonklasse vom Versuch der Machtergreifung eines Einzelnen spricht und vom «Ende der Demokratie», wenn er sich durchsetze.

Beide Seiten, damals und heute wieder, behaupten, die Demokratie auf ihrer Seite zu haben. Sie beschuldigen sich gegenseitig, den Staat kapern zu wollen. Doch besaßen und besitzen die einen den Staat bereits, während die anderen ihn erst übernehmen wollen. Die, die ihn bereits besitzen, nennen sich Demokraten, und die, welche ihn übernehmen wollen, Republikaner. Und wieder werfen die, welche die Macht bereits besitzen den anderen vor, sie wollten die Alleinherrschaft. Und der Kopf dieser anderen macht darauf aufmerksam, dass er die Macht dem Volk zurückgeben wolle, weil sie diesem entrissen worden sei. Man geht so weit, dass man in den Legacy Media behauptet, Trump sei ein amerikanischer Hitler, dabei ist es so, dass Trump die Entwicklung eines amerikanischen Hitlers eben gerade verhindern würde, käme er an die Macht! Denn nur bei einer andauernden Herrschaft der «Geschlossenen Demokratie» entstünde jener Dampfdruck im Volk, der zur Herausbildung einer Hitlergestalt notwendig ist. Käme Trump an die Macht, entlüde sich der Druckkessel von selbst. Im alten Rom warf man Cäsar vor, er sei ein neuer Sulla, ein Catilina und dergleichen, ja sogar, er strebe nach der Wiedererrichtung des Königtums, was das damalige Hitleräquivalent gewesen ist. Kommt Trump an die Macht, bedeutet das jedoch lediglich, dass die Realität zurückkehrt. Diese ist auf die simple Formel zu bringen: Jeder Dollar muss erst mal erwirtschaftet und dann auch noch verdient werden. Zuerst muss etwas da sein, ehe man es verteilen kann. Erst die Leistung, dann die Generosität! Das Gegenteil des Salons und seiner Antifa!

Ned holte weiter aus: Es ist nicht so, dass die Linke keine Ausbeutergesellschaft betreibt. Sie macht es nur anders als die Kapitalistenklasse. Linke machen alles, was sie tun, stets auf Kosten anderer, entweder durch Umverteilung, gewissermaßen zur Subvention, oder im Namen einer sogenannten Solidarleistung. Sie sind also gewissermaßen Kapitalisten auf der Grundlage der Produktionsmittel des Staates, von denen sie implizit behaupten, sie gehörten ihnen. Doch steckt in diesem «ihnen» erneut der Semantikbetrug, von dem wir es bereits hatten. Denn diese Produktionsmittel gehören allen, unter anderem auch ihnen, aber nicht ausschließlich ihnen. So, wie sie selbst dem Kapitalisten sagen, «seine» Produktionsmittel gehörten «allen», darunter natürlich auch ihm selbst, aber nicht ausschließlich ihm. Sie machen also genau das Gleiche wie die Kapitalisten, nur bauen sie selbst nichts auf, außer durch bürokratische Plan- und Kontrollarbeit, was bedeutet, dass sie von der Sache selbst, von ihrer Entwicklung, keinen Begriff haben. So reduzieren sie die Schwarmintelligenz des Markts auf die beschränkte Intelligenz einiger weniger Menschen, der Leninschen Avantgarde. Sie tun somit das, was die Feudalherren getan hatten. Damit fallen sie noch hinter die Bourgeoisie zurück, weshalb auch die Leistung des von ihnen verwalteten Systems lediglich jener eines Feudalsystem entsprechen kann und mit jener des Kapitalismus in keiner Weise mithält. Sie brauchen ideologische und moralische Anreize, um die Leute zu motivieren, den Wohlstands- und Freiheitsverlust zu akzeptieren. Mit Ideologie und Moral aber werden die Linken zu Metaphysikern, schlechten, wie ich meine, zu Idealisten, aber in einer vorhegelianischen Variante, die mehr einer jener Epochen gleicht, die von der katholischen Kirche beherrscht worden sind, die ja bekanntlich Opium fürs Volk verkauft habe. Die linke Ideologie geht nicht nur nicht auf, sie produziert ihre eigene dialektische Widerlegung. Doch hat das noch kaum einer ihrer Vordenker gejuckt. Das liegt daran, unser Professor Aronnax hat es gesagt, dass das dialektische Verfahren, wenn man es denn wirklich verstanden hat, eine Hure ist, es ist symmetrisch. Wo man die Symmetrie bricht, ist ein Akt der Kontingenz. Sie selbst lässt sich nicht dialektisch erklären.

Zusammengefasst, ist das bei Marx so, dass er, ich glaube, auch seiner Meinung nach, zwei Dinge entdeckt hat, erstens natürlich das Wesen der kapitalistischen Arbeit und des hierin zentralen Konzepts des Mehrwerts. Marx hat anders als die damalige Volkswirtschaftslehre von der Arbeitskraft gesprochen, die der Arbeitnehmer dem Arbeitgeber zur Verfügung stellt, also nicht die Arbeit, die er leistet als solche. Der Arbeitgeber kauft nur die Kraft und gibt ihr einen Maintenance-Wert, der Arbeitnehmer soll dadurch seine Kraft erhalten können und sich außerdem fortpflanzen, was weitere Ausgaben mit sich bringt, mehr aber nicht, denn alles andere hätte das System untergraben und jene Kraft unnötig verteuert. In diesem Punkt müssen wir Marx heute noch zustimmen. Grundsätzlich war das richtig, wenn auch auf die damalige Industriearbeit bezogen und daher für heutige Zwecke zu einfach. Die zweite Entdeckung sei die Begründung der Zivilisationsgeschichte durch den historischen Materialismus, also die vollständige Erklärung der menschlichen Entwicklung aufgrund der auf die Füße gestellten Dialektik Hegels, dass nämlich das Bewusstsein dem materiellen Sein folge und nicht umgekehrt, wenngleich Marx das nicht so eng gesehen hat wie seine Nachfolger. Marx hat Hegels Dialektik, davon sprachen wir ja bereits mehrfach, instrumentalisiert, indem er mittels der Kontingenz, dass das Bewusstsein dem materiellen Sein folge, daraus eine unerschöpfliche Quelle von Erkenntnissen bezüglich der weiteren Entwicklung der Zivilisation gemacht hat. Natürlich sagt jeder, jene Kontingenz sei selbst eine Schlussfolgerung aus historischer Betrachtung, was sein mag, hoffentlich, würde ich sagen, aber sie ist eben Dialektikextern, nicht im Rahmen von Marxens Dialektik gewachsen, sondern sie etablierend. Die Kontingenz ist somit mehr oder weniger direkt das marxistische Axiom. Wie man leicht einsieht, kann man die Zivilisationsgeschichte aber auch umgekehrt erklären, dass das materielle Sein dem Bewusstsein folge. Was Marx geleistet hat, war darzulegen, dass diese seine Auslegung durchgezogen werden kann, ohne dass man zu einem weiteren Axiom greifen müsste. Das bedeutet aber nicht, dass es er bewiesen hat. Bewiesen hat er gar nichts.

Du hast an anderer Stelle bereits über den unentdeckten Grundfehler auch im Mehrwertkalkül hingewiesen, indem du gezeigt hast, dass der Mehrwert nicht allein aus der Arbeit am Produktionsmittel hervorgehen kann, sondern viel wesentlicher aus der Ingeniosität des Produktionsmittels selbst, wobei diese einerseits eine technische Ingeniosität ist, die auf den Ingenieur und Erfinder zurückgeht, andererseits geht sie auf das Marktkonzept des Kapitalisten zurück, der Waren produziert, welche reißenden Absatz finden und darum auch viel mehr Mehrwert hervorbringen. Marx behandelt das Produktionsmittel nicht viel anders als ein vom Himmel gefallenes Naturprodukt und auch die Ingeniosität des Kapitalisten stellt er nicht adäquat in Rechnung bei der an sich korrekten Mehrwertbeschreibung.

Nun hat Marx aber auch noch etwas anderes übersehen, und das wurde dann von Lenin korrigiert. Dass nämlich die Arbeiterklasse aus sich selbst heraus keine Revolution hervorzubringen imstande sein würde, lediglich eine Gewerkschaftsbewegung. Denn das ist ja offensichtlich, dass das von Marx und Engels beschriebene Dualsystem vom Kapitalisten und vom Arbeiter weder vom Kapitalisten noch vom Arbeiter mit rationalen Argumenten gesprengt werden kann. Zerstört die Arbeiterklasse das System der kapitalistischen Arbeit, geht daraus nichts Gutes für sie hervor, sie verarmt augenblicklich, weil die Produktion zum Erliegen kommt. Nicht nur würden die Fabriken nicht mehr adäquat geführt und in sie investiert, es entstünden auch keine neuen mehr, der Markt insgesamt ginge rasant zurück. Man kann den Kapitalisten nicht ex nihilo durch einen Kommandofunktionär der Arbeitsklasse ersetzen, der alles gleich gut machen würde wie jener, aber nicht der Versuchung verfiele, selbst zum Kapitalisten zu werden. Lenin hat darum postuliert, dass es eine Avantgarde geben müsse, welche die Revolution vorbereitet und durchzieht, eine Avantgarde, die über das nötige Konzept zur Fortführung der industriellen Arbeit verfügt, das aber kein kapitalistisches mehr sein kann. Schon bei Marx geht hervor, dass auch ein Teil des Mehrwerts wegbrechen wird. Die Avantgarde, also quasi die sozialistische Führungsgruppe einer nicht kapitalistischen Industriearbeit, die es damals ja noch nirgends gab, müsste also stellvertretend für die Arbeiterklasse den Umsturz der Verhältnisse vorbereiten und durchführen, andernfalls bliebe der Sozialismus im Gewerkschaftlichen stecken und diente nur dem nachhaltigeren Erhalt des kapitalistischen Systems. Lenins Bolschewiki waren in Russland diese Avantgarde, eine kleine Gruppe zunächst, die aber die Mehrheit der Menschen vertreten wollte, die das noch nicht begreifen konnte.

Was aus diesem an sich richtigen Gedanken Lenins hervorgeht, ist der Beweis dafür, dass die von Marx stipulierte materialistische Dialektik falsch ist. Warum nämlich? Wäre sie korrekt, dann ginge der Umsturz aus der Arbeiterklasse selbst hervor, der Widerspruch der kapitalistischen Produktionsweise würde sich so äußern, dass dieser Umsturz aus der einen der beiden Parteien hervorgehen muss. Das aber werde nicht der Fall sein, da müsse man nachhelfen, und zwar nicht als Mitglied der Arbeiterklasse, sondern einer intellektuellen Avantgarde. Diese ist dann gleichsam der Katalysator in der revolutionschemischen Reaktion, ohne den diese nicht zündet. Doch die Provenienz dieser Avantgarde aus dem intellektuellen Milieu widerlegt die Marxsche These, dass das Bewusstsein aus dem materiellen Sein hervorgehe.

Das hat zu wenig zu denken gegeben. Marx hatte mit seiner Dialektik nicht unrecht, aber er hat übersehen, was Dialektik ist: Symmetrie, die gebrochen werden muss. Diese Symmetrie stellt sich in jedem Augenblick wieder her und muss erneut gebrochen werden. An der Stelle, wo Lenin eingriff, brach er sie mit dem Gegenaxiom, dass das Sein aus dem Bewusstsein hervorgeht. Erst als er das akzeptiert hatte, konnte er im Sinne Marxens fortfahren.

Was dann aus der Lehre Lenins hervorging, wurde noch durch eine weitere Kontingenz bestimmt, nämlich durch die Wahl Russlands als Urort der Revolution und des Bruchs der kapitalistischen Produktionsweise. In Russland gab es damals weder ein namhaftes, industriell fundiertes Bürgertum, noch gab es überhaupt namhafte Industrie. Russland war vielmehr ein Feudalsystem mit 90% Bauern und Leibeigenen. Der Rest waren Aristokraten und Intellektuelle, Bürokraten und Pfaffen. Hier gab es keine kapitalistische Produktion und darum auch kein Mehrwertsystem. Lenin musste, um die Revolution hier anzusiedeln, die Verhältnisse erst so umgestalten, dass es aussah, als habe es einmal eine kapitalistische Produktionswelt gegeben. Er musste die Landarbeiterschaft aufheben und eine Industrialisierung veranlassen, die ex nihilo die kapitalistische Phase übersprang, aber auf sie als Reaktion Bezug nahm. Um dies bewerkstelligen zu können, konnte er nicht einfach die Arbeiter befreien, es gab kaum welche. Er musste Arbeiter erschaffen, bevor die Arbeit da war. Diese Umwälzungen konnte er nur mit brachialer Gewalt vornehmen, mit Terror, Hunger und Liquidation, mutwilliger Zerstörung der russischen Kultur und kompletter Enteignung und Kaltstellung der Kirche. Die bolschewistische Revolution deckte also gleichsam eine hundertjährige Entwicklungszeit ab, die nie stattgefunden hat. All das lässt sich dialektisch nicht begründen. Es folgt einem rationalen Plan, der außerhalb der Dialektik gefasst werden muss. Die Verbrechen, die dieser Plan notwendig machte, gehen nicht aus dem Ideengut von Marx und Engels hervor, sondern aus dem unbedingten Machtwillen eines Fanatikers, der die marxistische Lehre lediglich zum Ausgang genommen hatte, weil er erkannte, was mit ihr alles begründet werden kann. Diesem Verzwecken des dialektischen Materialismus setzte dann Stalin die Krone auf.

Wäre all dies aus der Hegelschen Dialektik hervorgegangen, nachdem sie auf die Füße gestellt wurde, hätte die Revolution niemals in Russland stattfinden dürfen, sondern in England. Und sie hätte sich aus der Arbeiterklasse heraus entwickeln müssen, die Gewerkschaftsstufe übersteigend. Solche Revolutionen gab es an vielen Orten, sie blieben alle erfolglos oder versandeten rasch, als die

Wirklichkeit des ökonomischen Niedergangs eine Fortsetzung verunmöglichte. Man kann also den Marxismus-Leninismus und seine weiteren Ausformungen im Stalinismus und im Maoismus nicht verstehen, wenn man nicht weitere Elemente hinzunimmt, die allesamt mit dem Marxismus nichts zu tun haben, erstens ethnische Elemente, kulturelle Elemente des jeweiligen Landes und psychologische Elemente, was die Motivation der Revolutionäre anging. Die Revolutionen ließen sich nur durchführen, weil machtgierige, narzisstisch aufgeblähte Protagonisten skrupellos an die Macht gelangten. Insofern waren alle diese Revolutionen nur Neuinszenierungen jener Revolution, die Savonarola in Florenz versucht hatte. Vorausgegangen war die Französische Revolution, deren Erklärungssystem aus der Aufklärung hervorgegangen war, welches sie aber selbst nicht erklären konnte. Erklärt wurde sie ab einem gewissen Zeitpunkt nur noch durch eine Psychologie der Macht.

Der Marxismus ist in meinen Augen einerseits äußerst interessant und stellt viele nützliche Konstrukte vor, andererseits ist er von Anfang an gescheitert, aus dialektischen Gründen und dann auch aus Gründen seiner Vermenschlichung. So wurde er aus einer Einmaligkeit zu einem weiteren Erklärungssystem für machtpsychologisch motivierte Umwälzungen degradiert. Gerade neulich sprach Jordan Peterson von einer Ideologie für pathologisch unreife Menschen.

Die Mehrwertarten, welche Marx unterscheidet, sind allesamt Motivatoren für den Kapitalismus. Es gibt im Kapitalismus nur darum so viel Mehrwert zu verteilen, weil er den Kapitalisten und den Ingenieur maximal motiviert. Der Bankier ist ein anderer Fall, er wird auch durch viele andere Verhältnisse motiviert, wie unsere heutige Epoche zeigt. Die Motivation für den Kapitalisten und den Ingenieur beruhen auch darauf, dass sie mit ihren Produktionsmitteln und deren Erfolg in Sachen allgemeine Wohnfahrt punkten können. Diese ist aber nicht in erster Linie die Wohlfahrt der Arbeiterklasse, sondern eine allgemeinere Form der Wohlfahrt, die insbesondere auch den Kleinbürger betrifft, den Selbständigen, den Handwerker, den Kleinhändler, usw. Marx lag falsch, wenn er geglaubt hat, dass der Kapitalismus das Kleinbürgertum ins Proletariat abdrängen werde. Richtig lag er nur mit seiner Einschätzung, dass die Arbeiterklasse von der Allgemeinen Wohlfahrt am wenigsten profitieren werde.

Im *Lumsk*-Kapitel zu diesem Thema hatte ich ausgeführt, wie man die marxistische Methode auf den Ingenieur anwenden muss, um sie zu vervollständigen, auf diese Weise aber den Faschismus hereinholt, den es damals noch nicht gab. Im Kapitalsozialismus unserer Tage wird dem Kapitalisten und dem Ingenieur die volle Motivation über die Mehrwertabschöpfung belassen, später dann aber doch abgeschöpft über Vermögenssteuer, Reichensteuer, Erbschaftssteuer und einkommensabhängige Abgabenhöhen in vielen Bereichen des täglichen Lebens. Außerdem wird durch die Mehrwertsteuer die allgemeine Wohlfahrt geschröpft, quasi bestraft und das für alle Akteure. Nach Marx ist es keine Mehrwertsteuer, es ist Konsumbesteuerung und damit Besteuerung der Nachfrage, die sogar ganz an den Endkunden weitergereicht werden kann. Eigentlich ist es eine Gesellschafts-steuer: Wenn ihr schon die allgemeine Wohlfahrt wollt, dann soll euch das etwas kosten, denn deren Unterhalt kostet viel! Zudem wird das Problem der Unterfinanzie-rung der Arbeiterklasse punktuell über den sogenannten Sozialstaat gelöst, indem Steuergelder gezielt an die Ärmsten umgeleitet werden, anstatt das Problem zu lö-sen, wie Marx es beschrieben hatte.

Kannst du das, was du in *Lumsk* publiziert hast, kurz aus-führen, fragte Aronnax.

Aber sicher, erwiderte ich. Ich zitiere jetzt mein Buch, das ich in elektronischer Form stets bei mir trage:

Die Frage, die sich stellt, ist eine sehr einfache: Wem ver-danken wir die ungeheure Effizienzsteigerung der maschi-nengestützten Produktion wirklich? Dem Arbeiter, wie Marx und Engels meinen, oder dem Kapitalisten, der die Maschine kauft, wie dieser selbst behauptet? Weder dem einen noch dem anderen, lautet unsere Antwort. Die Effi-zienzsteigerung verdanken wir dem Erfinder und Erbauer der Maschine, dem Ingeniösen oder «Ingenieur», wie man ihn auch genannt hat. Ein trefflicher Ausdruck.

Wir fragen somit, wie man den Ingenieur für seine Mehr-wertproduktionsmaschine denn korrekt entlöhne? Stellen wir uns zunächst vor, was die Leistung des Kapitalisten in dem ganzen Spiel ist: Er geht das Risiko ein, eine wertlose Maschine zu kaufen, er investiert in die Produktionsanlage, er stellt die Arbeiter an, die sie bedienen, stellt ein Produkt her, für welches er einen Markt finden muss, den er belie-fern kann, und er stellt sicher, dass die nächste Generation des Produktionsmittels rechtzeitig in der Halle steht, um die Konkurrenz zu beherrschen. Seine Ingeniosität betrifft also das, was man heute den Business Case nennt. Von der Maschine selbst braucht er technisch nichts zu verstehen, ebenso wenig vom Arbeiter und seinen Nöten, mehr schon vom Käufer und seinen Leidenschaften, mehr noch vom Bankier und der Zinswirtschaft, am meisten aber von der menschlichen Eifersucht und Gier, die Konkurrenten auf den Plan ruft, die er in Schach halten muss, die ihm aber auch dienlich sind, weil sie den Markt und damit wiederum die Käufer stimulieren. Dass nun, wie Marx und Engels kunstvoll ausführen, praktisch der gesamte Mehrwert der Maschine an diesen Kapitalisten geht, ist einsehbar «ungerecht», was hier so viel bedeutet wie «inadäquat». Denn seine Leistung entspricht in etwa jener eines antiken Nahrungsmittelhändlers, der gleichzeitig als Gutsbesitzer der Produzent und im Übrigen Sklavenhalter ist.

Fragen wir uns, was ist denn nun jenes Produktionsmittel des Ingeniösen, wenn wir ihn der Masse der Menschen, wie Marx es mit dem Kapitalisten und dem Proletarier gemacht hat gegenüberstellen? Wenn wir uns also den Ingenieur versuchsweise in der Position des Kapitalisten, und alle anderen - den realen Kapitalisten inbegriffen - auf der Seite der Arbeiter vorstellen, während das gesuchte Produktionsmittel dazwischensteht. In welche bereits vorhandene «Maschine» investiert der Ingenieur gewissermaßen als «Geist-Kapitalist», mit Hilfe welcher «Maschine» erzeugt er die Produkte, die er auf dem Markt der Erfindungen verkaufen will, sobald er damit beginnt, jene Maschine zu erfinden und zu entwickeln, für die sich dann der reale Kapitalist interessiert und der die realen Arbeiter zudienen werden? Wir wenden also das Marxsche Modell auf den Ingenieur an.

Die gesuchte «Maschine», die dem Ingenieur als «Geist-Kapitalist» zur Verfügung steht, in die er investiert, die er gleichsam kauft und betreibt, ist ja nicht seine Ingeniosität selbst, sondern das, worauf diese beruht! Diese «Maschine» wird ihm zur Verfügung gestellt, jedoch von wem? Wem kauft er sie gleichsam ab? Gibt es irgendwo Gehirnverkäufer? Sie werden lachen und sagen, nein, die gibt es nicht!

Da bin ich mir nicht so sicher. Es gibt sehr wohl solche Gehirnverkäufer, es gibt diese Händler von Gehirnen und Körpern, auf deren Produktpalette der Ingenieur zu-rückgreift. Die Antwort ist verblüffend: Diese Händler sind seine Ahnen. Das gesuchte Produktionsmittel besteht aus einem Konvolut aus Körper (Genetik), aus Familien- und Volkskultur und aus der damit verbundenen Bildung. Dieses Regal haben ihm die Ahnen vermacht, aber ob er es verwendet, ist seine Sache, er kann es auch degradieren, erodieren lassen, ganz nach Belieben. Er kann es einfach nur verbrauchen. Doch kann er es eben auch einsetzen, um es zu verbessern oder zumindest zu erhalten, wie es ist, durch adäquaten Gebrauch und adäquate Weitergabe an seine eigenen Abkommen. Dem Ingeniösen steht etwas kraft seiner Ahnen zur Verfügung, das der Masse nicht zur Verfügung steht, oder von dem sie keine Notiz nimmt, was sie einfach verbraucht. Dem Ingeniösen ist sein inneres Produktionsmittel als ein solches verfügbar.

Die Gesetze dieser Verfügbarkeit sind komplex und selber ein Ergebnis früherer Ingeniosität. Wir haben es hier mit einer «Ontonomie», gewissermaßen einem «vorteilsorientierten Daseinsbetrieb», anstatt einer «Ökonomie» zu tun. Eine gemeinsame solche «Ontonomie» in einem bestimmten Habitat, einem bestimmten Zeit-raum, umgeben von einer bestimmten Membran, an der sich ein geregelter, bedarfsgesteuerter Austausch mit anderen solchen «Ontonomien» etabliert, könnte man mit dem Begriff «Volk» relativ zweckdienlich belegen. Eine solche «Ontonomie» wäre nichts Homogenes, sondern enthielte in Bezug auf seine Bestandteile charakteristische statistische Verteilungen, etwa die Gaußsche, aber je nachdem auch andere. In einer solchen «Ontonomie» besteht der Gewinn nicht in Kapital, sondern in einer Verbesserung jener verfügbaren Maschine, auf die der Ingeniöse zugreift und im Ruhm, der daraus hervor-geht, welche die Attraktivität der «Ontonomie» erhöht und das Angebot an der Membran verbessert, das ihr andere machen.

Damit ist nun der Faschismus ebenfalls eine Ausgeburt des Marxismus, zumindest seiner dialektischen Methode, die er leider weder ganz verstanden noch umfassend angewandt hat.

Das ist interessant, meinte Aronnax. Doch fahren wir weiter, wo wir aufgehört haben. Indem heute über die Human Arbitrage neue Ärmste ins Land geholt werden, muss es nun auch ideologisch darum gehen, ein Rationale zu entwickeln, um zu plausibilisieren, wieso diese neuen Ärmsten zum selben Sozialstaat gerechnet werden müssen. Hier liefern Critical Race Theory und die Post Colonial

Studies eine neomarxistische Antwort, jedoch im Interesse des Kapitals, als eine Weiterführung des Kapitalismus mit seiner Volkswirtschaft plus dem hinzukommenden HM, dem Zweitmarkt. Indem hier ein gewisser Ethnizismus mitspielt, ist auch der Faschismus bei den Profiteuren, nicht nur bei den Verursachern allein. Dass all das heute unter einem Update des Klassenkampfs aufgeführt wird, zeigt, dass sich dieser längst von seiner hegelianischen Basis abgelöst hat und sie nicht mehr versteht. Begriffen wird allein noch der Konflikt zwischen den *Aufbauern* und den *Abholern*, zwei Urklassen der Menschheit, welche die Kapitalisten- und die Arbeiterklasse inzwischen abgelöst haben. Hinzu kommen seit etwa zehn Jahren aggressiv auftretende Trittbrettfahrer der Visibilität und Partizipation, besser bekannt unter dem Label LGBTQI* auf Seiten der *Abholer*. Über die Quotentheorie und den an sich guten Inklusionsgedanken, wenn es um geistig oder psychische Beeinträchtigte handelt, wird nun die Großmaschine der Leistungserbringung aktiv versandet, so dass es am Ende weniger zu verteilen geben wird, via einen Primärprofit der Inkludierten nicht allein am Sozialstaat, sondern auch am Leistungssystem selbst, welches kapitalistisch bleibt.

Das wiederum bringt die Idee hervor, es liege alles nur am Geld. Es werde irgendwie und irgendwo erschaffen, aufgebaut und überall verteilt, abgeholt. Das müsse also auch ohne Arbeit gehen. Man denkt an ein Paradies II. Doch waren im Paradies I Nachfrage und Angebot auf alle Zeiten gedeckelt, waren auf Stufe Überleben eingefroren. Es gab keine Produktionssteigerung zum Beispiel landwirtschaftlicher Erträge im Paradies I. Jede solche setzte

Erkenntnis voraus, das Eingreifen Satans, folgen wir der Logik der Erzählung. So gab es im Paradies I auch keine Nachfrageentwicklung, wenngleich mit Evas Annahme des Apfels eine erste Ansatzentwicklung. Im Paradies II wäre all das aber die Voraussetzung, was eine Klasse von nicht kapitalistischen Lenkern voraussetzen würde, die als winzige Gruppe insgesamt gescheiter sein müsste als der gesamte heutige Weltmarkt von acht Milliarden Menschen. Das ist unmöglich. Also wäre eine solche Gesellschaft zwangsläufig eine Dystopie, eine Diktatur à la 1984.

Um es zu rekapitulieren: Marx hatte mit vielem recht! Aber er begriff die Dialektik nicht wirklich, er verstand ihre Symmetrie nicht. Zudem verkannte er ganz einfach jene im Ingenieur selbst. Sie setzt eine konsequente Ahnenreihe und einen gewissen Zuchtprozess voraus. Marx hätte, wäre er auf diese seine Schwachstelle gekommen, den Faschismus vorausahnen müssen als eine Konsequenz aus seiner Lehre, nicht als ein Widersacher derselben. Der Faschismus hat daher marxistische Wurzeln aufgrund einer nicht begriffenen Dialektik und eines zu eng abgesteckten Bereichs ihrer Gültigkeit, und er hat auch Wurzeln im Kapitalismus und im Bürger- und Kleinbürgertum. ich sage immer, Marx sei eigentlich der Ideologe des Kapitalismus, nicht des Sozialismus gewesen. Der Neomarxismus beruht auf einer Verallgemeinerung der fehlerhaften Methode und auf der verdrängten Mitberücksichtigung des Faschismus. Am Ende landen wir also wieder bei der Grundfrage der Savanne: Paradies - oder nicht? Die Lösung ist nun aber weder das eine noch das andere, sondern die Dystopie. Also doch eine Lösung des Teufels, denn sie setzt Erkenntnis voraus und negiert somit das

Paradies. Aber sie verneint auch den Kapitalismus und will auch kein Leben außerhalb des Paradieses.

Damit ist der Marxismus eigentlich von Anfang an erledigt gewesen. Er ist nicht falsch, er ist wichtig und fruchtbar, aber zugleich ist er logisch erledigt. Das ist es, was unsere menschliche Bemühung ausmacht, dass wir durch das, was notwendig ist, widerlegt werden! Man kann sogar sagen, die herrschende Führungsklasse der «Geschlossenen Demokratie» werde durch die Notwendigkeit Trumps widerlegt, so wie die herrschende Klasse Roms durch die Notwendigkeit Cäsars widerlegt worden war. Das Ganze ist ein Nullsummenspiel, aber es muss gespielt und darf nicht übersprungen werden.

Man könnte hinzufügen, dass die Gesamtheit der menschlichen Bemühung in gesellschaftlicher und politischer Hinsicht das ist, was Hobbes mit dem Leviathan gemeint hat. Dieser ist leer, was durch die Tatsache seiner *Füllung* widerlegt wird, was wiederum seine Leere offenbart.

Kommt Trump wirklich nochmals an die Macht? fragte Margaret. Aronnax meinte, das sei sehr wahrscheinlich, wenn man Ned folge. Es könne aber auch sein, dass er genau dann, wenn er wieder an die Macht kommt, ermordet wird, wie Cäsar. Und dass dann das ausbreche, was *Bellum Civile* geheißen hat.

Dann können wir nur hoffen, dass ein neuer Octavian die Oberhand gewinnt und nicht der sonst unumgängliche neue Hitler, den niemand, der noch alle Tassen im Schrank hat, wollen kann. Beten wir, dass es, wenn schon übel, dann wenigstens so herauskommt, wie im alten Rom! Noch besser wäre es, wenn es gar nicht erst so weit kommt. Doch sind die Menschen gerade in solchen Zeiten ein übles Pack, und es finden sich immer einige, die zur Tat schreiten, wie damals die Bande in Sarajewo, die den Ersten Weltkrieg ausgelöst hat. Ein einziger Mord zur richtigen Zeit am richtigen Ort kann maschinenhaft Abermillionen weiterer Morde auslösen.

Man darf die historischen Parallelen nicht überbewerten, warf Aronnax ein. Die Verhältnisse im alten Rom waren andere als heutzutage. Die Dynamik war ähnlich. Auch waren die Verhältnisse vor dem Ersten Weltkrieg bedeutend andere als heute, nicht so sehr aber die Dynamiken. Es ist also sinnvoll, historische Vergleiche anzustellen, aber nur, um sie zu verwerfen, aber nicht weil sie falsch sind, was zweifellos zutrifft, sondern umgekehrt, weil sie meistens irgendwie funktionieren, was im Aktuellen unbedingt verhindert werden muss, um Schlimmes abzuwenden.

Man gestatte mir, dem Aktuar also, einen Einschub aus aktuellem Anlass: Nachdem Trump tatsächlich wiedergewählt worden ist, mit Bravour sogar, kamen sogleich die üblichen Verurteilungen zurück. Erwähnt werden soll hier stellvertretend für das gesamte Dossier ein X-Post (Kyle Becker, 04.11.2024), der grob zusammenfasst, was man gegen Trump schon alles an lügenhaften Obstruktionsversuchen unternommen hatte:

- Tax returns (dud)
- Russia collusion (hoax)
- Pee pee dossier (scam)

- 34 felonies (no victim, never before charged)
- Civil penalty of $92 million (jury found no rape)
- J6 case (Trump did not incite mob)
- Classified docs case (dismissed, Biden never charged)
- Georgia RICO case (corrupt, illegitimate)
- First impeachment (hoax, hearsay)
- Second impeachment (rigged trial, exonerated)

An die Adresse der Demokraten, deren Establishment vor allem in Washington, Kalifornien und New York den Schock der Abwahl nicht verdauen konnte, richteten sich zahllose X-Posts, wie der nachfolgende (@warclandestine, 07.12.24):

Democrats, if you're wondering why America voted for Trump, allow me to explain: The truth is, the American People are sick of your shit. You ruined our nation and our culture. You openly mocked, belittled, and discriminated us, then called us racist, misogynist, Nazis when we started noticing. You defiled and corrupted all of our great institutions, to include the media, social media, tech, academia, intelligence, health, pharma, Hollywood, entertainment, sports, EVERYTHING! You weaponized every aspect of American life, and used it to push your insane far-Left agenda down our throats. You told us Trump was a Russian asset that was going to start WW3 and would be worse than Hitler. Then you used that as an excuse to justify hatred towards Trump supporters and to riot in the streets. You used it as an excuse to obstruct and ruin Trump's entire first term, and it turned out it was all a lie. Then during Covid, you demanded we all be forced to take medical experimentation without testing. You wanted dissenters locked in prison. You wanted children taken from their anti-vax parents. You wanted the anti-vax in camps. You were rooting for our deaths. Then it turned out you were wrong about everything from the man-made origin, to masks, to vaccines, to social distancing, to ivermectin, to HCQ, to natural immunity, and everything in between. Then during Ukraine, you told us that Ukraine was a bastion of Democracy, and that they desperately needed all of our tax dollars. Then it turned out that Ukraine is one of the most corrupt nations in the world, with literal Nazi military forces, and it was actually just a money laundering operation to steal from the American taxpayer. You want to defend Ukraine's borders more than our own. You sent hundreds of billions of dollars on the other side of the planet, while Americans are suffering, all based on more lies. Then there's the whole Epstein, Diddy, human-trafficking element. You all told us VEHEMENTLY that human-trafficking was a myth, you told us the border was secure, and you told us that anyone who questioned it was an irredeemable conspiracy theorist. You said anyone who watched "Sound of Freedom" was a QAnon extremist and threat to democracy. Then it turned out to be true, and the elites really are engaged in unspeakable crimes against children. After you all told us for decades this was not true. You covered up the most heinous crimes imaginable, for political gain. I could do this for days, but I think you get the point. The American People are awake to the scam and the true evil going on around us, and we are not going to stand for it anymore. So we hired Donald Trump and his team of Patriots to rectify the situation, and bring America back to her greatness. This is the reality of the situation. You are the bad guys, and you have been deceived. The sooner you wake up to it, the sooner you can join us in repairing this nation. Or you can choose to deny reality, and spend the rest of your lives consumed by hate, based on lies. The choice is yours.

Der Post ist bemerkenswert, weil schonungslos wiedergebend, was eine Mehrheit der amerikanischen Wählerschaft in diesen Tagen empfindet. Dem gegenüber stehen die konstanten Beteuerungen der Beschuldigten,

Trump würde ununterbrochen lügen und wolle die Demokratie abschaffen. Er sei ein Feind der Freiheit und wolle Tyrann werden. Er sei ein neuer Hitler. Zwar sagt man dasselbe auch von Putin in Russland, und insofern hätten wir dann also gleichzeitig zwei Hitler an der Macht, die sich gegenüberstehen. Die Haltlosigkeit solchen Taggings ist offensichtlich. Das zeigt, wie entgleist im Westen der gesellschaftspolitische Diskurs ist, seit er versucht, seine im Wesentlichen neomarxistischen Postulate offen in Politik umzusetzen, um Fakten zu schaffen, die niemand bisher für möglich gehalten hätte, namentlich was die Flutung der westlichen Staaten mit illegalen Migranten angeht und die jede diskursive Auseinandersetzung über solche Entwicklungen proaktiv unterbindende Wokeness mit ihrer, ebenfalls neomarxistisch motivierten Cancel Culture, die inzwischen Doktrin geworden ist.

Dass das nicht am Volk vorbei erfolgen konnte, war klar, wurde aber von den linken Intellektuellen an den Universitäten, in den Redaktionen und den Think Tanks und NGO und von den demokratisch gewählten oder von solchen installierten politischen Exekutoren massiv unterschätzt. Mit anderen Worten: *Man hat es übertrieben*, wie immer, wenn Ideologen an die Hebel der Macht gelangen. Und das war ohne Zweifel der Fall. Es gemahnt an gesellschaftspolitische Praktiken ehemaliger Ostblockländer.

Wie ernst die Lage ist, zeigt der folgende X-Post (Gad Saad, 07.11.2024):

Every single dreadful parasitic idea that is destroying the West stems from academia. It begins there but then these ideas escape the Ivory Tower and parasitize everything. @realDonaldTrump's victory on Tuesday is good news in that the majority of decent people reject this nonsense BUT the battle won't be won until all of these ideas are permanently erGrouchocated along with the reflex for suicidal empathy. Hence, the current victory is great but step 1 of a very long process of de-lobotomizing all of academia and its offshoot Intelligenzija .

Oder ein deutscher Post (@Miko16koko, 02.11.2024):

Sprache geändert, Geschichte umgedeutet, Bücher korrigiert, Straßen umbenannt, Statuen abgebaut, Fantasieflaggen gehisst, Verbote erlassen, Krieg unterstützt, Majestätsbeleidigung unter Strafe gestellt, Andersdenkende mundtot gemacht, Wirtschaft ruiniert.

Faschisten und Marxisten zeichnen sich beide, da sie strukturverwandt sind, durch ein Vorgehen aus, das nicht bloß jene praktische Repression beinhaltet, die in der Politik seit Jahrtausenden allgegenwärtig ist, sondern eine explizit erklärte, ideologisch notwendige Repression. Das geht nur unter systematischem Ausschluss der Kritik, die nicht innerhalb dieser Ideologie zu denken versucht. Was sich selbst als ideologieextern empfindet, sei in Wahrheit das, was die Ideologie längst als das dialektisch Überwundene kenne und wogegen sich die Befreiung recht eigentlich richte. Wer also sagt, er wolle den Marxismus nicht, sei darum noch kein genuiner Nichtmarxist, sondern erst einmal ein Konterrevolutionär, sei ein Lakai der Besitzverhältnisse an den Produktionsmitteln. Den Marxismus *nicht* wollen könne man nicht. Strukturgleiches würde auch der Faschismus sagen: Wer ihn nicht wolle, sei darum kein naiver Antifaschist, sondern jener Volks- und Kulturzersetzer, jener Lakai der herrschenden Usurpation, die den Faschismus notwendig machen. Der Marxismus seinerseits formuliert es so: Am Ende finde man hinter einem Konterrevolutionär immer einen Kapitalisten oder einen Bankier. Und der aktuelle Neomarxismus wird als Referenz immer einen «Weißen» und vorzugsweise einen «weißen Mann» erkennen, als der größten Verallgemeinerung des Kapitalisten und des Bankiers, die derzeit denkmöglich ist.

Ist irgendetwas davon bei Trump zu finden? Oder bei Putin? Wer das behauptet, dem ist nicht zu helfen! Gibt es einen davon unabhängigen Faschismus? Wenn ja, dann wäre er schlicht konservatives Bürgerdenken und man könnte so weit gehen und sagen, dann sei die Wirklichkeit selbst faschistisch und müsse durch eine geeignete Metaphysik überspielt werden. Trump und Putin sind bürgerliche Politiker mit einem starken Bezug zur Realität der Verhältnisse. Das typisch Faschistische fehlt bei ihnen, der dialektisch-totalitäre Erklärungszusammenhang für eine Entwicklung, für die es viele andere Erklärungen gibt, realistische, empiristische, pragmatische, die jeder Mensch im Alltag unbewusst oder bewusst verwendet. Aus bürgerlicher Sicht sind beide keine Faschisten. Aber aus marxistischer Sicht, die strukturverwandt mit dem Faschismus ist, sind sie es durchaus, denn der Faschismus ist dort die extreme Form der Konterrevolution oder des repressiven Kapitalinteresses, neomarxistisch zugespitzt des Interesses der «Weißen» bzw. der «weißen (alten) Männer».

Mit anderen Worten gibt es heute tatsächlich einen solchen Erklärungszusammenhang, der einen dialektisch-totalitären Ansatz verfolgt wie der von Faschismus und Marxismus. Es ist der Ansatz des *Wokismus*, wozu die Teiltheorien Postcolonialism und Genderism, die Critical Race Theory und der Theoriekomplex der CO_2-basierten, grünen Wirtschaftsideologie gehören. Hier gibt es Programme zur Veränderung der Wirtschaft, des Geldsystems, der Lebensweise bis hinein ins kleinste Detail. Es sind Programme, die ihre eigene Negation zur Begründung verwenden und jede programmextern argumentierende Opposition ausschließen. Wer gegen diese Programme ist, wird wegerklärt als jenes Element, zu dessen Überwindung die Programme entwickelt worden seien, deren Endzweck die «Bereinigung der menschlichen Daseinsweise zum Wohl des Planeten» sei, um «das Klima zu retten» und im Nebengang auch noch die Ziele des Neomarxismus zu erreichen: vollständige Elimination jeglicher Diskrimination und Repression, aller Grenzen und Hindernisse für eine auf totaler Individualisierung basierende, kommunistische Menschheit.

Darf ich hierzu eine Klammer eröffnen? fragte Conseil. Ich habe mich immer gefragt, woher der Glaube kommt, dass es eine *Lotterie der Geburt* gebe. Da wird einer in eine Arbeiterfamilie geboren, der andere in die Familie von Industriellen und wieder ein anderer erwacht als Ghanaer in einer Hütte aus Sperrholz unter einem Wellblechdach. Die einen seien benachteiligt, die anderen bevorteilt. Unter welchen Bedingungen würde das stimmen? Grundbedingung ist natürlich, dass man nur benachteiligt oder bevorzugt sein kann in Bezug auf etwas. Zum Beispiel auf eine Karriere oder das Ausbildungsniveau.

Eine weitere Grundbedingung ist, dass der Mensch nicht nur sein Körper ist. Wäre er lediglich Fleisch und gäbe es nichts anderes als das Bewusstsein dieses Fleisches, dann ist jeder für genau das gemacht und fit, worein er geboren worden ist. Strebte er nach etwas anderem, würde er es auf die Art dieser Inkarnation tun und wäre dann nicht benachteiligt oder würde nicht bevorzugt, sondern führte sich selbst seinem eigenen Missbrauch zu, und zwar in jeder Hinsicht. Die Folge dieses Missbrauchs wäre eine Verletzung seiner Integration zu einem voll funktionsfähigen Einen und weiter nichts.

Ist er jedoch noch etwas anderes, müsste dieses Substanzcharakter haben und wäre nicht bloß Eigenschaft seines Systems. Man könnte von einer Seele sprechen. Diese macht nun aber keinen Sinn, wenn sie vollständig kongruent zum Fleischwesen ist. Dann wäre sie überflüssig. Ist sie anders, auch noch so gering, dann stellt sich die Frage, worin sie es denn sei und in welchem Grad. Um diese Fragen zu beantworten, müsste man sie direkt adressieren können, nicht nur über das Fleischwesen. Anscheinend kann man das nicht, denn wäre es möglich, bräuchte man kein Fleischwesen. Ausgehen müsste man aber von diesem, weil alles sonst keinen Sinn machen würde. Man kann also nicht sagen, ob jemand im *falschen* Körper geboren worden ist, ohne einen Zirkelschluss zu tätigen. Wenn man das nicht sagen kann, dann ist auch gegenstandslos, ob man benachteiligt oder bevorzugt wird.

Wieso sagt man nun aber, jemand sei benachteiligt? Scheinbar trivial ist, dass man das so meint, A müsse wegen seiner Herkunft mehr leisten als B. Das sei ungerecht. Das nicht triviale Problem liegt aber darin, dass es gar kein solches A und B gibt, wie wir gerade gesehen haben. Wir täuschen uns selbst, wenn wir sagen, wir seien im Studium benachteiligt gewesen, weil unsere Eltern keine Akademiker waren. Dieses psychologische, subjektive Ich ist nicht jenes A und B von vorhin, sondern ein Produkt der geschilderten Problematik und macht demnach den Unterschied selbst, den es für sich voraussetzt.

Ich finde, die Aussage, A ist gegenüber B benachteiligt geboren worden, sei das Produkt einer Lotterie bei der Geburt, respektive bei der Zeugung, ist entweder gegenstandslos oder ein Produkt zirkulärer Logik. Dass dem so ist, zeigen die Folgen, wenn man diesen Nachteil ausgleichen will. Dann wird im Prinzip einfach ein anderer benachteiligt, damit A nicht mehr benachteiligt ist. Das Problem wird nicht gelöst, sondern verlagert. Das beweist, dass das Reden von Benachteiligung und Bevorzugung leeres Geschwätz ist, das erst durch den Ausgleich wahr wird, allerdings umgekehrt, als man glaubt.

Dass die Zusammenhänge rund um die Lotterie der Geburt für die allermeisten Menschen undurchsichtig sind, hat zur Folge, dass erst die Herstellung einer Benachteiligung die Durchsichtigkeit herstellt, die man voraussetzen möchte. Damit gebe ich das Wort an dich zurück.

Freilich handelt es sich dann um eine radikal repressive, allem Zuwiderhandelnde diskriminierende Endzeitgesellschaft, fuhr Aronnax fort. Diesen Widerspruch muss man in Kauf nehmen, sonst ist das Programm nicht totalitär und wäre deshalb auch nicht allgemeinverbindlich. Seine Allgemeinverbindlichkeit erhält es gerade aus diesem inneren, dialektischen Widerspruch.

Übrigens war das einer der Fehler der Altmarxisten, dass sie glaubten, im Kommunismus würde die Dialektik aufhören. Ein methodisches Missverständnis. Die Dialektik kann nur aufhören, indem sie neu beginnt, jeden Augenblick. *Augenblicklich* und *nicht* historisch!

Es gibt keine Endzeit. Endzeiten sind bürgerliche Vorstellungen, die mit dem Konzept der Dekadenz und des Ahistorischen verbunden sind, siehe Fukuyama, als seien nun alle Probleme gelöst. Der aktuelle Marxismus und die grüne, CO_2-basierte Klimarettungsideologie arbeiten nicht auf eine solche Endzeit hin, sondern auf ihren innersten Widerspruch, dass die vollständig befreite Gesellschaft auch zugleich die vollständig unterdrückte Gesellschaft ist. Bereits jetzt ist sichtbar, dass das, was der aktuelle Neomarxismus als Open Society intendiert, eine Closed Democracy voraussetzt. Die Schließung der Demokratie, der Ausschluss aller sich selbst systemextern begreifenden Opposition, ist die notwendige Bedingung für die Offene Gesellschaft.

Seien wir ehrlich! rief Nemo. An der Natur ist nichts zu «retten». Die Natur *ist* die Rettung. Der *Mensch* ist der Schädling. Auch und gerade, wenn er «rettet». Wenn er ein chaotisches System vermittels dessen, was er für eine Variable hält, zu ordnen versucht, erfährt er lediglich ein weiteres Mal, dass es ein chaotisches System ist. Überdies ist die CO_2-Bepreisung eine ökonomische und keine klimatologische Maßnahme. Falls sich irgendwann eine Änderung der Atmosphärentemperatur der erhofften Art ergeben sollte, wird sie weder logisch noch kausal auf eine Maßnahme rückführbar sein, außer durch Trugschluss. Die eigentliche Frage ist also: Wollen wir uns mit Trugschlüssen «retten»?

Wie wir uns eingestehen sollten, unterbrach ihn Conseil, ist diese Frage die Hauptfrage unserer Zeit. Bisher hat der Mensch sie stets *pro* Trugschluss beantwortet, gemäß der alten Weisheit: *mundus vult esse decipi.*

Lassen wir es offen, meinte Aronnax. Was ist nun angesichts dessen der neue Faschismus, falls es ihn gibt? Wenn es ihn gibt, ist er bereits an der Macht, ist die Ideologie der Open Society selbst als eine Closed Democracy und ihrer Hilfswissenschaften im Bereich des Antirassismus, des Biologismus, der Geschlechtlichkeit der Identität, der Subjektivität der Objektivität und der dekarbonisierten Wirtschaft, der grünen Welt. Dieser neue Faschismus, falls man ihn so nennen will, sieht vor, dass Kritik an ihm als Neuauflage des Altfaschismus bezeichnet und angegriffen werden darf. Kritik ist Häresie, gegen die mit allen Mitteln vorgegangen werden müsse. Der Erklärungszusammenhang, den der Trumpismus selbst leistet, wird als gegenstandslos deklariert. Der Trumpismus wird wegerklärt als jene Reaktion, welche das herrschende Programm zur Neugestaltung der Welt erst wirklich begründen werde. Trump ist also historisch notwendig, so wie die Sünde notwendig war für den Christen oder die Konterrevolution notwendig ist für den Fortschritt der Menschheit.

Die Konterrevolution zieht alles zusammen, was im nächsten Schritt revolutionär zu beseitigen sein wird. Trump ist notwendig, damit alles zusammenkommt, was im nächsten Schritt beseitigt werden muss. Darum steigt der Neomarxismus auf Trump ein. Nicht, weil er irgendetwas «eingesehen» hätte. Der Neomarxismus ist bereits im Vollbesitz der Wahrheit und muss nicht «einsehen». Sein Selbstverständnis gleicht aufs Haar dem der Ecclesia Domini, die uns tausendfünfhundert Jahre lang regiert hatte. Offenbar stehen uns weitere tausendfünfhundert Jahre derselben Herrschaft, unter Verklappung Gottes freilich, unter dem Patronat Ihrer Heiligkeiten Marx und Engels bevor.

Wir begaben uns nach diesem Gespräch am späteren Nachmittag ins Niels-Bohr-Institut, um uns von einem unserer Freunde den neusten Stand der Quantenphysik erklären zu lassen. Eine willkommene Abwechslung.

Vierter Tag

Nun folgte der vierte Tag, den wir außerhalb der Stadt in Fredensborg verbrachten, wo wir das Schloss besichtigten und im Park spazieren gingen. Man hatte uns ins Schloss eingeladen, wo wir aufs Beste verköstigt und herumgeführt wurden. Die Ausblicke durch die riesenhafte Schneise bis hinunter zum See glichen den Gemälden im Museum, die wir am Vortag genossen hatten. Hier nun konnten wir die Maler jener Gemälde nachempfinden, die wir im Kunstmuseum betrachtet hatten und merkten, dass ihre Schöpfungen keine bloßen Fantasiegebilde waren, sondern eine der Natur innewohnende Möglichkeit darstellten, die der Mensch einst ergriffen hatte, um sie landschaftsmythologisch und -gestalterisch auszuleben. Man nennt jene Epoche romantisch, doch war sie viel mehr, sie war, wie die des französischen Impressionismus, eine Epoche des Ahnens, Wähnens und Staunens in einer Welt des Verstummens, einer Welt, die sich von uns verabschiedete, weil sie uns durchschaut hat, die uns verließ, sich entfernte, uns zurücklassend in der Bedeutungslosigkeit unseres Amöbenwahns. Sie rief uns aus den Gemälden und den Parkanlagen, den Wäldern und von den Felsen herab zu: Lebt wohl, unsere neue Heimat ist der Traum! In ihn könnt ihr uns nicht folgen. Dort sind wir vor euch sicher. Ihr aber werdet erwachen. Eure Bestimmung sind nun der Dreck und das Geschlecht. Ihr saugt am Geschlecht und verfehlt die Welt! Wir sind die Welt, und wir verlassen euch endlich. Es war ein Missverständnis mit dem Menschen.

Beim Kaffeegespräch in der Orangerie entspann sich darüber eine Diskussion, die ich etwa so zusammenfassen will. Professor Aronnax begann sie, indem er gleich in medias res ging: Sexualität, Geschlecht! Wie ungeheuer bedeutungsvoll für uns Menschen. Ich habe immer wieder Kontakt zu queeren Menschen, zu Transpersonen und mit Nonbinären. Es sind liebenswürdige Menschen, keineswegs die Kriegsgurgeln der Dekadenz. Irgendetwas hat ihnen ins Ohr geflüstert, sie könnten sich geschlechtlich neu erfinden. Ihr Körper und ihre Seele seien unbekannte Kontinente, die sie entdecken können, wenn sie es wollen. Doch leiden sie, nicht so sehr am Widerspruch der Welt, mehr an der Sache selbst!

Gender hinreichend zu definieren, erfordert an einem gewissen Punkt der Argumentation den Trugschluss. Wer sein *Gender* zu definieren versucht, muss dabei auf *sexuell* verwurzelte Dinge zurückgreifen. Will man diese definieren, muss man auf die zwei biologischen Geschlechter zurückgehen oder wieder zurück auf Gender: ein Zirkel.

J.K. Rowling, die Schöpferin der Harry Potter Romane, hat in einem X-Post vom 23.10.2024 diesen heute flächendeckend eingesetzten, zirkelschlüssigen Mechanismus anhand eines ganz anderen Beispiels zur Darstellung gebracht:

We must not publish a study that says we're harming children because people who say we're harming children will use the study as evidence that we're harming children, which might make it difficult for us to continue harming children.

Schauen wir uns doch einmal an, meinte der Professor, worin der Trugschluss liegen könnte, der die Gender-Debatte überhaupt erst ermöglicht. Hat die Genderfrage im Rahmen der Human Arbitrage denn eine Funktion? Unterbrach ihn Conseil. Wie man's nimmt, antwortete Aronnax, sie hat darin zunächst gewiss wenig Gewicht, und die Ware Mensch, so wie wir ihr Konzept verstanden haben, ist davon kaum betroffen. Betroffen sind in erster Linie die Menschen in den Volkswirtschaften, welche ich als die *Leister* bezeichne. Um sie aus ihrer kulturellen Umklammerung herauszubrechen und sie neu zu fokussieren, müssen sie ihre Identität stärker auf das Geschlechtliche und weniger auf das Kulturelle der traditionellen Gemeinschaft gründen lernen. Sie wollen es zwar nicht, sehen selbst dafür keinen Bedarf, aber der Kanon verlangt es von ihnen. Sie werden dadurch transportabler, mobiler, weil als Individuen isolierter. In gewissem Sinne werden sie sogar kafkaesker, wie wir gesehen haben. Wer vor allem seinem Geschlecht verpflichtet ist, das ist der Gedanke, ist es gleichzeitig weniger gegenüber seiner Herkunft. Er ist auch weniger schreckhaft gegenüber gesellschaftlichen Veränderungen eingestellt, zum Beispiel genegenüber der Human Arbitrage. Das bedeutet letztlich eine Stärkung von Kafkas «Junggesellennatur», im Sinne Kafkas also die Stärkung des Tragischen, des nicht lebbaren Absoluten. Der Käfer als neues Gender. Doch für die Heutigen liest sich Kafka umgekehrt, wie wir wissen. Sie verkennen das Argument.

Gender*wissenschaft*, meinte Aronnax, ist hingegen etwas anderes. Sie ist grundsätzlich in sich trugschlüssig. Damit das nicht aufpoppt und das Individuum dadurch in die Depression führte, in die grundlegende Enttäuschung, tut man zwei Dinge. Man *umgeht die Genauigkeit* und betreibt *Sprachpragmatik*. Man erweitert den Diskurs ins Dialektische, ins Gesellschaftskritische, Marxistische. Beides bringt's, wie wir sehen werden. Das Erste holt – seien wir ehrlich - die Deppen unter uns ab, das Zweite die Hirnis. Denn das Dialektische ist ein Denkraum, worin der «Satz vom Widerspruch», ein Hauptsatz der Logik, außer Kraft ist.

Damit sind alle logischen und sophistischen Widerlegungen des Dialektischen vom Tisch, bevor man überhaupt erst angefangen hat zu debattieren. Das ist überaus praktisch. Was uns heute zugemutet wird, allen, nicht nur den Kindern, ist die Glückseligkeit der Dummen, die einfach mal zusteigen und mitspielen, die Glückseligkeit der falschen Intelligenz, die alles denken kann, indem sie einen Hauptsatz der Logik ausknipst. Im Westen scheint die ultimative Dekadenz an der Macht zu sein, wie wir gesehen haben, im Kinderzimmer, im Wohnzimmer, in der Regierung und auf der Kirchenkanzel gleichermaßen. Ich finde jedoch, es gehe nicht um Dekadenz, es geht um eine *gestaltende* Kraft. Wie ihr euch erinnert, sprach ich vom *Langstrumpfismus* oder der *Villa Kunterbunt.* Ich meine deren Gestaltungskraft, *volitional* etwas *ontisch* werden zu heißen, das Abrakadabra unserer Zeit. Man kann es nicht als dekadent abtun, es ist eine Form glückseliger Verrücktheit.

Anlässlich der Olympischen Spielen von Paris ist es einigen von uns deutlich geworden, dass da Entwicklungen laufen, die ihnen grundlegend zuwider sind, ohne dass sie sagen können, warum genau. Was ist passiert? Im Frauenboxen sind Männer als Frauen aufgetreten. Sie haben die Wettbewerbe für sich entschieden. Darüber entbrannte eine öffentliche Debatte, die von den Leitmedien als grotesk eingestuft wurde, um deutlich zu machen, dass die volitionale Selbstbestimmung des Geschlechts, der geschlechtliche Langstrumpfismus, nicht in Frage gestellt werden darf. Es war und ist ein Votum für einen Kreationismus à tout Prix, nach der Devise: Was Gott kann, das können wir auch! Letztlich ist das eine neue Stufe des Narzissmus. Vielleicht komme ich darauf zurück.

Doch das Volk der Leister, die Menschen in der Volkswirtschaft, sie empfinden und urteilen anders, warf ich ein. Wieso der Unterschied? Ist das Volk a priori rechtsextrem? Oder steckt etwas anders hinter dem Dissens zwischen der Meinungselite und den kleinen Leuten?

Aronnax besann sich einen Augenblick und fuhr fort: Versuchen wir, es systematisch anzugehen. Die Genderkunde weist zahlreiche Geschlechter S aus. Und zwar unterscheidet sie diese durch ihre Beziehung zu den beiden biologischen Geschlechtern O. S steht also für *subjektiv definiert* und O für zumindest *objektiv definierbar*. Hier kämen wieder die Referenz-, die Bedeutungs- und die Wahrheitstheorien ins Spiel, doch davon hatten wir es bereits. Das lasse ich weg und kürze die Sache ab: Die Geschlechter O werden bestimmt durch das Geschlechtschromosomenpaar und durch deren entwicklungsphysiologische Auswirkung auf Körper und Psyche. Es gibt - und das lediglich als eine Arabeske zum Thema - dabei auch sehr seltene hermaphroditische biologische Konstellationen und Konstellationen aus chromosomalen Anomalien, wie man sie aus anderen Bereichen kennt.

Da es sich beim Geschlecht S nun aber um eine fundamental subjektiv bestimmte Geschlechtsrolle handelt, spricht man hier auch vom sozialen Geschlecht. Das ist insofern aber irreführend, als damit ein scheinobjektiver Hintergrund suggeriert wird, worin die Sozietät die Rolle einer objektiven Instanz einnehmen soll. Das stimmt jedoch so aus verschiedenen Gründen nicht.

Der im Moment wichtigste Aspekt bei der Frage, welches soziale Geschlecht jemand habe, scheint mir, werde durch seine eigene subjektive Wahl bestimmt, die der Sozietät zur Respektierung vorgeschlagen und gerade nicht von dieser dem sich dergestalt selbst Identifizierenden gemeldet wird, wie es zum Beispiel in der Physik die Natur tut, wenn sie auf ein Experiment antwortet. Das ist nicht dasselbe. Auch das soziale Geschlecht ist so gesehen ein Geschlecht S und besitzt keine generische, bzw. physikalische Objektivität.

Logisch gesehen, geht das Geschlecht S immer auf die beiden Geschlechter O zurück, will es nicht leer bzw. kontingent definiert werden. Denn ohne die logische und die physikalische Voraussetzung der beiden biologischen Geschlechter ließe sich kein Gender *semantisch nichtleer* beschreiben oder gar körperlich unterscheidbar empfinden. Die Semantik jedes Geschlechts S, gleichgültig, wie viele man annimmt, wird fundamental durch die Semantik der beiden Geschlechter O bestimmt.

Indem man heute nun aber, und da sind wir wieder beim Problem der Bedeutungsverschiebung, von beiden Geschlechtsarten S und O im Diskurs als von *Geschlechtern* spricht, entsteht ein Trugschluss, und zwar immer dann, wenn man das Argument verwendet, das Geschlecht sei frei bestimmbar, es sei unabhängig von der Biologie.

Wenn ich mich als biologischer Mann - Geschlecht O männlich - als Frau definiere - Geschlecht S weiblich -, dann sei ich nun, so die Behauptung, vorbehaltlos als Frau - Geschlecht O weiblich - zu behandeln. Ich müsse also zum Beispiel zum Frauensport zugelassen werden. Die Objektivität wird hier stipuliert, nicht etwa entdeckt. Das aber ist die Villa Kunterbunt.

Das Gegenargument, der Frauensport werde durch das biologische Geschlecht O bestimmt, lasse ich nicht zu, da die Geschlechtszugehörigkeit – siehe die semantische Verschiebung - frei wählbar sei, einen Akt der Wahl beinhalte. Denn auch biologische Frauen, eine weitere Behauptung, würden ihr Gender als Frau frei wählen, ohne es auch nur zu ahnen. Man habe sie als Kind darüber nie aufgeklärt, als sie es taten.

Dass die freie Wählbarkeit jedoch das biologische Geschlecht, obschon nur unter Bezugnahme auf dieses überhaupt definierbar, es auslöschend schlicht überschreibe, das ist ein Trugschluss. Die Genderwahl überschreibt das biologische Geschlecht nicht, sondern setzt es im Gegenteil voraus, weil sie sonst gar nicht erfolgen könnte. Überschrieben würde das ursprüngliche biologische Geschlecht nur dann, wenn eine operativ komplette

Geschlechtsumwandlung, also ein objektiver, physikalischer Wandel, vorgenommen wird, inklusive lebenslanger Hormonbehandlung, und das noch vor der Pubertät, weil sonst wesentliche Auswirkungen nicht mehr rückgängig gemacht werden könnten.

Das ist amüsant, meinte Conseil. Herodot nämlich berichtet, dass eine Gruppe von Skythen auf dem Rückweg von Ägypten den Tempel der Aphrodite Urania zu Askalon ausgeraubt hätten, und dass sie dabei von der dortigen Göttin mit einer «weiblichen» Krankheit geschlagen worden seien (Herodot, Buch I.105). Er verwendet dabei einen wohl ursprünglich skythischen Begriff, um die Krankheit zu beschreiben, den der «Enarees», im vorwoken Zeitalter als *Zwitter* missverstanden, weil man sich, da man noch nicht trugschlüssig dachte, nichts anderes vorstellen konnte. Dank der Wokeness verstehen wir nun diesen Wandel aber anders, den die Skythen durchgemacht haben müssen. Die libidinöse Kompetenz der Göttin bestand wohl darin, die Männer zur Transsexualität bekehrt zu haben, um sie von der Plünderung des Heiligtums abzuhalten. Sie hat den Skythen auf ihre Weise – wohl in Gestalt der Hauptpriesterin - erfolgreich eingeredet, *sie seien selbst Frauen, wenn sie empfänden wie Frauen. Und wenn sie das könnten, würden sie den Tempel nicht schänden.* Worauf sich die bezirzten Barbaren darauf eingelassen haben müssen, höchst wahrscheinlich aus erotischem Interesse. Sie entdeckten die Erotik der Frau, die sie suchten, nun an sich selbst. Zumindest einige Stunden lang. Die Aphrodite Urania darf man so gesehen als die Begründerin des Gendergedankens bezeichnen. Nach Herodot war sie die älteste aller Aphroditen.

Mon cher Conseil, c'est frappant, meinte Aronnax, der erstaunt war über diesen Bericht, mit dem er in keiner Weise gerechnet hatte. Deine Ausführungen zeigen, mein Lieber, dass es doch mehr unter dem Himmel gibt, als manch einer denkt. Vielleicht kommen wir darauf zurück.

Wenn im Frauensport heute biologische Männer, setzte er seine Beweisführung fort, ohne Geschlechtsumwandlung und ohne Hormontherapie, allein aufgrund ihrer Genderwahl, als Frauen gelten, handelt es sich hierbei, logisch gesehen, um die gesellschaftliche Akzeptanz eines Trugschlusses. Ich denke nicht, dass die Aphrodite im Philister Land jene Männer zu sportlichen Wettkämpfen zugelassen hätte, allein aufgrund des einen Grundes, weil sie in der Lage waren, sich erotisch an sich selbst zu entzünden, indem sie sich als Frauen empfinden konnten. Denn Wettkampf ist nicht Erotik und Erotik ist kein Agon, es sei denn, man vermischt überhaupt alles mit allem.

Die Akzeptanz eines Trugschlusses als argumentativ zulässigen Schluss, ist eine Lässlichkeit gegenüber Betrug. Wir müssen an dieser Stelle gar nicht die Zweckabsicht ins Spiel bringen, dass der entsprechende Athlet sich auf diese Weise zusätzliche Medaillenchancen verschafft habe, ohne irgendetwas an seiner Verfassung verbessert zu haben. Der akzeptierte Betrug ist viel grundsätzlicher und liegt im modernen Gendergedanken begründet. Wie gesagt, halte ich ihn im von Conseil beschriebenen philistäischen Beispiel noch für ausgeschlossen. Man kann nämlich nicht einfach vom *Geschlecht* sprechen als einer übergeordneten Kategorie, wenn es realiter immer nur verschiedene Geschlechtertypen gibt, das biologische und das empfundene und sozial eingeforderte. In dem *monistischen* Begriff des Geschlechts spielt sich seit dem Aufkommen der Genderkunde also ein logischer Widerspruch ab, der durch die unterschiedslose Verwendung des Titels Geschlecht instrumentalisiert wird. Wir haben Ähnliches bereits an einem anderen Beispiel von semantischer Verschiebung gesehen, ihr erinnert euch.

Offenbar gehört die Trugschlüssigkeit zur Grundbedingung der neuen Sicht auf die Dinge. Das wäre schlimm, geschähe es aus logischem und nicht aus neomarxistisch-dialektischem Anspruch! Die Genderkunde bringt einen logischen Widerspruch in einem einzigen, nicht neuen, sondern geläufigen Begriff unter und gewinnt so scheinbar neuen Spielraum für diesen. Das war und ist die klassische Arbeitsweise des Betrugs. Vorgaukeln falschen Spielraums. Solange wir es logisch betrachten. Die Genderkunde ist jedoch eine wesentlich neomarxistische Wissenschaft, wodurch sich die Sache anders darstellt.

Ich darf anmerken, dass die von mir skizzierte, argumentative Technik heute in zahlreichen sensiblen Bereichen von Politik und Kultur Verwendung findet. Man darf auf diese Weise heutzutage nahezu jeden Begriff aushöhlen, damit er bei Bedarf sein Gegenteil bedeutet. Orwell hat in «1984» aufgezeigt, wie eine Welt aussieht, die diesem Verfahren anheimfällt und sich nicht mehr daraus befreien kann. Sie muss darin immer konsequenter voranschreiten, bis zur Auflösung jeder Sinneinheit.

Das sophistische Verfahren ist keineswegs eine Errungenschaft der Moderne. Seinen historisch verbrieft frühesten Siegeszug hatte es im klassischen Athen, in der Zeit des Peloponnesischen Krieges. Der gesamte Platonismus mit seiner Kunstfigur des Sokrates dreht sich fast ausschließlich darum, das Wirken dieses Betrugsverfahrens immer wieder aufzudecken und ins Leere laufen zu lassen, aus dem es stammt. Schließlich hat nach Platon sein Schüler Aristoteles die formale Logik wohl nur darum erfunden, um diese Geißel der Debatte an der Wurzel zu treffen und ein für alle Mal aus der Welt zu schaffen.

Das Sophistische war also damals keinesfalls eine Dekadenzform des Philosophischen, es gab sich umgekehrt als dessen herausragende Eigenschaft aus, von der man aber spürte, dass sie einen Fehler in sich trug. Platon und Aristoteles waren die beiden, die diesen Fehler aufgedeckt haben und dank der von ihnen entwickelten Systeme fortan für entmachtet hielten. Sokrates mag das noch nicht eindeutig gesehen haben, er stellte bloß immer wieder fest, dass die Argumentation seiner Gesprächspartner auf Aporien und auf einen leeren Begriff hinausliefen. Darum sagte er von sich selbst, er wisse lediglich, dass er nichts wisse, doch auch dies sei ungewiss. Das war keine Bescheidenheit, sondern seine eigene Sophistik. Er sagte sich: Meine Gegner irren sich immer, aber nicht, weil ich es etwa doch besser wüsste als sie. Ich stelle sie vor ein Regal, in dessen Fächer sie ihre Ableitungen einordnen müssen, von mir angeleitet. Dann zeigt es sich stets, dass am Ende eine letzte solche übrigbleibt, die man nicht einordnen kann, da sie zugleich in zwei Fächer oder in keins gehört. Also ist alles, was zuvor einge-ordnet wurde, auf Sand gebaut. Es folgt nicht aus dem, was sie sagen, sondern enthält eine Kontingenz, einen beliebigen Akt. Sobald wir einen solchen zulassen, ist alles ungültig. Diese Allungültigkeit nannte Aristoteles später das Unwissen über das rechte Schließen, oder wie die christlichen Aristoteliker sagten, die *ignorantia elenchi*.

Ich schaltete mich an dieser Stelle ein und gab zu bedenken, dass das nicht nur gutgesagt sei, erstaunlich gut sogar, wofür ich ihm dankbar sei. Es sei auch fatal für das dialektische Verfahren Hegels und jenes von Marx und Engels, weil dort die Kontingenz, anders ausgedrückt der Symmetriebruch, geradezu der Sinn des Verfahrens sei.

Erstaunt mich keineswegs, erwiderte Aronnax. Die Dialektik ist jenes Verfahren, welches die Logik außer Kraft setzt, indem es den Satz vom Widerspruch eliminiert. Was man mit der Dialektik beweisen kann, hängt immer nur von der gewählten Kontingenz ab, einem willkürlichen Akt, einem Eingriff. Bei Marx und Engels war das die Entscheidung, das Ideelle auf das Materielle abzustellen, das bewusste Sein auf das ökonomische Sein. Diese Auf-die-Füße-Stellung von Hegels System beinhaltete einen Akt prädialektischer Willkür. Letztlich ein Bauchgefühl, eine Ranküne, eine Intuition. Ist diese Kontingenz einmal im System drin, vererbt sie sich unendlich fort und liefert immer genau das passende Ergebnis. Dieses ist keine logische Gewissheit, sondern eine dialektische, das heißt, sie ist nur dann wahr, wenn sie falsch ist. Verheerend ist, dass das die Marxisten bis heute nicht verstanden haben,

geschweige denn die Bourgeois, die schlicht nichts begreifen und darum das Generalopfer der Entwicklung der
letzten hundertfünfzig Jahre sind.

Platon, Aristoteles und Sokrates haben nicht im Traum
damit rechnen können, dass zwei Jahrtausende später
ein deutscher Philosoph namens Hegel den Fortschritt,
den sie in die Debatte eingebracht hatten, wieder rückgängig machen würde, weil er ihm den Gipfel aller Weisheit versagte, nämlich die Konzeption des *Totalen*. Hegel,
als typischer Deutscher, sagte sich, dass man genau dann
alles wissen könne, wenn man vom Totalen und nicht
vom Ding oder vom Begriff ausgehe, und wenn man dessen inhärentes Widerspruchsgesetz zur entscheidenden
Denkfigur mache. Sokrates war zufrieden, nichts zu wissen, Hegel wollte erst zufrieden sein, wenn er alles
wusste. Er war ein Genie und wusste intuitiv, dass das
über logische Erörterungen und empirische Untersu-
chungen nicht möglich sein würde. Es ging nur durch den
bewussten Rückeinbau der alten Schwachstelle, nun ge-
adelt als die Bedingung des Totalen. Das wiederum verstand Marx falsch und verwendete es erneut so wie die
alten Sophisten im klassischen Athen, freilich mit dem
Hochmut dessen, der sich auf Hegels Anspruch beruft.

Allahu akbar – Gott ist grösser

Die beste Formel, auf die der abrahamitische Gottesbegriff je gebracht worden ist. Der eine und einzige Gott, der zwangsläufig stets grösser ist als alles, was man sieht, hört, erkennt, denkt und handelt, selbst grösser als alles, was er selbst offenbart hat. Durch die Identifikation mit diesem Gottesbegriff wird der Gläubige gleichzeitig zum Nichts und zum Alles, durch Gott, der durch dieses Bekenntnis ist, wer er ist. Der Gläubige ist durch diese Zeugenschaft unendlich gewichtig und doch genau nichts. Das ist die Siegesformel des Orients unter allen Siegesformeln der Menschheit. Nicht alles oder nichts, sondern alles und nichts.

Im Judentum versucht man aus den Aussagen Gottes herauszulesen, was er ist, und was darum unsere eigene Lage sei. Das Gleiche macht das Christentum auf seine Weise. Beide stellen auf das Alte Testament ab. Im Islam Ähnliches, aber in Bezug auf den Koran.

Allahu akbar fasst zusammen, was davon zu halten ist. Nämlich alles und zugleich nichts. Gott ist nie das, was wir wissen, er ist immer unendlich viel mehr. Gott ist das ganz andere, wie der Christ Karl Barth es ausgedrückt hat, was nur eine andere Version der Formel Gott ist grösser ist.

Alle unsere Bemühung, sei sie religiös, sei sie weltlich, scheitert an dieser Formel. Im Grunde passiert dasselbe wie im Mondparallaxengleichnis, welches ich in der Erzählung Ramon Viracocha vorgestellt habe. Es zerstört jede Hoffnung darauf, dass man Gott durch Triangulation verorten und damit inhaltlich festlegen kann. Das gilt für alle drei abrahamitischen Religionen gleichermaßen. Im Grunde widerlegt es sie radikal, und was übrig bleibt ist lediglich die Einsicht, dass Gott grösser ist.

Durch den Siegeszug des Christentums bekam das Betrugsverfahren vorübergehend erneut Macht über den Diskurs, indem jener Begriff, der seinen eigenen Widerspruch enthält mit Gott gleichgesetzt wurde. Hier handelte es sich aber schon nicht mehr um banale Trugschlüssigkeit, sondern bereits um die moderne Dialektik *in statu nascendi*. Marx erkannte das Potenzial des Verfahrens und wandte es auf die Ökonomie an. Von da wurde es später verallgemeinernd zum *miraculum mundi* und bestimmt seit der Frankfurter Schule das «kritische» Verfahren, kommt aber auch in anderen Strömungen zur Anwendung und heute, wie gesagt, in der Genderkunde, darüber hinaus auch in der Verwendung des Demokratiebegriffs in der aktuellen Debatte über die «Offene Gesellschaft». Davon hatten wir es bereits. Es ist ein einziger großer Diskurs um diese eine neue Bestimmung, dass alles und jedes so behandelt werden müsse, als handle es sich um die Totalität, präzisierte Aronnax seine Ausführungen.

Wozu aber? Damit man den Vorteil dieser Größe nutzen kann, die In-sich-selbst-Unterschiedenheit Heraklits, und damit die Möglichkeit trugschlüssiger Verfahren als gültige Verfahren. Damit einher geht eine massive Ausweitung des Anwendungsbereichs. Dialektik ist, ins Groteske verkürzt gesagt, die Anwendung der Theologie auf die Zahnbürste. Wodurch wir in die Lage versetzt werden, alles und jedes aus ihr zu extrahieren, wie der Zauberer die Hasen aus dem Zylinder.

Gestatten Sie, unterbrach ich den Professor, dass ich anmerke, dass auch meine eigene Philosophie, die ich im erwähnten Werk «The Embodiment of Philosophy» niedergelegt habe, auf das dialektische Verfahren zurückgreift.

Ganz richtig, darauf wollte ich Sie gerade ansprechen. Sie sind entschuldigt, weil sie sich wie Hegel an die Totalität halten, sie gehen von einer Grundsituation aus, welche total sein muss. Sie behaupten eben gerade nicht, in dieser dialektischen Grundkonstellation gehe das Objekt dem Subjekt voraus oder umgekehrt, sie brechen die Symmetrie nicht auf diese wohlfeile Weise, wie das Marx getan hat, indem er das Bewusstsein auf das Materielle abstellte. Sie bleiben immer auf der Ebene des Totalen und beschreiben das, was Sie die «Situation» nennen, das dialektische Grundmuster der fundamentalen Gleichzeitigkeit. Ihre Verwendung des dialektischen Prinzips enthält den Fehler an der richtigen Stelle, die vom Prinzip selbst bestimmt wird. Erst im Setting zwischen dem, was Sie den Androiden nennen und des ihm gegenüberstehenden Subjekts, das ja immer das meinige ist, beginnt der Abstieg in den Diskurs, und erst jetzt kommt es zur willkürlichen Brechung der jeweiligen Symmetrien. Erst der Diskurs zwischen Ihnen und dem Androiden kann zum Beispiel marxistisch aufgefasst werden, nicht aber die Totalität von Android und Subjekt, die transideologisch bleibt. Darum sind Sie exkulpiert, mein Lieber.

Aronnax fuhr jedoch sogleich fort: Wer begreifen möchte, wieso ihn die neueste Entwicklung im Frauensport stört, der kommt nicht darum herum, grundsätzlicher denken zu lernen, als er es sich verschreiben möchte. Die Dinge

sind genau so komplex, wie die großen Denker sie dargelegt haben. Sie waren dazu gezwungen, selbst zur Lösung scheinbar minderer Probleme stets das Gesamte zu
bemühen. Das ist etwas, was der gewöhnliche Mensch
nie tut, und darum ist er heute der Gelackmeierte. Zu diesen gehören auch die Rechten und die Rechtsextremen.
Sie sind genau so naiv und gewissermaßen so blöd, wie
die Linken und Linksextremen sie immer darstellen.

Gescheit sein bedeutet, von all diesen Positionen abzurü-
cken und die Dinge in ihrer wahren Komplexität zu erfassen. Wer das tut, der begegnet im Maschinenraum des
Denkens dem Teufel und erkennt, was da wirklich los ist.
Fortan ist ihm die Zeitgeschichte nicht mehr das, was sie
den vielen ist. Sie wird ihm zu einem Tatort, schrecklicher
als alles, was ein Krimi bieten kann. Nur wer dort unten
siegt, verändert etwas. Auf den Promenadendecks hingegen ist selbst die klügste Argumentation nur Ausdruck
von Eitelkeit.

An dieser Stelle unterbrach ich den Professor mit einem
neuerlichen Einschub. Hier möchte ich einhaken und die
Situation ins Grundsätzliche rücken. Anders als wir hier
argumentieren einige heutige Publizisten oppositioneller
Blätter oder Kanäle. Für mich ragt im deutschsprachigen
Raum Roger Köppel von der *Weltwoche* heraus. Er hat einen pragmatischen, vernunftbasierten Ansatz und betrachtet das Weltgeschehen eher nach der Art des Sport-
reporters als eines Intellektuellen. Das ist erfrischend, nötig auch, aber problematisch.

Köppel meint, wenn ich ihn richtig verstehe, der Wokismus sei Ausdruck der westlichen Arroganz nach dem Sieg im Kalten Krieg. Er sei nicht eine Folge eines zu langen Friedens und einer daraus hervorgehenden Schwäche des Westens, wie Milei propagiert habe am WEF. Wokismus und das Erschaffen neuer, diskriminierender Privilegien seien tief im westlichen Geist eingebettet und wären unter arroganten Bedingungen zutage getreten.

Das würde meines Erachtens voraussetzen, dass es den Westen als einen Meinungskörper gibt, der unabhängig entscheiden kann, unabhängig vom Marxismus nämlich. Für mich ist dagegen klar, dass der Wokismus eine Spielart des Neomarxismus ist und in dessen Tradition steht. Er ist weder Ausdruck eines zu langen Friedens noch der Arroganz des Westens nach dem Sieg über die Sowjetunion.

Meine Herleitung ist eine andere. Die Nachkriegsdoktrin, die ich in meinen Publikationen beschrieben habe, war im Kalten Krieg einem Moratorium unterworfen und entwickelte ihre Durchschlagskraft im Westen erst nach 1989. Kernbestandteil dieser Nachkriegsdoktrin sind das Menschenrecht und die Shoah, mit der das Menschenrecht fundamentalisiert und versiegelt wurde. Auf diesen Kern der bürgerlichen Nachkriegsdoktrin pfropfte der Neomarxismus nach dem Fall des damals so genannten realexistierenden Sozialismus im Ostblock den Wokismus und ließ ihn als das aussehen, was Köppel meint. Der Wokismus gewann die westliche Politik für sich wie das trojanische Pferd die Stadt Ilion. Der westliche Bürger wurde unter der Hand in einen neomarxistischen Ideologie-Humus umgetopft und verlor dabei das eigene Argument. Deshalb vermochte er gegen die Politik der letzten zwanzig Jahre nichts mehr zu unternehmen, ohne umgehend zum Nazi erklärt zu werden. Mit diesem Ziel erfolgte die mutwillige Zerstörung der Mitte. Die Behauptung derselben, immer noch die Mitte zu sein, obschon längst eine links verortete, ideologisch betrachtet neomarxistische Fraktion gehört dazu.

So kann der Wokismus nicht, wie Köppel glaubt, über den gesunden Menschenverstand, den Realismus und die Vernunft besiegt werden. Jeder derartige Sieg gilt als konterrevolutionäre Position und ist im Kalkül des Marxismus immer schon überwunden. Im Marxismus haben die genannten bürgerlichen Konzepte keinen Widerlegungswert. Und solange die Intelligenzija, die Universitäten, die Künstler, die Medienschaffenden und die Mehrheit der Politiker wie seit 1968 ohne Unterbruch links verortet bleiben, wird keine bürgerliche Opposition oder gar eine bürgerliche Revolution wie die Trumps nachhaltige Wirkung entfalten können. Die linke Verortung wird so lange bestehen, bis der Marxismus als Methode widerlegt ist. Er kann aber nicht mit bürgerlichen Mitteln widerlegt werden, auch nicht mittels der bürgerlichen Realität der allgemeinen Wohlfahrt auf der Grundlage der freien Marktwirtschaft. Er muss dialektisch widerlegt werden. Bis heute ist das auf bürgerlicher Seite nicht für nötig befunden worden. Und in fast allen Fällen hielt man einen solchen Versuch für überrissen und verwies auf die eigenen Werte. Doch ist mit diesen nichts auszurichten. Die Intelligenz einer Kultur kann nur entweder logisch oder dialektisch umerzogen werden, wobei Logik und Empirie nicht genügen, es braucht auch die dialektische Überwindung. ich habe in unseren Gesprächen diese Widerlegung geleistet, habe aufgezeigt, welche Fehler Marx gemacht hat, deren Folgen die Fehler weitertransportiert haben, namentlich dort, wo die marxistische Kernidee konsequent weitergeführt worden ist, also im ideologisch präzisen Teil der ganzen Auseinandersetzung.

Wenn sich der Trumpismus durchsetzt und er auch in allen anderen westlichen Ländern die Macht übernimmt, kehren wir einfach zu einem Zustand zurück, in welchem die Nachkriegsdoktrin einem neuen Moratorium unterworfen wird, was zwar auch die neomarxistische Übernahme dieser Doktrin kastriert, jedoch lediglich auf Zeit besteht. Widerlegt ist nichts, es ist reines Machtspiel. Weder siegt die aufgeklärte Vernunft noch der gesunde Menschenverstand und erst recht nicht ein pragmatischer Realismus. Diese Konzepte sichern lediglich die Macht auf Zeit. Werden sie von der Linken später erneut überrundet, dann sind sie für alle Zeit ruiniert, während der Marxismus immer noch unwiderlegt weiterbestehen wird, obschon er auf Sand gebaut ist. Die heutige Reaktion erreicht ihr Ziel nicht, wenn sie nicht den Weg geht, den ich aufgezeigt habe, sondern einen Weg, für den Publizisten wie Köppel stehen, deren Pragmatismus und Realismus, deren praktische Vernunft an sich hoch lobenswert sind - so sollte es sein -, doch reicht das eben gegen diesen Feind nicht aus. Gegen die Ideologie des Weltzeitalters muss anderes Geschütz aufgefahren werden. Wenn die Bourgeoisie kein Mittel findet, dieser Ideologie die Halsschlagader durchzuschneiden, dann wird es jene Abrissbirne tun, die das Gebäude, in dem das westliche Orchester probt, von außen her einreißt: der Islam. Nicht infolge eines geistig potenteren Systems aber, sondern lediglich infolge der leiblichen Migration der Muslime aus den Ländern des Ostens und Südens. Die Überwindung sowohl unserer Bourgeoisie als auch unserem *Revolutionariat* durch den Islam wird die beiden ausknipsen wie Lampen und danach eine ungenügende, ja hanebüchene geistige Begründung liefern als die historisch endgültige Deutung unseres Zeitalters, wie es vor fast zweitausend Jahren die Christen mit der heidnischen Antike getan hatten. Bis heute haben wir eine falsche, propagandistisch durchseuchte Sicht auf das Ende der Antike. In zweitausend Jahren wird man dann eine vollkommen falsche, propagandistisch durchseuchte Sicht auf unser eigenes Ende haben. Es wird keine Gerechtigkeit für niemanden geben. Das nenne ich den zweiten Sieg des Teufels über das Insgesamt einer Hochzivilisation. Ich finde das furchtbar. Obschon man Köppel nichts vorwerfen kann, im Gegenteil, man muss froh sein, macht er, was er macht. Aber gerade durch seinen relativen Erfolg verbaut er die Sicht auf das Tiefenproblem. Der Bourgeois bleibt hängen und glaubt, die Knoten würden gelöst, man sei auf guten Wegen.

Aronnax gab mir recht und sagte: Ihre Besorgnis geht also dahin, dass bis heute keine dialektische Widerlegung stattfindet, dass das Problem nicht mit der Wurzel ausgerissen wird. So kann es immer wieder nachwachsen. Das ist doch aber genau die bourgeoise Art der Weltbewirtschaftung: Abernten der Früchte, den Baum aber stehenlassen, auf dass er nächstes Jahr erneut Früchte tragen kann.

Ich bewundere Sie, Aronnax für Ihren Scharfsinn, lächelte ich. Doch sind selbst Sie nicht fehlerfrei. Einerseits sprechen Sie vom Problem, das nicht mit der Wurzel ausgerissen werde, andererseits reden sie vom Baum, der auch nächstes Jahr wieder Früchte hervorbringen möge. Was ist es jetzt? Ist das Ding ein Problem oder ist es ein Fruchtbaum?

Nun, meinte der Professor, Sie bringen mich in Bedrängnis und zugleich auf eine verwegene Idee. Doch wollen wir beides zu einem späteren Zeitpunkt besprechen. Für den Augenblick sollten wir mit dem Gendergedanken weiterfahren.

Beantworten Sie mir die Frage, meinte jetzt Margaret zum Professor, ob Sie nach allem, was Sie gesagt haben, für oder gegen die Genderwissenschaft sind? Gerne, erwiderte Aronnax, fahren wir hier weiter! Das ist einfach, natürlich bin ich gegen eine Wissenschaft von Gender und Sexualität, weil sich eine solche nicht widerspruchsfrei etablieren lässt. Aber ich bin ein Befürworter der freien Genderwahl! Das Beispiel der Aphrodite Urania, das uns Conseil serviert hat, was ich ihm wärmstens verdankt haben möchte, zeigt, auf was es ankommt. Genderwahl und das Ausleben von Transsexualität, um es in diesem Begriff zusammenzufassen, ist ein *Heiligtum*, es ist ein geheiligtes Spiel, keine Wissenschaft, und es hat daher unbedingt zugelassen zu sein, wie alles Heilige im antiken Sinn. Beim christlichen bin ich mir nicht sicher, das christliche Heilige hat etwas Instrumentelles, etwas für die Kirche Günstiges, darum ist es ein Teil der Propaganda. Diese wird wiederum missverstanden als Heilsprozess. Nein, das heidnische Heilige, das *Hieron* oder *Sacrum*, nicht das Sanctum, bedeutet Unantastbarkeit. Die philistäische Aphrodite lehrt uns heute noch, wie wir damit umzugehen haben. Nicht zu plündern ist das Heiligtum, im Heiligtum ist mitzuspielen. Aber eine Wissenschaft ist es nicht, muss es auch nicht sein. Dass man daraus «Studies» macht, ist moderne Eitelkeit und außerdem ein finanztechnischer Opportunismus, man bekommt sonst dafür keine Gelder. Die aber muss man bekommen, wenn man davon leben will. Und genau das wollen die Leute, die sich damit beschäftigen. Sie wollen davon leben. Das wiederum bestätigt, was Marx gemeint hat, lächelte Nemo. Richtig! gab ihm Aronnax recht. Denn auch Marx betreibt einen Tempel, und auch er vertritt ein *Hieron*. Auch hier haben wir alle mitzuspielen. Aber nicht mehr als das. Jene Skythen machten es uns vor. Nach dem Spiel gingen sie einfach nach Hause.

Wechseln wir das Thema, meinte Margaret, die sich Notizen gemacht hatte. Unsere Erörterung scheint mir nicht abgeschlossen ohne die Beantwortung der Frage, was denn eigentlich die Moderne gewesen ist, oder was sie immer noch ist, in ihrer postmodernen Variante.

Die Moderne wirkt auf mich wie Zitronensaft nach einer Orgie gesüßter Speisen, erwiderte ihr Ned. Jenes goldene Licht am Ende des Unterengadins, von dem unser Aktuar vor ein paar Tagen gesprochen hat, hatte etwas

Süßes, etwas allzu Süßes. Die Schönheit der Belle Époque und ihrer Lebenswelt bestand, so merken wir, aus Glukose und führte zu geistiger Adipositas. Die Moderne war notwendig!

Doch das erfuhren wir erst, als uns Cézanne begegnete, unterbrach ihn Conseil. Aus seinen Bildern tropfte der säuerliche Saft der Zitrone. Das befreite ungemein von der allgegenwärtigen Süße der Zeit. Lloyd Wrights Architektur, all das, es wirkte Wunder.

Vergiss nicht, warf Nemo ein, dem der Widerwille anzumerken war, die Kakerlaken, hauptsächlich in der Literatur, die Allesverwerter, Immerschonwisser, die Hasser alles Vorangehenden, ihnen ist alles Abfall, und Abfall bedeutet Nahrung, und Nahrung bedeutet Exkrement. Das ist die Moderne auch, die Invasion der Kakerlaken in die Hochkultur. Der Erste Weltkrieg war die buchstäbliche Entzweiung der Welt, die in der Schützengrabenlinie zur Todesphysik wurde, eine Physik, in der jeder eine Kakerlake ist, die man mit einer Granate zerfetzt. Nach der Glukosezeit der Belle Époque die Granatenzeit des ultimativen Brutalismus des Weltkriegs, des Großen Kriegs, wie man ihn damals genannt hat.

Die Moderne begann aber in Kunst und Literatur, meinte Aronnax. Dabei begegnet uns erstmals in der Geschichte ein besonderes Phänomen. In der modernen Kunst, in der Literatur, in Teilen der modernen Architektur, vor allem in der Architektur der Städte, begegnet uns der *dumme Mensch* als ein neuer *Eros*, als Ikone, als die

Monstranz eines plötzlich ganz und gar enthüllten, nackten Leidens an sich selbst. Frühere Zeitalter waren Zeitalter des Schönen, Ebenmäßigen und Gescheiten. Selbst gewöhnliche Menschen wurden nie so dargestellt, wie in der modernen Kunst üblich, nämlich als *dumme, hässliche und unebenmäßige* Menschen, denen malerisch, zeichnerisch jetzt eine Bedeutung angedichtet wird, die reinste Projektion ist. Man denke an Gaugain, Picasso, an die Kubisten, die Expressionisten, an Otto Dix und George Grosz, und an das Spektrum der halb und der ganz Abstrakten, an das Menschenbildnis in der modernen Kunst und Literatur. Da fand - und findet heute noch - eine eigentliche Glorifizierung der Dummheit und der Stumpfheit statt, die Erotifikation des Ungenügenden, das zum Opfer einer Generalunterdrückung durch das Kapital erklärt wird. Die bürgerlichen Fotoportraits heutiger Menschen schließlich zeigen diese als in seltsamem Einheitsgrinsen erstarrte, individualisierte Affen, als wären sie ununterbrochen nur glückliche und ewiglich zufriedene Endzeitmenschen, wobei dieses Glück und diese Zufriedenheit lediglich ein Reflex auf das Wort «Cheese» sind. Ein unglaubliches Symbol!

Man vermeidet bedeutendes und gescheites Aussehen, man verdeckt den Schneid, umgeht die Disziplin im Ausdruck, als handle es sich um ansteckende Geisteskrankheiten. Verkauft wird die Verhässlichung des Menschenbildnisses mit dem Argument des Realismus. Das ist lächerlich, weil Realismus in der Kunst immer Inszenierung ist und das Gegenteil dessen, was ist. Bei den alten Malern und Zeichnern erscheint selbst der hässliche Mensch geistig durchformt, gleichsam in Form gepresst, diszipliniert, was selbst für den Bauern gilt, während die Künstler in der Moderne das Gegenteil verkünden, ein haltloses Sosein voll erotischer Nebenbedeutung. Die Frauen sind mehr oder weniger deutlich Urhuren, leidend an beständiger Brünstigkeit in seltsamster Unfreiheit. Die Männer sind Ochsen, Schweine oder Teufel, leidend an ihrer Lügenhaftigkeit und Profitgier.

Mit der Moderne zieht der dialektische Materialismus durch Gasse und Haus wie ein böser, unabweisbarer Geist, der im Besitz der Wahrheit sei. Verhässlichung meint aber auch Verhassung. Der Hass tritt nun bildhaft, sinnbildhaft, laut und schreiend auf. Das Böse, Finstere, das Stechende und Verrückte, das Zusammengekleisterte und Schreckgespensthafte überwuchern die Ornamente einer schöneren Zeit. Die Hure wird über Nacht zum Ideal für fast alles. Ganoven werden zum Ideal dessen, was man tun sollte, um reich zu werden und um zur Hure zu gelangen, die allein die zeitgemäße Partnerin ist.

Es begann mit den späten Impressionisten, ganz diskret, doch lauernd, zuerst duftend, dann dräuend. In der Architektur fing man an, siehe Le Corbusier, Städte für Menschen zu entwerfen, die keine eigene Intelligenz mehr benötigen, da sie nur noch aus ein paar wenigen Funktionen zusammengesetzt sind, für die man entsprechende «Raumprogramme» besitzt. Der neue Mensch trat und tritt zu Tausenden, zu Millionen aus den Kulissen hervor. Man kann sich nicht mehr recht vorstellen, dass der Mensch eigentlich originell und geistig wäre, dass er einen Geist lebt, den er in sich selbst kultiviert, dass eine gewisse Geistigkeit auch ihren Raum benötigt, sogar Leere und Weite und unverbautes Land. Nein, selbst der Intellektuelle ist nun ein Produkt ab Stange, vorzugsweise linker Stange.

Das alles geschieht, weil urplötzlich der dumme Mensch zum Maß aller Dinge geworden ist. Gesellschaften sind nun Ansammlungen dummer, hässlicher, sich selbst feiernder Zufallsmenschen. Sie brauchen kaum Eigenraum, behauptet die Moderne. Man kennt das von den Slums. Raum und Unversehrtheit geben will man diesen anthropomorphen Chimären nicht. Man will ihre Leistung, die Milchleistung gleichsam, die Innovationskraft, aber nicht das, was dahintersteckt, denn das könne man sich als Gesellschaft nicht mehr leisten.

Dass man sich heute «etwas nicht mehr leisten könne», ist das Mantra einer Gesellschaft, die sich genau umgekehrt schlicht alles leistet, und sei es den eigenen Untergang. Mit diesem «wir können uns das nicht mehr leisten» ist stets Höheres, Größeres und Stilleres gemeint. So verdichtet sich die Scham dieser neuen Gesellschaft zum transzendentalen leeren Geldbeutel. Der Kredit sei aufgebraucht, der Kredit Gottes, der unterdrückten Klasse, der Dritten Welt und nun des Klimas und des Planeten insgesamt.

So viel Narzissmus muss halt doch sein, so viel wie noch nie, denn so hässlich und dümmlich man auch ist, man ist immer Majestät! Alles beleidigt diese Majestät. Es gibt nur noch endlose Beleidigungen, Denunziationen und Vergeltung. Die Moderne ist die Zeit des verrottenden

Bürgertums, einer Kapitalmafia, zu der man einerseits ikonisch gehört, man tafelt und bumst mit, andererseits will man als die Avantgarde eines neuen Zeitalters niemals dazu gehört haben.

So war von allem Anfang an im Programm der Moderne all das angelegt, was sich nun entfaltet: Dummheit, Hass, Masse und Maßlosigkeit. Ausdruck dieser Dummheit ist die Chiffre, dass ein Neurotiker aus Braunau für allen Hass der letzten hundert Jahre persönlich verantwortlich sei. Das Zeitalter des Hässlichen erschafft sich seinen Popanz, um pausenlos auf ihn einschlagen zu können, denn sonst müsste sie sich selbst die Nase einschlagen, und das täte weh.

Überall geht es bald einmal nur noch um Sex, um Lust, um den allgegenwärtigen Lebensporno. Bereits in den Kindergärten lehrt man die Kleinen die Onanie und den Analverkehr, das Schwulsein und die Selbstbestimmung des Geschlechts, noch bevor sie auch nur im Entferntesten eine Person geworden sind. Darauf abgestimmt werden politische Programme entwickelt, und eine neue, eine säkulare, eindimensionale Religion macht diesen Menschen zum Selbstgott, der es in der Hand habe, das Klima auf dem Planeten zu regulieren. Dazu müsse er lediglich lernen zu gehorchen, zu bezahlen und zu tun, was man für ihn vorkehre seitens der Avantgarde.

Was folgt? Wir wissen es nicht. Immerhin sind der Import islamischer Menschenmassen und deren kulturelle Inklusion wohl doch Agens genug, um uns irgendwann eine «Arabik» zu bescheren, so wie der Import germanischer

Menschenmassen am Ausgang der Antike der Welt schließlich die «Gotik» beschert hatte. Man sieht es stets als einen Aufbruch ins Neue, weil man es liebt, sich zu täuschen.

Ich meinte darauf, dass diese Sicht auf die Moderne im Grunde genommen eine Katastrophe ist. Ist die Moderne nicht auch, oder vor allem, das Zeitalter atemberaubender Technologien und einer enormen Anhebung des allgemeinen Niveaus der Zivilisation für alle Menschen?

Gebt diesem furchtbar dummen, leidenden, hässlichen, erotisierten Menschen so viele Instrumente wie möglich, spottete Nemo, bettet ihn besser, ernährt ihn besser, macht ihn mächtiger über den Tag, macht ihn reicher, lasst ihn reisen, applaudiert, wenn er dichtet und vielleicht auch, wenn er rülpst! Nur lasst ihn nicht sitzen, so wie ihn die Künstler sehen! Weckt ihn, stattet ihn aus, ermächtigt ihn! Und so wird er vielleicht schöner, gescheiter, liebenswürdiger, moralischer, bescheidener, zufriedener, weiser werden und es euch danken, ihr Genies und Blitzgescheiten! Denn eines ist sicher, diesen Menschen können nur Genies retten. Spannt die Genies vor den Karren, lasst sie erfinden und konstruieren! Denn mit dieser schrecklichen Fratze des Modernismus können wir nicht leben. Es musste etwas getan werden, und es wurde etwas getan. Und heute? Wie sieht es damit aus? Hat es gefruchtet? Sind die Hässlichen, die Dummen und die Hassenden verschwunden? Nein, es sind Milliarden dazugekommen, sie strömen und wallen über das Antlitz der Erde wie noch nie.

Ah! Sie sagen es! rief Margaret. Die Moderne wollte sich selbst überwinden, indem sie sich mit Prothesen überhäuft hat. Sie hielt ihre eigene Hässlichkeit nicht aus, doch anstatt zu fragen, woher sie kommt, deckte sie sie zu. Gib der Bestie zu fressen, sonst frisst sie dich! Und sie fraß und fraß und fraß.

Doch heute, übernahm Conseil den Faden, hat die Bestie den Spieß umgekehrt! Um unsere Argumente ins Leere laufen zu lassen, indexiert man jede Vergangenheit ethnizistisch oder klassenspezifisch, so dass volle Relativität gilt und kein Narrativ im Diskurs einen absoluten Anspruch anmelden kann.

Das Problem ist, dass das Narrativ, welches diese Indexierung verlangt, selbst nicht indexiert ist. Woher stammt es? Aus dem Weltall? Ist es nichtmenschlichen Ursprungs? Wohl kaum! Es entstammt jener Theorie, welche als einzige auf eine solche Idee kommen konnte, der Theorie des Marxismus.

Wir haben gefunden, dass der Marxismus letzten Endes die neue Sophistik ist. Sophistik und Marxismus sind Totalrelativismen, und sie haben das Problem eines jeden solchen. Sie müssen die totale Relativität *absolut* setzen und glauben daher an einen Standpunkt, der über dem Relativismus steht. In der Sophistik bestand er in der Zulässigkeit von Trugschlüssen, die damals noch nicht bekannt waren, erst Aristoteles deckte sie auf. Im Marxismus steht für dieselbe Schwachstelle die Methode der Dialektik. In dieser ist der logische Hauptsatz vom Widerspruch außer Kraft. Auch das haben wir gesehen. Letztlich kommt es auf dasselbe hinaus wie die Zulassung von Trugschlüssen.

Wie arbeitet der Marxismus nun mit diesem Prinzip des zulässigen Widerspruchs in sich? Im ursprünglichen Marxismus war die Indexierung eine gesellschaftliche, eine klassenbezogene auf der Grundlage der Lehre vom Besitz der Produktionsmittel und der Aneignung des Mehrwerts aus gesellschaftlicher Produktion.

Daraus entwickelte sich in einem Zwischenschritt die Lehre von der systemischen Repressivität, der systemischen Gewalt, die im Grunde besagt, dass es kein Narrativ gibt, außer dem kritischen, welches selbst nicht Ausdruck von systemischer Repression sei. Nur das kritische sei von dieser Regel ausgenommen, weil es im Einklang mit dem Ziel der menschlichen Entwicklung stehe. Doch ist das eine zirkulär logische Begründung des Marxismus selbst, und seine Methode auf sich selbst anwende, in Aufdeckung systemisch repressiver Strukturen in ihm selbst. Letzteres bedeutet, dass das Narrativ nicht zu Ende erzählt werden und daher auch nicht abschließend widerlegt werden kann, außer durch sich selbst. Dies mache gerade seine Wahrheit aus. Man kann es das *dialektische Prinzip* nennen. Im dritten Schritt nun bringt der Neomarxismus der Critical Race Theory und der Post Colonial Studies eine Indexierung nach der Ethnizität, letztlich der Rasse – die es zugleich biologisch nicht gebe – und nicht der Klasse, nimmt also Regress auf ein Kernkonzept des immer schon überwunden gesehenen Bürgertums, das

Konzept des Volkes oder der Ethnie, dessen geistige Konkursmasse man berechtigt sei, jederzeit auszuschlachten.

Einerseits wird die biologische Unterscheidbarkeit der Menschen kategorisch geleugnet, andererseits wird diskursiv mit biologistischer Subsemantik gearbeitet. Man sagt, *Weiße* könnten die Erfahrungen *Nichtweißer* nicht selbst vertreten, es wäre Aneignung, gesellschaftlicher Raub, in struktureller Anlehnung gesehen an die kapitalistische Aneignung des Mehrwerts aus gesellschaftlicher Produktion. Als *Weißer* gilt offiziell nun aber nicht der phänomenologisch gesehen Weiße, sondern der als ein phänomenologisch gesehen Weißer sozialisierte Mensch. Ein solcher ist wiederum der phänomenologische Weiße, es könnte aber auch andere betreffen, wobei das systematisch umstritten bleiben muss.

Der Punkt ist theoretisch heikel. Weiß wird einerseits nicht biologisch verstanden, sonst würde man sich in trivialer Weise widersprechen, wie das Bürgertum, dessen geistige Konkursmasse man verwaltet, macht aber andererseits ohne den biologischen Weißen bis auf weiteres, bis es keine biologischen Weißen mehr gibt, offensichtlich keinen Sinn. Das ist der dialektische Widerspruch, den man zwingend in die Argumentation einbauen muss, um im Einklang mit der marxistischen Methode zu bleiben.

Mit dieser dritten Aktualisierung der ursprünglichen Dialektik nach Marx und Engels, so Conseil, gilt das Bürgertum, wie angedeutet, als wissenschaftlich gesehen leer. Es sei bankrott. Als wissenschaftlich sei, wie wir gesehen haben, nur die Methode zu betrachten, die sich selbstkritisch versteht, die daher nicht widerlegt werden könne, weder faktisch, da Fakten als Narrative der Indexierung unterliegen, noch logisch-analytisch, weil der Satz vom Widerspruch zugunsten des dialektischen Widerspruchs ausgeschaltet ist.

Die Logik selbst ist demnach ebenfalls ein indexiertes Narrativ, ein weißbürgerliches, genau dann, wenn man sie zur Grundlage einer nichtmarxistischen Betrachtung machen möchte, wie es das Bürgertum stets versucht, die in sich selbst aber unvermeidlich, in jeder Ausprägung, zwingend ein indexiertes Narrativ darstellt.

Bürgerliche Wissenschaftlichkeit ist somit keine logisch-analytische oder logisch-empiristische Untersuchung, wie sie selbst glaubt, folgt man dem Neomarxismus, sondern nur das dialektische Verfahren selbst ist es. Nur mit ihm lässt sich die Totalität der Sachverhalte erfassen, wie es Hegel intendiert hatte und Marx und Engels es instrumentalisierten, zur sogenannten Ideologie erhoben haben.

Die Verbannung des bürgerlichen Wissenschaftsbegriffs betrifft nicht allein geisteswissenschaftliche Themen, sondern erhebt einen universellen Anspruch. Damit sind auch die Mathematik und die Naturwissenschaften so lange keine Wissenschaften mehr, als in ihnen nicht der dialektische Ansatz die Marschrichtung vorgibt und damit die Indexierung ihrer Narrative diese grundlegend entwertet hat. So gesehen ist es möglich, die Mathematik als *weiße* Mathematik zu indexieren und zu fordern, dass es eine *nichtweiße* Mathematik gebe, die lediglich von Nichtweißen entwickelt und vertreten werden könne. Damit wäre Mathematik nun aber keine Grundlagenwissenschaft mehr. Als Konsequenz daraus dürfen wir stipulieren, dass selbst das Gravitationsgesetz – ob nun das Newtons oder Einsteins – entweder kulturell indexiert werden muss oder aber Ausdruck von Repression und Ausbeutung ist. Das klingt ein wenig verrückt, wäre aber durchaus folgerichtig.

Indexierung ist nichts Neues, unterbrach ihn Nemo. Es ist uralte Sophistik jeder herrschenden Gesinnung. Früher hieß es: Wenn du das sagst, was du gerade gesagt hast, sagst du es nicht als Kritiker, als unabhängiger Geist, sondern als ein Herr Lehmann, als Bauer, als Vagant, etc. Man akzeptierte Meinungen lediglich als Ausdruck jener sozialen Entität, die man für diese Meinung typisch hielt. Typisch war eine Meinung jedoch dann, wenn sie jemand äußerte, für dessen Zugehörigkeit zu einer solchen Gruppe sie typisch wirkte. Letztlich ein zirkuläres Unterfangen, basierend auf einem konstruktivistischen Wahrheitsbegriff. Das heißt, typisch war und ist etwas dann, wenn der behauptete Zirkelschluss am meisten Konsistenz gegenüber jenem, den all die anderen möglichen Indexierungen verheißen, schaffen kann. Im Typischen steckte also am meisten Gehalt, aus ihm ließ sich am meisten folgern, herleiten, einordnen.

Genau dasselbe tun heute die neomarxistischen Indexierungen auch. Sie unterscheiden sich nicht in der formalen Methode, sondern nur in ihrer Basisindexierung. Marx lieferte eine sehr einfache solche, indem er vom Proletariat und vom Kapitalisten sprach, während die Konservativen vom Deutschen oder vom Angelsachsen, vom Juden oder vom Finanzadel sprachen. Damit gaben beide Seiten ihre grundlegenden Typen bekannt, auf deren Basis man dann das Indexieren verfeinern konnte, mit dem Ziel, jede Möglichkeit, dass jemand für alle sprach, aus der Welt zu schaffen. Ein alter Wunsch der Sophisten, dass es keine Meinung gebe, die man nicht aushebeln kann! Das heißt, es gibt keine absolute Gewissheit – außer dieser. Das alte Problem des totalen Relativismus.

Das Fatale an all dem ist, fuhr ich fort und unterbrach Nemo, dass die Wahl des Basistypus von einer Kontingenz abhängt, von einem typologisch externen, unmittelbaren Entschluss, einem Instinkt. Etwas Irrationales entscheidet, in welchen typologischen Kosmos du einsteigst. Reduziert man die Instinkte, die man am Werk sieht, möglichst auf zwei, endet man schließlich beim Hersteller und beim Pflücker, beim Sammler und beim Räuber, beim Erschaffer und beim Konsumenten. Also bei den uranfänglich notwendigen Typen der Gattung Mensch. Da gibt es die, welche Vorräte anlegen, Zäune errichten, Waffen schnitzen, und jene, welche das Vorfindliche, inklusive die Vorräte, die Zäune und die Waffen an sich nehmen und verbrauchen. Sind sie dann verbraucht, suchen sie sich wieder jene anderen, gehen zu ihnen hin oder werden von ihnen unterworfen, welche das Verbrauchte wieder sammeln, herstellen und beschützen. Die beiden Typen gibt es in jeder Ausprägung, vom genetisch vorgeprägten Grundbestand bis zum situativ konditionierten Emulacrum, wenn ihr mir diesen Ausdruck gestattet.

Wobei nun Sophistik und Dialektik auch wieder indexiert werden müssten, doch hier hängt sich die Methode auf und der Computer stürzt ab, nahm Conseil den Faden wieder auf. Irgendetwas muss absolut gelten, irgendetwas muss die Thesen des Marxismus widerlegen, *sonst* sind sie falsch. Richtig gehört, meine Lieben! Genau das ist das Problem! Das ist die verborgene Achillesferse.

Wenn wir diese Entwicklung als Bourgeois akzeptieren, zum Beispiel, indem wir unsere Universitäten und Hochschulen einer solchen Ideologisierung überlassen, kommt es zur Dichotomie des Diskurses in einen neomarxistisch-kritischen, der dann der offizielle Diskurs ist, der sogenannt wissenschaftliche und in einen unkritischen, der an sich bedeutungslos ist, weil inhaltsleer. Doch bezieht sich just dieser inhaltsleere auf die Realität! Wer diesen aberrierenden Diskurs vertritt - und das tut das gesamte Bürgertum, die Masse einer jeden Bevölkerung - ist somit in einem fundamentalen Sinn ein Nihilist. Es ist also auch gelungen, den Nihilismus umzudeuten.

Die gesellschaftlichen und politischen Konzepte, die er vorbringt, sind fundamental faschistisch. So wird Faschismus nun definiert, nämlich als alles, was der beschriebenen, vermeintlichen, marxistisch aber gegebenen Sachlage entgegenwirkt. Damit sind solche Konzepte immer etwas, was ethnizistisch, biologistisch und kulturell übergriffig und aneignend auftritt, selbst aber von sich behauptet, sich auf den gesunden Menschenverstand und auf die Vernunft abzustützen, die universell einklagbar seien, was grundlegend falsch sei, wie uns der Neomarxismus versichert. Dieser Standpunkt sei der Standpunkt der kulturellen Arroganz, der Diskrimination, der Ausbeutung, der Lüge, des Hasses. Parteiungen, die daraus hervorgehen, seien solche des Hasses. Sie seien im Grunde menschenverachtend, weil in sich selbst maximal repressiv gegen das - Hokuspokus - *nichtindexierte* Menschliche. Damit sind wir wieder bei der Achillesferse.

Ist eine Gesellschaft erst einmal am Punkt angelangt, wo sie diese Entwicklung nicht nur zulässt, sondern ihr das Feld überlässt und es nicht weiter problematisch findet, weil es ja hirnrissig sei, und Hirnrissiges setze sich gegenüber der Realität niemals durch, dafür sorge die Natur, dann ist sie verloren.

Der Erste, der das erkannt hätte, wäre Hegel gewesen, der Schöpfer der Methode, und der Erste, der das zugegeben haben würde, wäre Marx selbst gewesen. Marx hätte zu uns gesagt: Genau darum geht es! Mit dieser Methode hebeln wir den Laden aus! Wer sich dem entgegensetzen will, der gehört entweder zum gesellschaftlich immer schon Überholten - damals war der Faschismus noch unbekannt - und ist darum bedeutungslos, ist gewissermaßen die Manövriermasse. Lenin hätte noch angefügt, er dürfe, zur Beschleunigung der dialektisch-prädiktierten Entwicklung, auch ganz einfach liquidiert werden.

Es sei denn, warf Conseil ein, es träten erneut ein Platon und ein Aristoteles auf, die der Methode den Garaus machen. Platon machte das damals so, dass er die Argumentationslinie des Sophisten durch den Einsatz der ebenfalls sophistisch argumentierenden Kunstfigur des Sokrates ins Leere laufen ließ. Sokrates deckte die Methode seines

Gegenspielers auf, indem er sie zu Ende führte und zeigte, dass *alles* leer ist. Aristoteles, der Platons Schüler war und später dann zu eigenen Theorien ansetzte, erkannte, dass das noch nicht genügen konnte, dass es darüber hinaus auch einer Beschreibung des korrekten und des inkorrekten Schließens bedarf, die sogenannt formal sein muss, weil nämlich der Grundfehler nicht in den Inhaltspositionen der Sophisten liege, nicht in dem, was sie glaubten, sondern in der Ignoranz in Bezug auf das korrekte Schließen. Das galt auch für Sokrates. Wenn man das nicht zeigen könne, könne man die Sophisten nicht endgültig ausschalten.

Diese beiden Denker haben damals die Welt gerettet. Man muss es gerade so sagen. Sie empfanden es vermutlich selbst so. Sie hatten erkannt, dass man ohne ihre Korrekturen grundsätzlich und buchstäblich irgendetwas behaupten und vertreten kann, wenn man dabei nur schlau genug vorgeht. Dass man die Menschen politisch - öffentlich, im Diskurs - zu allem verführen kann, bis zur Selbstauslöschung.

Bis heute wird die Bedeutung von Platon und Aristoteles nicht annähernd richtig gesehen, wenngleich die beiden Denker ungeheures Ansehen genießen. Würden wir die beiden heute richtig sehen, hätten wir längst gemerkt, dass wir uns in einem neuen sophistischen Zeitalter befinden, das an Perfidie jenes alte noch übertrifft. Wir wären längst darauf gekommen, Marx und seine Proselyten fundamental zu widerlegen, indem wir deren Methode ad absurdum führen.

Marx hat nämlich eines nicht gesehen, und das ist doch recht bezeichnend, dass nämlich die Hegelsche Dialektik *symmetrisch* ist. Man kann sie auch *gegen* den Marxismus, und zwar in der Art und Weise Marxens aufbauen. Das haben die Marxisten bis heute übersehen oder für unproblematisch gehalten.

Die Methode ist zwar wertvoll, wie auch die der Sophisten wertvoll war, aber sie ist letzten Endes eine Hure. Sie lässt sich auch gegen jede ihrer Ausprägungen in Anschlag bringen, was ihre Stärke belegt. Sie ist nicht nur ein Instrument zur Aushebelung des Bürgertums und der Herrschaft der sogenannten Weißen, *sondern auch zur Aushebelung dieser Aushebelung selbst*, und zwar ohne, dass sie damit automatisch zu einem Instrument des sogenannten Faschismus würde.

Es geht um eine rein formale Eigenschaft der Methode, nicht um einen Inhalt. Das haben weder die Marxisten noch ihre Gegenspieler verstanden. In gewisser Weise fehlen der neue Platon und der neue Aristoteles immer noch. Was beweist, dass wir weniger gescheit sind als die alten Griechen. Sie übertreffen uns immer noch, in einem vitalen Punkt, den man den wahren archimedischen Punkt nennen kann.

Durch die politische Instrumentalisierung des Gutmenschentums hat das Bürgertum den größten Fehler gemacht, den es begehen konnte, lenkte Conseil das Gespräch nun in eine weitere Richtung. Es hat seinem Klassenfeind eine Politik der Selbstabschaffung des Bürgertums ermöglicht. Das Bürgertum hat freiwillig etwas getan, was es dem Gegner hätte überlassen müssen. Es hat darauf verzichtet, Argumente gegen seine Selbstabschaffung zu finden und hat sich damit dem Narrativ des Klassenfeindes unterworfen. Darum ist nicht der Klassenfeind, der beispielsweise die Migration organisiert und benutzt am Ende der Schuldige an der Selbstabschaffung des bürgerlichen Westens und seines Weltbildes, *sondern der Bürger selbst* ist es. Arrogant hat er gemeint, etwas dermaßen Irrwitziges werde sich doch wohl nie ereignen, da seien Vernunft und Common Sense vor! Doch hat er auch im Stundentakt Edikte unterschrieben, die man ihm vorgelegt hat, damit Vernunft und Common Sense irrelevant werden konnten und Irrwitziges sich durchgesetzt hat.

Jetzt, wo der Bourgeois das Feuer des Scheiterhaufens am Ende des Tunnels wahrnimmt, das für ihn bestimmt ist, schreit er Zetermordio und appelliert an das, was bereits mit seiner Hilfe widerlegt worden ist: an die Wahrheit, an die Realität, an die Vernunft und die Tradition. Doch jetzt hört ihm keiner mehr zu. Die einen entpuppen sich jetzt als Marxisten, die anderen als Islamisten, erstere lachen sich ins Fäustchen, letztere verstehen kein Westlich und laden die Gewehre.

Was tut der Bourgeois also in seiner Lage? Er tut, was er immer getan hat, er sagt sich, noch sei es nicht so weit, noch sehe es nach Europa aus, man habe noch Zeit und irgendwer werde sich kümmern und alle kommende Schuld auf sich nehmen. Insgeheim setzt er wieder auf einen Hitler, will dieses Mal aber kein Faschist mehr sein, nur eines will er mit ganzer Seele: Siegreich soll es dieses Mal enden! Er vermeidet Hitler, setzt auf den irdischen Trump, auf Milei und auf den transzendenten Gott.

Doch warum sollte das denn siegreich enden? Haben wir eine neue Geschichte? Nichts deutet darauf hin, dass der Kampf dieses Mal einfacher werden wird, im Gegenteil, er wird hundertmal schwieriger. Das ahnend, will der Bourgeois nicht selbst eingreifen. Er würde lieber einem rasenden konvertierten Syrer oder Afghanen die Führung der Sache des westlichen Bürgertums abtreten in diesem Kampf, als selbst für sie hinzustehen!

Ich rekapituliere hiermit, schloss Conseil: Der Versuch der Marxisten, die nichtindexierte Oberaufsicht zu behalten, führte zur Critical Race Theory und damit gewissermaßen zur *Beaufsichtigung der Beaufsichtiger*. Damit entkoppelten sie den Menschen von der Realität und etablierten eine in sich geschlossene Verweiswelt ideologisch indexierter Sachverhalte und nannten diese insgesamt das *Objektive*. Die dadurch unter Oberaufsicht gestellten sogenannten Weißen sagen sich: Wenn das so ist, verlieren wir nun den Fokus auf die Sache selbst, und die Zivilisation insgesamt zersetzt sich, langsam zwar, aber kontinuierlich. Die neuen Oberaufseher hingegen sagen, das sei der richtige Fokus, sei wahre Objektbezogenheit, und die sei stets subjektiv, bzw. intersubjektiv.

Damit haben die *Chaperones* im Sinne des Totalitarismus oder Holismus recht, doch – und das widerlegt sie wieder - ist Realität eben das, was dem widerspricht! Es werde sich, meinte Conseil, somit einerseits die Zivilisation langsam zersetzen, und andererseits wird sich das Objekt vollkommener In-sich-Geschlossenheit des Subjektiven erst langsam konstituieren, oder anders gesagt, tiefenpsychologischer: Der Vater wird, um der Ausschließlichkeit der Mutter willen, nun endlich sterben. Fundamental *draußen* stehen nun der Werkzeugmacher, der Beschützer, der Jäger und der Landpfleger. Sie werden schauen müssen, wo sie bleiben. Damit ist die Moderne zu Ende.

Erneut eine pessimistische Schlussbetrachtung! protestierte Margaret, der die Hoffnungslosigkeit sichtlich zusetzte.

Die ganze Situation erinnert mich an einen Film von Fellini, meinte Nemo kühl, ohne auf Margaret einzugehen. Ein *filmetto*, wie der Meister sich damals auszudrücken geruhte, ein Filmchen, welches das System der Verblendung auf den Punkt brachte: *Prova d'Orchestra*. Ein Symphonieorchester zerlegt sich selbst in revolutionärer Auseinandersetzung, während gleichzeitig das Gebäude, in dem geprobt wird, mittels einer Abrissbirne von außen eingerissen wird, ohne dass das erklärt wird, die Revolution des Orchesters zur Nebensache degradierend. Als die Musiker merken, dass ihre Existenz auf dem Spiel steht und ihr Revolutiönchen bedeutungslos ist, stellen sie sich wieder brav unter das Diktat des Dirigenten, von dem sie sich definitiv lösen wollten. *Doch ist es zu spät.* Das ist unsere Lage: *Es ist zu spät.* Es tut mir leid, Margaret, die Geschichte ist und sie bleibt grausam.

Und was kommt dann? fragte Margaret gereizt.

Der Islam kommt, erwiderte Nemo, der jetzt noch sachlicher wirkte als vorher. Des Propheten Abrissbirne schlägt die Wand des Orchesterraums in Stücke. Es ist nur eine Frage der Zeit, bis das Odeon in sich zusammenfällt und Apollons Musiker unter sich begräbt. Da hilft kein Dirigent mehr, keine Disziplin. Der Vorhang fällt. Die *Nautilus* zerspringt. *Das ist, was kommt,* Margaret! Man hat die Marxisten gewähren lassen! Sie beherrschen alle entscheidenden Felder! Man hat dem Bourgeois minderwertige Aufklärung geliefert und dümmlichen Optimismus. Weil man nicht verstand, dass alle Gewissheiten inzwischen abgeräumt sind, die Wahrheit, die Wirklichkeit und das Eigene. Doch nur das *Genaue* ist die Sache, Margaret, das Ungenaue tut nur so, als wäre sie eine. Die Ungenauigkeit ist wie der Unernst eine Beleidigung der Sachlichkeit und kann nichts Gutes bewirken. Das Gute, das Wahre und das Wirkliche sind nie ungenau. So kann keine Gesellschaft durch Ungenauigkeit mehr erreichen als durch Genauigkeit. Sonst wäre die Hochzivilisation denen eingefallen, die sie einkaufen und kopieren, weil sie ihnen, als sie noch unter sich waren, niemals eingefallen war. *Pragmatismus ist wichtig, doch ist er kein Ersatz für die Geistestiefe einer Untersuchung.* Politik, Philosophie, Ideologie und Moral sind keine sportlichen Wettkämpfe, bei denen unsere Rolle die des Reporters wäre.

Margaret lächelte, doch schwieg sie.

Und so sagen wir voraus, fügte Conseil den Ausführungen des Kapitäns hinzu, dass unsere gescheite und komplizierte, jedoch seit Jahrzehnten – seit dem Ende des Weltkriegs - immer ungenauer aufgefasste und gelebte

Kultur von der Genauigkeit des erstaunlich einfachen Islam besiegt werden wird. Nicht wahr, mon Capitaine?

Der Islam besteht praktisch nur aus Kontingenz, meinte Aronnax. Er verwendet in seiner Weltbeschreibung weder Trugschluss noch Dialektik. Also umgeht er das Dilemma, worin wir uns, die Juden, die Christen und die Aufgeklärten aufgehängt haben. Außerdem ist er, aufgrund der Beliebigkeit seines kontingenten Feststellens, fatalerweise sogar die Vollendung der Moderne.

Dann ist die Sache wohl verspielt, polterte Ned Land und knallte die Faust auf den Tisch. Da lobe ich mir die Harpune!

Du möchtest noch etwas sagen Margaret? fragte ich sie. Margaret schwieg erst, dann meinte sie, eigentlich sei sie voller Wut, Wut über alles, Wut über den Menschen, Wut über uns hier. Der Mensch sei das Problem, gewiss, doch wie könne das denn überhaupt sein? Sie verstehe es nicht.

Nemo nickte, während Aronnax meinte: *Nous n'avons que lui, l'être humain, l'Homme. Il n'y a pas d'autre.*

In dunkler Nacht bestiegen wir unsere Wagen und verließen Schloss Fredensborg und seine Herrin. Unsere Herzen zerrissen zwischen Resignation und Revolte.

Conseil, der sich umsah, bevor er einstieg, als suche er etwas auf dem Vorplatz, der vollkommen leer war, murmelte, nicht ohne Ironie und mit einem verschlagenen Lächeln: *Nenikikamen*[3].

---

[3] *Wir haben gesiegt!* Die Botschaft des Marathonläufers